D1559125

Estrategias y soluciones para padres adoptivos de la a a la z

SARAH NAISH

Estrategias y soluciones para padres adoptivos de la a a la Z

EDICIONES OBELISCO

Si este libro le ha interesado y desea que le mantengamos informado de nuestras publicaciones,
escríbanos indicándonos qué temas son de su interés (Astrología, Autoayuda, Psicología,
Artes Marciales, Naturismo, Espiritualidad, Tradición…) y gustosamente le complaceremos.

Puede consultar nuestro catálogo en www.edicionesobelisco.com

Colección Psicología
ESTRATEGIAS Y SOLUCIONES PARA PADRES ADOPTIVOS DE LA A A LA Z
Sarah Naish

1.ª edición: abril de 2019

Título original: *The A-Z of Therapeutic Parenting*

Traducción: *Manu Manzano*
Maquetación: *Marga Benavides*
Corrección: *Sara Moreno*
Diseño de cubierta: *Enrique Iborra*

© 2018, Sarah Naish
Publicado en UK en 2018 por Jessica Kingsley Pub. Ltd.
www.jkp.com
(Reservados todos los derechos)
© 2019, Ediciones Obelisco, S. L.
(Reservados los derechos para la presente edición)

Edita: Ediciones Obelisco, S. L.
Collita, 23-25 Pol. Ind. Molí de la Bastida
08191 Rubí - Barcelona - España
Tel. 93 309 85 25 - Fax 93 309 85 23
E-mail: info@edicionesobelisco.com

ISBN: 978-84-9111-440-6
Depósito Legal: B-9.067-2019

Printed in Spain

Impreso en los talleres gráficos de Romanyà/Valls, S. A.
Verdaguer, 1 - 08786 Capellades (Barcelona)

Agradecimientos

Quisiera dar las gracias, desde el fondo de mi corazón, a todo el personal de la Asociación Nacional de Padres Terapéuticos (NATP) que me apoyó en nuestra misión de brindar apoyo efectivo a todos los padres terapéuticos y de cambiarles las vidas a niños que han sufrido un trauma.

También me gustaría dar las gracias a los padres que contribuyen a diario a mantener nuestro grupo de Facebook, dándonos a todos grandes ideas y una gran inspiración. Me gustaría dar las gracias especialmente a todos los moderadores y voluntarios que ayudan a apoyar empáticamente a los padres terapéuticos en su viaje a través de la NATP, y de nuestros talleres, entrenamientos y cursos on-line, por todas las palabras sabias y el aliento que comparten de manera tan desinteresada y voluntaria todos los días.

Más que a nadie, me gustaría dar las gracias a mi esposo, que se convirtió en uno de los padres terapéuticos más pacientes e ingeniosos que he conocido, y a mis hijos, que son la alegría de mi vida, por enseñarme sobre la crianza terapéutica más que cualquier experto haya podido nunca.

Introducción

Soy una madre de acogida y no me disculpo por ello. Estoy haciendo lo que mis hijos necesitan que haga para ayudarles a ser miembros funcionales de la sociedad, para poder demostrar bondad, establecer relaciones y convertirse algún día en padres eficaces.

La primera vez que empecé a acoger a niños fue en 1987. Las cosas eran un poco diferentes entonces y los cuidadores de acogida no recibían mucho apoyo. Pasar de tener a tres niños en acogida a adoptarlos me inspiró a comenzar mi carrera en el trabajo social. En 1992 me gradué como trabajadora social y comencé a trabajar con niños y familias, así como en el ámbito de la crianza y de la adopción.

Después de adoptar a mis cinco hijos, que son todos hermanos, entre 1998 y 1999, me di cuenta de que mi capacitación en trabajo social no me había preparado para abordar los problemas que me presentaban a diario mis hijos traumatizados. Tenía todas mis antiguas habilidades, como establecer límites y rutinas, ¡pero enseguida mis hijos me enseñaron que mis estrategias de crianza estándar eran ahora inútiles!

También me di cuenta de que, inadvertidamente, a menudo había dado consejos inexactos a los padres que cuidaban a niños traumatizados, y que parecía existir una brecha entre lo que los trabajadores sociales están capacitados para hacer y las expectativas de los adoptantes y de los cuidadores de acogida sobre sus conocimientos.

En 2007 asumí la administración (y más tarde la propiedad) de una agencia de acogimiento que estaba luchando para obtener buenos resultados. Implementé todo un enfoque de crianza terapéutica utilizando el modelo TRUE que diseñé en 2010. Este modelo se explica detalladamente en mi primer libro sobre crianza terapéutica, *Therapeutic Parenting in a Nutshell* (Naish, 2016). El personal estaba completamente capacitado en estrategias de crianza terapéutica, y entendía la manera correcta de apoyar a los cuidadores de acogida y a los niños a su cuidado, utilizando el modelo TRUE y las técnicas asociadas. La agencia obtuvo una calificación de «Excepcional» por la Ofsted en 2014 en reconocimiento a nuestros excelentes resultados en cuanto a estabilidad familiar.

En 2015 dejé la agencia para dedicarme a tiempo completo a la capacitación y establecí Inspire Training Group, parte de Fostering Attachments Ltd. Me preocupaba más la distancia entre los profesionales del apoyo y los padres. Viajaba por todo el país impartiendo clases de capacitación y los cuidadores y padres me decían a menudo que se sentían desilusionados, aislados y culpados. Frecuentemente escuchaba que el sistema en el que todos estábamos trabajando era mucho más difícil de manejar que los comportamientos de los niños. Aunque era un sentimiento que compartía, no me había dado cuenta de que el problema estaba tan extendido.

Como no pude encontrar ninguna investigación que fuera relevante para lo que estaba viendo, encargué y apoyé (a través de Fostering Attachments Ltd.) la primera investigación exhaustiva sobre la fatiga de compasión en la crianza temporal en el Reino Unido, que se llevó a cabo en el Centro Hadley de Estudios de Adopción y Crianza Temporal de la Universidad de Bristol. Esto dio como resultado el informe final «Nadie nos dijo que sería así: fatiga de compasión y crianza temporal» (Ottoway y Selwyn, 2016). Los resultados se mencionan a lo largo de este libro.

Mi hija mayor, Rosie, que entonces ya era adulta, comenzó a impartir capacitación y a trabajar a mi lado. Los padres expresaban con frecuencia la opinión de que les parecía inestimable tener el punto de vista de Rosie para ayudarles a desarrollar su estilo de crianza. A menudo nos preguntaban si escribiríamos un libro sobre niños desde la perspectiva de un niño que hubiera experimentado un trauma. Decidimos escribir una serie de historias verdaderas basadas en nuestras propias experiencias familiares, que también ayudarían a los padres y a los niños a comprender de dónde provienen los comportamientos y contribuirían a una mejor manera de responder a estas conductas. Mis cinco hijos están representados en los libros como Rosie Rudey, Katie Careful, William Wobbly, Sophie Spikey y Charley Chatty. A lo largo de este libro me he referido a las estrategias dentro de estas historias, que los padres y cuidadores pueden utilizar a modo de complemento útil. A veces también me refiero a mis hijos por su «nombre de libro», que ayuda a identificar diferentes características con mayor facilidad.

Tras el éxito de la *Therapeutic Parenting in a Nutshell*, muchos padres terapéuticos y profesionales del apoyo me dijeron que también necesitaban una guía de referencia rápida y práctica que cubriera todos los problemas y desafíos diarios a los que nos enfrentamos. Pensé que escribiría un compendio conciso, sin lenguaje científico y basado en el comportamiento, que fuera fácil de consultar y centrado en las soluciones. Anticipé que tendría alrededor de veinticinco temas, pero después de analizar detenidamente todos los temas sobre los que me preguntaban y de preguntar a otros padres terapéuticos qué necesitaban, ¡aumentaron rápidamente a más de 60!

Aunque necesito aclarar una cosa. *¡No* soy una madre terapéutica perfecta! Pasé varios años cometiendo muchos errores, e incluso en los días buenos me equivocaba más veces de las que quisiera mencionar. Mis hijos me enseñaron todo lo que sé sobre la crianza terapéutica, ya que tuve que adaptar constantemente mis estrategias para encontrar un modo de volver a criarlos de manera efectiva.

Aunque este libro resume todas las estrategias y soluciones que he usado personal y profesionalmente, he recibido muchas ideas y aportaciones de los miles de adoptantes, cuidadores de acogida y de otros padres terapéuticos de nuestro grupo de Facebook «Padres Terapéuticos». En este grupo, nos dimos cuenta de que teníamos los mismos problemas y desafíos, y que surgían una y otra vez. Durante los últimos tres años, el sitio ha acumulado una gran cantidad de conocimientos y estrategias esenciales que los padres han encontrado sumamente beneficiosos. Toda esa experiencia ha sido ahora canalizada, tamizada y discutida para proporcionar a los lectores la información concisa y relevante que necesitan… ¡a menudo con urgencia!

Algunas de las estrategias y consejos de este libro no encajan en absoluto con la paternidad estándar y pueden ser conceptos nuevos para algunos profesionales de apoyo en el campo, pero sentí que era esencial compartir estrategias que otros padres han encontrado que se convierten en importantes beneficios para el niño. Después de todo, al final del día, todos trabajamos para lograr los mismos resultados.

A lo largo del libro, me refiero principalmente a «hijos» y «padres». Esto es deliberado por mi parte, ya que nuestros hijos a menudo funcionan emocionalmente a una edad mucho más temprana. Aunque nuestros hijos necesitan ser atendidos, lo que más necesitan es una crianza terapéutica.

Cómo usar este libro

Parte 1: Lo básico

Esta sección proporciona a los padres y cuidadores una visión general de los comportamientos comunes observados en muchos hijos que han sufrido un trauma o que han experimentado algún otro tipo de estrés materno o postnatal que conduce a niveles altos de la hormona cortisol o problemas sensoriales. Esta sección también explica de dónde vienen estos comportamientos. Una parte fundamental de la crianza terapéutica es hacer todo lo posible para adoptar la perspectiva del hijo y entender de dónde proviene el comportamiento. De lo contrario, no podemos enfrentarnos a los desafíos con la respuesta terapéutica correcta.

La parte 1 también brinda una explicación de las estrategias de crianza terapéutica más utilizadas, incluido el modelo paso a paso PARENTS, que puede adaptarse a la mayoría de las situaciones. Si te familiarizas con las explicaciones de los comportamientos y la descripción general de las estrategias terapéuticas comunes de crianza de los hijos, incluidas las «Estrategias a evitar», te será más fácil comprender las referencias de la parte 2.

También he incluido información sobre cómo evitar y resolver la fatiga de compasión, que es una condición debilitadora y, con frecuencia, un factor importante en la ruptura de la familia.

Parte 2: De la A a la Z

Teóricamente, la mayoría de los padres usará esta sección para buscar rápidamente el problema que más le preocupa. Si tienes una versión electrónica del libro en tu teléfono móvil o en forma de *e-book,* también puedes acceder rápidamente al tema que necesites, incluso en medio de un incidente.

Esta sección contiene una lista de los problemas comunes a los que nos enfrentamos, clasificados de la A a la Z. Verás que algunos temas se derivan a otros generales. Por ejemplo, «Risa maníaca» está incluido en «Reacción exagerada». Cada sección explica cómo se identifica el comportamiento o el problema, por qué podría suceder y las estrategias y los puntos relacionados para su consideración. La parte 2 incluye métodos de crianza terapéuticos testados y analizados para todos los problemas sobre los que me consultan con mayor frecuencia.

¿Qué es la crianza terapéutica y para quién es?

La crianza terapéutica es un término comúnmente utilizado por los cuidadores de acogida, los adoptantes, los tutores especiales y los cuidadores familiares que cuidan a niños que pueden haber sufrido un trauma. Esto puede haberse producido por negligencia o maltrato durante la edad temprana. La paternidad terapéutica también se usa con padres biológicos, en particular cuando puede haberse producido un trauma, una separación, una enfermedad o cualquier otro factor antes del nacimiento que afecte al funcionamiento y la comprensión del mundo por parte del hijo o que afecte a su apego. Muchos padres biológicos encuentran útiles los estilos de crianza terapéutica para usar con hijos en el espectro del autismo o que tienen niveles altos de cortisol o trastorno por déficit de atención con hiperactividad (TDAH).

De hecho, la crianza terapéutica es beneficiosa para todos los niños debido a su dependencia de límites y estructura firmes con un fuerte enfoque empático y de crianza.

Definición

En nuestra investigación con el Centro Hadley, de la Universidad de Bristol (Ottoway y Selwyn, 2016), escribí la siguiente definición en la «Sinopsis» (pág. 4):

> La paternidad terapéutica es un estilo de crianza que nutre profundamente, con una base de autoconciencia y un núcleo central de mentalización desarrollado a partir de respuestas coherentes, empáticas y perspicaces a la angustia y los comportamientos de un niño; permitiendo al niño comenzar a autorregularse, desarrollar una comprensión de sus propios comportamientos y, en última instancia, formar vínculos seguros.

El objetivo de la crianza terapéutica es permitir que el niño se recupere del trauma que ha experimentado. Esto se hace desarrollando nuevos caminos en el cerebro del niño para ayudarle a vincular causa y efecto, reducir sus niveles de miedo y vergüenza, y ayudarle a comenzar a dar sentido a su mundo.

La paternidad terapéutica en la práctica

La crianza terapéutica es una manera de vivir diferente. Los cuidadores necesitan *vivir* como *padres* terapéuticos con *todos* sus niños. Afortunadamente, la crianza terapéutica de los hijos también es extremadamente efectiva para niños con vínculo seguro. Simplemente funciona más rápido.

Los padres terapéuticos *no* son terapeutas. No *hacen* terapia formal. Simplemente son padres que necesitan ser padres de una manera diferente para ayudar a los cerebros de sus hijos a crecer y a hacer nuevas conexiones.

Por lo tanto, nuestra crianza parece diferente. Ayudamos a nuestros hijos a sentirse más tranquilos cuando están asustados y se portan mal por ese miedo. Usamos la empatía para ayudar a nuestros hijos a reconocer sus sentimientos. Ponemos límites y rutinas muy claros para que nuestros hijos puedan predecir lo que podría suceder a continuación. Siempre tratamos de pensar en la edad emocional de nuestros hijos y no en su edad cronológica, ya que, para ser honestos, su edad cronológica no es muy relevante.

¡Ser un padre terapéutico es un trabajo muy duro!

Los padres terapéuticos viven una vida bien estructurada con rutinas y límites estrictos. No hay sorpresas ni salidas espontáneas y no hay lugar para dudas. Esto puede ser aburrido a veces y frustrante para todos. Las rutinas estrictas pueden ser malinterpretadas como inflexibilidad por parientes o profesionales de apoyo. Los padres terapéuticos a menudo *anhelan* la espontaneidad y un cambio en la rutina, pero han aprendido, gracias a la experiencia, que siempre hay un precio que pagar por esas desviaciones.

No siempre podemos ser terapéuticos, no importa cuánto lo intentemos, pero simplemente tenemos que ser lo más terapéuticos que podamos, siempre que podamos. Después de todo, ¡sólo somos humanos!

¿Cuánto tiempo tardarás en ver un cambio?

Recriar terapéuticamente a un niño traumatizado es un trabajo muy largo. No se logra en un par de años. Podemos ver algunas pequeñas mejoras con bastante rapidez, pero son cambios externos. El gran cambio es aquél en el que hay cambios fundamentales en el modelo de trabajo interno del niño. Se trata de cómo el niño se ve a sí mismo y su relación con el mundo. Algunos de los indicadores de progreso se dan cuando vemos que el niño se siente seguro y puede:

- Demostrar empatía.
- Vincular causa y efecto.
- Pensar antes de actuar.
- Confiar en los adultos para satisfacer sus necesidades.
- Mantener una sana amistad recíproca durante más de seis meses.
- Admitir que ha cometido un error sin experimentar ninguna vergüenza tóxica.
- Sentir y demostrar remordimiento cuando han cometido un error.

Todo eso necesitará mucho tiempo, probablemente más de diez años. En el ínterin, sin embargo, veremos otras mejoras y pasos en el camino hacia estos objetivos. Muchos padres se sienten frustrados y desesperados a medida que pasan los años, aparentemente sin cambios. No subestimes cómo los pequeños pasos se suman a la duración total del viaje. Cuando mis hijos crecían, me parecía útil tener en cuenta la siguiente analogía.

El lago del Trauma

Imaginemos que estamos en la orilla frente a un lago inmóvil y plano. Se llama lago del Trauma. Cada vez que yo intentaba una intervención, o resolvía un día difícil, tiraba una piedra a ese lago. Se producían algunas ondulaciones, pero después de un rato, nada había cambiado y sentía como si estuviera de vuelta adonde empezamos.

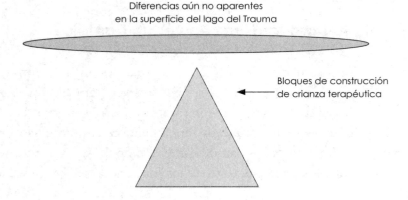

Diferencias aún no aparentes
en la superficie del lago del Trauma

Bloques de construcción
de crianza terapéutica

En retrospectiva, ahora me doy cuenta de que cada intervención terapéutica de crianza de los hijos que hice, cada frase, cada terrible desafío resuelto, era una piedra sólida, un bloque de una construcción puesta en marcha. Pero el lago del Trauma de mis hijos era profundo. Efectivamente, a lo largo de los años, las piedras comenzaron a romper la superficie del agua y vimos a un niño diferente en un paisaje diferente.

No podría haber salido a la superficie por encima del trauma sin los bloques que antes yo había colocado allí. Todo ese tiempo…, y yo pensaba que nada estaba cambiando.

PARTE 1

■ ■ ■

LO BÁSICO

CAPÍTULO 1

¿Por qué nuestros hijos hacen las cosas que hacen?

A menudo, podemos sentirnos frustrados por las acciones de nuestros hijos. Aún más frecuentemente, las personas que nos rodean no entienden cómo vivimos y con qué estamos tratando de lidiar. Cuando pensamos en nuestro hijo avanzando en la vida, y habiendo recibido las señales y las herramientas equivocadas para comenzar, es mucho más fácil entender *por qué* nuestros hijos hacen las cosas que hacen.

En su libro *Everyday Parenting with Security and Love,* Kim Golding (2017) explica con gran detalle las razones por las que algunos niños tienen dificultades de apego y la relación que éstos tienen con el trauma y otros factores causales.

Si estás recriando a un niño que ha sido sometido a negligencias o maltratado, es útil pensar en sus acciones de esta manera:

El niño «conductor de coche»

¡Alguien puso a mi hijo en el asiento del conductor de un auto!

Peor aún, era alguien que debería haber estado cuidando a mi hijo. Peor aún, el volante fue manipulado para hacer que el auto girase a la izquierda cuando el niño girase a la derecha.

Para hacerlo más difícil, alguien manipuló los frenos. Luego, esta persona arrancó el motor y fijó el pedal del acelerador contra el suelo para que acelerase.

Mi hijo estaba en el asiento del conductor de un automóvil que no podía detenerse, iba por el camino equivocado y avanzaba muy rápido.

Ahora, la gente sigue culpando a mi hijo por estrellarse contra las cosas, por ir demasiado rápido, por tener miedo, por dañar las cosas o por lastimar a las personas.

La trabajadora social me puso en el asiento del pasajero y me pidió que ayudara a mi hijo. Lamentablemente, ella sugirió que primero hiciéramos un examen teórico, pero ésa una de nuestras últimas prioridades.

Poco a poco, le enseñé a mi hijo a usar el freno de mano y a manejar el volante. Ahora la gente tiene menos miedo sólo porque estoy sentada junto a él. Siempre me siento a su lado.

Todo lo que necesitamos ahora es que las personas dejen de decirnos que mi hijo necesita pasar una prueba de conducción. Esta madre terapéutica instructora de conducción únicamente trata de llevarnos a todos a nuestro destino de una sola pieza.

Comportamientos comunes y factores subyacentes

Muchos de los comportamientos que vemos en nuestros hijos son respuestas basadas en el miedo, pero es posible que no nos lo muestren de esa manera. De hecho, nuestro hijo puede presentarse como grosero, desafiante y en busca de atención. Si tenemos en mente al «conductor del automóvil» y partimos de la base de que un niño que ha sufrido algún tipo de trauma en su vida temprana a menudo se siente fuera de control y experimenta el mundo de manera muy diferente, algunos de sus comportamientos comienzan a tener sentido.

Comprender la causa
de los comportamientos expuestos

Miedo

Nuestros niños a menudo están aterrorizados por los objetos cotidianos, los cambios en la rutina, cualquier tipo de transición, la oscuridad, la comida… De hecho, la emoción predominante del niño traumatizado casi siempre es el miedo. Sin embargo, el miedo está enmascarado y podemos experimentarlo como ira o como comportamientos controladores. Ésta es la razón por la cual podríamos ver una escalada de desafío cuando hay una transición que se aproxima.

También es muy desconcertante darse cuenta de que, a menudo, lo que más asusta a nuestros hijos es el *adulto*. Esto es molesto para los padres y algo que quizá no hayan considerado. Si tu hijo parece rechazarlo todo, no puede pedir ayuda y te sigue, aparentemente siempre vigilante, ten en cuenta que *tú puedes ser la fuente del miedo tanto como del consuelo.*

Mi amiga Sarah Dillon creció siendo hija de acogida y ahora es terapeuta del apego. Ella describe el miedo al adulto de esta manera:

Si tienes miedo a algo, miedo de verdad, ¿qué haces? Digamos que tienes fobia a las arañas y de repente aparece una. ¿Qué pasa? Puedes quedarte congelado, sentir pánico. Puedes intentar huir, o incluso matarla. No puedes pensar con claridad. Puedes vigilar de cerca a la araña para saber dónde está en todo momento. Bueno, yo me sentía así con los adultos. Los adultos fueron la fuente de mi trauma y de mi fobia, y cada vez que me mudaba de casa tenía una nueva araña a la que acostumbrarme.

SARAH DILLON

Incapacidad de resintonizar

Como nuestros hijos a menudo temen a los adultos y pueden haber tenido experiencias negativas, es casi imposible para ellos «resintonizar» con los padres después de un incidente. Si pensamos en un niño pequeño con vínculo seguro que ha cometido una falta leve, el padre puede retirarle su aprobación como un medio para hacerle saber al niño que no está contento con él. Un niño con vínculo seguro por lo general actuará rápidamente para reparar la relación y volver a sintonizarse, quizá buscando consuelo o probando la respuesta de los padres. Un niño que teme a los adultos o se siente abrumado por la vergüenza es incapaz de dar el primer paso y permanecerá estancado, a la defensiva y triste.

Confianza bloqueada

Si el niño no ha aprendido que el padre o el cuidador es alguien fiable, entonces no puede confiar en que satisfagan ni siquiera sus necesidades básicas. Nuestros niños a menudo desconfían de nuestras intenciones y les resulta difícil interpretar nuestras acciones, incluso leer nuestras expresiones faciales. El término «confianza bloqueada» también se usa para describir al niño que no se siente «suficientemente bueno con él mismo» como dicen Dan Hughes y Jonathan Baylin en su libro *The Neurobiology of Attachment-Focused Therapy* (2016). Me extenderé sobre esto más adelante en las secciones «El sentido del yo y el impacto de la vergüenza» y en «La compulsión de romper el proceso de formación del apego».

Impulsividad

Nuestros niños a menudo tienen niveles altos de cortisol y están programados para responder al estrés y al riesgo muy rápidamente. Carecen del control de impulso habitual y, a menudo, pueden dejar escapar lo que están pensando, o actuar sin pensar en absoluto. Estas acciones recuerdan más a un niño muy pequeño o a un bebé, ya que es posible que el niño haya perdido etapas importantes de desarrollo. A veces estos comportamientos se parecen al TDAH. Es posible que el niño viviera en un entorno donde siempre tuviera que estar alerta y preparado para la acción, o que experimentara otro trauma que afectara al desarrollo de su cerebro.

Falta de razonamiento de causa y efecto

Si nuestros hijos han sufrido algún tipo de trauma en sus vidas, nada es predecible. Sus vidas tempranas pueden no haber tenido sentido. Mis hijos no conocían la diferencia entre la noche y el día. Si incluso los conceptos básicos de la existencia humana no tienen sentido, entonces es mucho más difícil que estos niveles ordenen las capas más complejas en una estructura insondable. Como los niños tienden a actuar rápidamente por impulso, sin una planificación anticipada, a menudo sufren como resultado directo de sus propias acciones. Esto se debe a que muchos de nuestros propios inhibidores se derivan del hecho de que no queremos sentirnos mal más adelante. Por ejemplo, nosotros podríamos no robar 10 euros de la mesa de la cocina porque sabemos que podemos tener problemas, o porque no queremos sentirnos mal. Nuestros hijos, en cambio, no pueden proyectar hacia adelante y pensar cómo se sentirían más tarde. En efecto, carecen de empatía por su futuro yo.

Problemas de control y poder véase también parte 2, Comportamiento de control

Es realmente útil darle la vuelta a este comportamiento en particular. Lo vemos como su necesidad de controlar, pero nuestros hijos se comportan de esta manera sólo para mantenerse seguros. El antídoto contra el miedo que todo lo consume que siente el niño es tener el control. Después de todo, si eres poderoso tienes más probabilidades de sobrevivir. El control es un comportamiento basado en el miedo, y ese comportamiento dice: «Todavía no puedo confiar en que los adultos me cuiden».

Nuestros hijos necesitan sentirse poderosos, pero al mismo tiempo están profundamente en conflicto ya que, en última instancia, la mayoría de ellos tiene una honda necesidad insatisfecha de que el adulto se ocupe de él, le dé seguridad y lo alimente.

Falta de empatía

La empatía suele ser una de las últimas habilidades en desarrollarse. Nuestros niños necesitan que todas sus necesidades básicas sean satisfechas antes de poder desarrollar las características humanas más profundas, como la empatía, la gratitud y el remordimiento. Descubrí que, en general, los niños que han sufrido un trauma en la vida temprana deben recibir una respuesta empática, como en la «empatía modelada», durante unos siete-diez años antes de que puedan comenzar a experimentarla y demostrarla de manera genuina.

Falta de remordimiento

Los padres a menudo se asustan un poco de que su hijo sea «malo» porque no muestra remordimiento ni empatía. El remordimiento es también una emoción sofisticada a la que nuestros hijos aún no pueden acceder. Eso no los convierte en malos.

En los niños con vínculo seguro, vemos que el remordimiento se establece alrededor de los seis o siete años. Si el niño pasó gran parte de su vida temprana lidiando con un ambiente estresante, entonces no habrá tenido tiempo de sentar las bases para establecer el remordimiento. Una vez que se han formado los vínculos seguros, el niño comienza a demostrar algo de empatía, o la capacidad de ver desde la perspectiva del otro, y a eso le sigue el remordimiento. Mis hijos no desarrollaron remordimientos hasta que tuvieron entre 13 y 22 años de edad.

Hipervigilancia

La existencia misma de nuestros hijos puede haber dependido de la necesidad de que sean hipervigilantes. Hasta que tuvo 26 años, mi hija mayor no podía dormir a menos que pudiera ver bien la puerta de su habitación, e incluso entonces esto necesitó de una intervención terapéutica. Nuestros hijos a menudo no saben si sus padres van a desaparecer para siempre. Tal vez lo hayan hecho en el pasado. Por esta razón, a menudo tienen muy buenas habilidades visuales. La hipervigilancia no deja mucho espacio para otras cosas. Si tienen que recordar dónde están todos en la clase, qué están usando y qué están haciendo, no les queda mucho espacio para aprender.

Tristeza, pena y pérdida

A veces es más fácil dejar de lado las enormes pérdidas que nuestros hijos pueden haber sufrido. Con la pérdida viene la tristeza y el dolor. Los niños se mueven entre diferentes cuidadores de acogida con los que pueden haber formado vínculos, y luego se espera que muestren alegría cuando los llevan con sus adoptantes. Pueden estar de duelo por un padre ausente, incluso si fue un padre maltratador. Eso es lo que el niño sabe, y el niño puede estar sintiendo que todo es por su culpa. La mayoría de los padres y cuidadores son, naturalmente, muy empáticos y comprensivos al respecto, y le dan al niño permiso y espacio para llorar.

La pena puede expresarse como ira, actitud defensiva y comportamientos de control. El niño no quiere perder nada más en su vida. Con la crianza y la adopción, a menudo hay un conflicto directo entre la anticipación positiva del padre/cuidador y la tristeza y el dolor del niño que se siente obligado a mantenerse a salvo al intentar satisfacer las expectativas de los nuevos padres (*véase* Período de luna de miel en la parte de la A a la Z).

Miedo a la invisibilidad

Cuando un niño ha sufrido por una crianza negligente o de maltrato o poco fiable, puede tener un miedo muy arraigado a ser olvidado o invisible. Seguramente se habrá sentido invisible a veces. Si dependes de adultos poderosos para alimentarte y mantenerte seguro, pero pareces ser invisible, *podrías morir.* Cuando nuestros hijos tienen miedo a ser olvidados, vemos algunos de los comportamientos más poderosos, como el habla sin sentido, los comportamientos basados en la ansiedad y las consecuentes conductas agresivas o groseras, diseñadas para presionar a los padres y recordarles por la fuerza que el niño está allí.

Ira

A menudo vemos la ira como una emoción constante visible en nuestros hijos. La ira puede ser un mecanismo defensivo para evitar mostrar tristeza. Para estar tristes, nuestros hijos necesitan mostrar su vulnerabilidad y esto es algo que no se sienten lo suficientemente seguros de hacer, por lo que utilizan su ira como una coraza protectora. La coraza se compone de rudeza, desafío y hostilidad, que parecen rezumar del niño. El mensaje iracundo es «No me toques. No me ayudes. No te acerques a mí». (*Véanse* más detalles sobre esto en Agredir). En nuestra serie de cuentos de crianza terapéutica para niños, mostramos la coraza de Rosie Rudey en su primer libro (Naish y Jefferies, 2016).

El modelo de trabajo interno del niño
Recreando un ambiente familiar

Algunos comportamientos que parecen bastante extraños para los padres pueden ser completamente familiares y normales para el niño. Por ejemplo, en el caso de que mojen la cama, el olor a orina puede haber sido una parte muy importante del entorno temprano del niño, especialmente en casos de negligencia. Para el niño, por lo tanto, no es un olor ofensivo. No lo nota. El olor y la orina son una manifestación del modelo de trabajo interno del niño. De manera similar, los padres a veces expresan consternación cuando sus adolescentes adoptados parecen gravitar repentinamente hacia las familias donde puede haber abuso de drogas o alcohol, falta de rutina e incluso violencia. Esto puede ser porque el niño reconoce la aceptación de las interacciones y relaciones. Si bien puede que no se sienta seguro, se siente en un entorno familiar, y tal vez incluso como si perteneciera a él. A veces, esto también se conoce como «estimular el entorno», ya que el niño estimula su nuevo entorno para intentar recrear patrones de relaciones familiares. Esto sucede en un nivel muy profundo y es instintivo. El niño no lo piensa ni lo planea conscientemente.

El sentido del yo y el impacto de la vergüenza

Si a un niño no se le satisfacen las necesidades básicas y más tempranas, se consume con una forma de vergüenza tóxica. Nuestros hijos trabajan duro para mantenerse alejados de esta vergüenza porque es realmente devastadora y lo consume todo. Algunos de los comportamientos que vemos que se relacionan con evitar la vergüenza son:

- Mentir.
- Incapacidad para asumir la responsabilidad.
- Autosabotaje.

El niño adquiere su sentido de sí mismo a partir de las acciones de las personas que lo rodean. Si es ignorado o maltratado, su sentido de sí mismo es de inutilidad y maldad. La culpa puede ser descrita como «hice algo malo». La vergüenza es más como «*soy* malo» (Brown, 2012). Esta sensación de «maldad» se internaliza, por lo que el modelo de trabajo interno del niño podría ser: «Soy malo, no soy importante, no soy digno de ser amado». No es una decisión que haya tomado, es la manera en que su cerebro ha sido conectado. El desventurado padre que intenta decirle a este niño que es maravilloso probablemente será visto por parte del niño, en el mejor de los casos, como poco fiable o engañoso o, en el peor de los casos, como mentiroso.

La compulsión de romper el proceso de formación del apego (hacia el padre) (véase también *parte 2, Sabotear*)

En el preciso instante en que parece que podemos tener un momento de avance y estar formando algunas conexiones significativas, el niño parece «subir la apuesta». Tenemos un buen día y luego se arruina. Recibimos del niño un regalo muy esperado y lo destruye. Debemos tener en cuenta el conflicto que existe dentro del niño. Si su modelo de trabajo interno es de «maldad» y hacemos algo que lo hace sentir que podría ser «bueno», no puede reconciliar estos sentimientos difíciles. Esto es cuando vemos al niño en su forma más destructiva o dolorosa. Se ve obligado, a través de los instintos de supervivencia, a crear distancia emocional y alejarse. Cuando hay lealtades a cuidadores o a padres anteriores, esta compulsión por romper un vínculo que se está formando es aún más pronunciada. Esto no está pensado ni planeado de ninguna manera. Incluso los adultos con vínculo seguro pueden, sin saberlo, sabotear o terminar una relación prometedora si han sido lastimados en el pasado y desean protegerse emocionalmente. Con los niños traumatizados, esto es mucho más pronunciado y mucho más difícil de deshacer.

Problemas sensoriales

Muchos de los niños que se benefician de la crianza terapéutica tienen problemas sensoriales. Esto puede ser por una serie de razones. Es posible que hayan estado expuestos a altos niveles de cortisol o estrés, o que hayan experimentado un peligro, un riesgo y un entorno aterrador, lo que lleva a cambios en el cerebro. Algunos niños son diagnosticados (o mal diagnosticados) con un trastorno del procesamiento sensorial, donde todo está magnificado y puede ser realmente difícil para el niño no sentirse abrumado y entrar en lucha, huida, paralización o rabia defensiva cuando se sobreestimula. Todas estas respuestas provienen del cerebro base y son instintivas. Por eso a menudo vemos los peores comportamientos si llevamos a los niños a un supermercado o a un parque de atracciones. La riqueza y la intensidad de la entrada sensorial es simplemente demasiado difícil de manejar y el niño experimenta un colapso sensorial, que podemos vivir como una rabieta.

Los problemas sensoriales pueden existir si ves que el niño:

- Tiene audición sensible.
- Salta o se estremece ante ruidos o movimientos fuertes.
- Reacciona exageradamente.

- Exhibe un comportamiento desafiante cuando hay ciertos tipos de sobrecarga de alta potencia o luces intermitentes.
- Necesita estimulación oral sensorial o es oralmente supersensible.
- No puede tolerar ciertas sensaciones en la piel (como las etiquetas de la ropa).

A lo largo de este libro, doy ejemplos de estrategias para ayudar con los problemas sensoriales relacionados con los títulos de los temas. ¡Algunos niños se benefician del uso de juguetes sensoriales, cojines vibradores e incluso de la acción de ponerse en una silla al revés con la cabeza colgando!

Interocepción

La interocepción es la dificultad para interpretar las señales internas del cuerpo. Los niños que no han tenido sus necesidades físicas satisfechas a menudo no han desarrollado las vías correctas en su cerebro que transmiten señales en torno al dolor, la temperatura, la sed, el hambre y la saciedad. Ésta es la razón por la que vemos que nuestros hijos reaccionan de forma exagerada a las lesiones pequeñas o parecen no notar lesiones más graves. De la misma manera, pueden comer una comida abundante y luego decir que todavía tienen hambre. El niño no está mintiendo. No puede sentir que está lleno. El niño puede tener mucho frío o mucho calor y no darse cuenta. ¡Con frecuencia vemos a nuestros niños vestidos inapropiadamente, a pesar de nuestros mejores esfuerzos!

Niveles de cortisol

Nuestros hijos son adictos al azúcar casi como una droga y esto es alimentado por altos niveles de cortisol. Un niño puede tener niveles altos de cortisol por varias razones, muchas de las cuales no están asociadas al maltrato. Los altos niveles de cortisol nos impulsan a actuar. Normalmente, experimentamos un torrente de cortisol en respuesta a una situación estresante. ¡Nos obliga a movernos o a alcanzar la lata de galletas! Si esos niveles de cortisol son altos la mayoría del tiempo, vemos que nuestros hijos están inquietos, nerviosos, son incapaces de concentrarse y están ansiosos por el azúcar. Si el ansia de azúcar o la necesidad de movimiento no se pueden satisfacer, el niño entra en combate, huye o se pone furioso. No tiene mucho que ver con que ellos «tengan el control», más bien se trata de que están controlados por el azúcar y el cortisol. El hecho de consumir alimentos altos en azúcar es impulsado por niveles altos de cortisol y está fuera del control de nuestros hijos.

Literalidad

Del mismo modo que las habilidades humanas más avanzadas, como la empatía y el remordimiento, se desarrollan más adelante en nuestros hijos, a menudo la capacidad para el humor también está ausente. Debemos tener mucho cuidado ya que nuestros hijos pueden carecer de pensamiento creativo y pueden ser muy literales. A veces, nuestros hijos pueden parecer que «echan un cubo de agua fría» encima de los encantadores juegos imaginativos de otros niños. También recuerdo los jadeos de horror cuando les dije a mis hijos que «mantuvieran los ojos bien abiertos».[1]

---

1. En el original: «keep their eyes peeled», donde *peeled* también significa «pelados». *(N. del T.)*

CAPÍTULO 2

Unas palabras sobre el trauma del desarrollo y los trastornos relacionados

¡El término *trastorno del trauma del desarrollo* (DTD por sus siglas en inglés) abarca realmente todo lo que vemos en nuestros niños traumatizados y más!

El doctor Bessel van der Kolk y sus colegas de EE. UU. (2015) realizaron una gran campaña para que se reconociera e incluyera el DTD en el manual de diagnóstico de salud mental, el *Manual estadístico y de diagnóstico de los trastornos mentales (DSM-V* por sus siglas en inglés). Lamentablemente, sin embargo, a pesar de su investigación que evidencia la existencia del DTD, todavía no se incluye como un diagnóstico oficial. El trastorno de apego o el trastorno de apego reactivo (RAD por sus siglas en inglés) es un síntoma grave pero una versión diluida, y a menudo incluso ni siquiera se diagnostica.

En lo que se refiere a los diagnósticos, la experiencia de muchos padres terapéuticos es que es muy raro que se lleve a cabo una evaluación exhaustiva de calidad para separar los diferentes diagnósticos (o más bien síntomas de un trastorno subyacente) en un niño que ha sufrido trauma en la vida temprana. La mayoría de los comportamientos y «trastornos» que vemos son realmente síntomas de un trastorno traumático del desarrollo, y una vez que Van der Kolk logre que se reconozca esto, todos podremos finalmente obtener el apoyo que nuestros hijos necesitan.

Puedes notar que en este libro no menciono demasiado el apego, ni todos los otros diagnósticos que puedan tener nuestros hijos. Hay una razón para ello. Normalmente, el trauma del desarrollo se traduce en una amplia gama de trastornos asociados, tales como:

- Trastorno de estrés postraumático.
- Trastorno de apego (o trastorno de apego reactivo).
- Trastorno del procesamiento sensorial.
- TDAH.
- Trastorno de desafío oposicional.
- Evitación patológica de la demanda.
- Autismo.
- Dispraxia.

Los padres biológicos que utilizan la crianza terapéutica a menudo lo hacen debido a un trauma prematuro/temprano y a los altos niveles de cortisol resultantes. Esto frecuentemente imita muchas de las condiciones y síntomas que hemos visto más arriba.

El trastorno del espectro alcohólico fetal (FASD, por sus siglas en inglés) a menudo está presente y, a veces, se diagnostica en niños que han sufrido un trauma prenatal debido a los efectos del alcohol durante el embarazo. Los comportamientos y características de presentación pueden parecer muy similares a las dificultades de apego y son difíciles de distinguir. Descubrí que las técnicas terapéuticas de crianza de los hijos eran igual de efectivas al criar a los niños con FASD ya que rara vez era una condición «independiente».

La mayoría de los padres terapéuticos con los que tengo contacto que cuidan a niños que sufren los efectos del trauma y el maltrato en la vida temprana informan que sus hijos muestran muchas de las características de las afecciones anteriores. A veces, los diagnósticos pueden ayudar a desbloquear recursos, fondos y asistencia. Pero a menudo los diagnósticos son contradictorios y confusos.

Además, también encontramos que cuando observamos diferentes estilos de apego inseguro (ambivalente, ansioso, evitativo, desorganizado), nuestros hijos son demasiado rápidamente encasillados en un estilo en particular. Nuestros hijos rara vez funcionan uniformemente dentro de los descriptores de un estilo de apego, sino que cambian entre los estilos de apego en función de con quién se encuentren, lo seguros que se sientan y dónde se encuentran en su desarrollo emocional. Por ejemplo, durante los primeros cuatro años que Rosie estuvo conmigo, su trastorno se habría descrito como un apego ambivalente. Ella se mostraba grosera, defensiva, enojada, agresiva y lo rechazaba todo. La realidad era que ella también era evasiva, y no quería pedir ni aceptar ayuda, así como ambivalente, en el sentido de que no esperaba que yo cubriera sus necesidades. Para mí, ella era Rosie, y nos tomábamos el día, o la hora, tal como llegaba.

Me pareció mucho más fácil tener una visión holística. Evité analizar en exceso diferentes diagnósticos y estilos de apego, pero tuve en cuenta información útil sobre ellos, como las similitudes y las estrategias útiles relacionadas con la dispraxia con respecto a la torpeza y desorganización de mis hijos.

CAPÍTULO 3

Los fundamentos esenciales de la crianza terapéutica

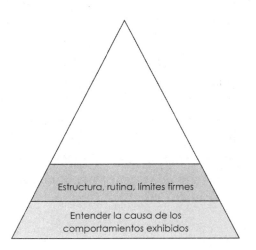

Estructura, rutina, límites firmes

Entender la causa de los comportamientos exhibidos

La crianza terapéutica se basa principalmente en límites y estructura. No es posible utilizar las líneas más efectivas para la crianza terapéutica sin esta base esencial. Nuestros hijos a menudo provienen de un lugar donde les faltaban la estructura de la rutina, los límites y la seguridad, por lo que la primera manera de ayudarlos a sentirse lo suficientemente seguros para aprender y crecer es hacer que sus vidas sean predecibles. Hacemos esto a través de:

- Rutinas.
- Siendo la «base segura incuestionable».
- Siendo honestos.
- Teniendo límites claros y fuertes.
- Permitiendo las consecuencias naturales.
- Accediendo a la terapia *adecuada*.

Ahora veamos cada una de estas áreas.

Establecer una rutina fuerte

La rutina le permite al niño predecir eventos importantes, como cuándo comerá, irá a dormir o irá a la escuela. Tenemos que asegurarnos de que los bocadillos y las comidas se le proporcionen a la misma hora todos los días. Cualquier cambio leve en la rutina puede hacer que el niño se desregule y se angustie. Esta rutina deberá mantenerse durante muchos años, y puede ser frustrante y desalentadora. A los padres a menudo les gustaría tener más espontaneidad en sus vidas, pero aprenden rápidamente que pagan un alto precio por desviarse de la rutina establecida. Además de eso, los padres pueden ser juzgados con dureza por otros (que no entienden la importancia de la rutina) como inflexibles.

Establecerse como una «base segura incuestionable»

Como padres, si nos establecemos como una «base segura e incuestionable», le daremos al niño un espacio seguro para comenzar a probar los límites.

Ser la base segura e incuestionable no significa que no seamos accesibles, cálidos y acogedores. Todo lo contrario. Significa que el niño puede confiar en que seamos muy coherentes, que digamos lo que queremos decir y que hagamos lo que decimos. Avanzamos en nuestro horario sin distraernos por el intento del niño de controlarnos. Los padres terapéuticos expertos sabemos que el niño necesita que tengamos el control, aunque establecemos dicho control a través de métodos empáticos y de crianza.

Solía imaginarme como un tren a vapor. Detrás de mí arrastraba cinco vagones pequeños. Desafortunadamente, había una vía paralela y, muy a menudo, varias veces al día, de hecho, uno de mis pequeños «vagones» intentaba saltar a la otra vía y llevarme en una dirección diferente. Bueno, sabía que me dirigía a la «Estación del vínculo seguro», y que nada me apartaría de eso. Entonces, por la mañana cuando estábamos a punto de salir de casa y uno de mis hijos decidía que no iba a ponerse los zapatos, el tren de vapor recogería los zapatos y saldría por la puerta de todos modos. Luego aquel pequeño vagón se colocaría detrás del tren de vapor y continuaríamos hacia nuestro destino final.

Si saltamos a las otras vías y seguimos a nuestros hijos hasta su destino, todos terminaremos en el lugar equivocado.

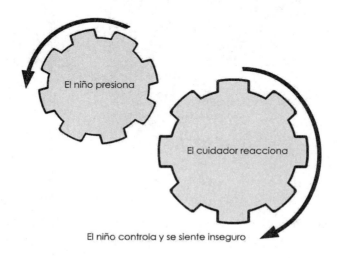

Nuestros hijos sólo pueden intimidarnos o controlarnos si se lo permitimos. Por debajo, el cuidador está siendo controlado por el niño. A medida que el niño exige algo, o varía su comportamiento para provocar una respuesta, el cuidador recompensa al niño con su respuesta emocional. El niño se siente inseguro en esta situación y el comportamiento negativo aumenta. Los niveles de estrés en el cuidador también aumentan y es poco probable que la relación florezca mientras se mantiene ese patrón. Más adelante en este libro, proporcionaré muchas estrategias que puede usarse para evitar reaccionar emocionalmente y quedar atrapado en este ciclo negativo.

Más abajo podemos ver cómo el cuidador no está reaccionando *emocionalmente* a las demandas del niño. Esto no significa que no esté respondiendo al niño. Así, por ejemplo, el niño puede estar exigiendo una galleta y el cuidador puede responder: «Puedo ver que tienes hambre».

El cuidador permanece constante y presente, y no está siendo controlado por el niño. Aunque parezca que el cuidador está siendo duro, en realidad le permite al niño sentirse seguro.

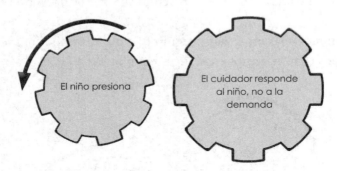

El niño presiona

El cuidador responde al niño, no a la demanda

El cuidador no está siendo controlado y sigue siendo la base segura e incuestionable

¡Sé sincero!

Es vital decir lo que piensas y pensar lo que dices. ¡Nuestros niños pueden detectar la deshonestidad a cien pasos a la redonda! Esto no significa que ofrezcamos descaradamente información que el niño no necesita o que no le beneficiará. Por ejemplo, ¡no tenemos que decirles que nos vamos de vacaciones dentro de seis meses! También evitamos hablar de un evento que podría ocurrir. Si pensamos que podríamos llevarlos al parque más tarde, pero hay *cualquier* duda al respecto, no compartimos esta información con el niño. Las palabras «podríamos» y «quizá» no existen en nuestra casa.

Parte de ser una base segura e incuestionable es la sinceridad en relación con cualquier cosa en la historia de la vida del niño, el contacto y todos los demás problemas confusos con los que nuestros niños tienen que lidiar. Como base segura e incuestionable, debes asegurarte de ser sincero para preservar y fomentar la relación. Naturalmente, estamos muy centrados en promover partes positivas de historias traumáticas de vidas tempranas, ya que queremos que nuestros hijos tengan una buena autoestima y se sientan amados. Debemos tener cuidado de no ir demasiado lejos por ese camino. El libro de Helen Oakwater, *Bubble Wrapped Children* (2012), explica las consecuencias de las historias de vida precoces llenas de traumas desagradables que han sido dulcificadas, especialmente en relación con los riesgos de las redes sociales y los posteriores descubrimientos relacionados.

Aquí expongo dos declaraciones de dos niñas (ahora adultas) que fueron separadas de unos padres biológicos muy maltratadores:

Beatrice: Cuando estaba en un hogar de acogida, solía tener contacto con mis padres biológicos. Era un momento muy angustioso para mí, porque me habían llevado a un lugar seguro y luego tenía que ir a ver a las personas que más temía en el mundo. Mi madre (adoptiva) nunca mintió acerca de cómo nos cuidaron mis padres biológicos. Nunca habló mal de ellos ni dijo nada sobre sus propios sentimientos. Siempre hablaba de ellos objetivamente, respondiendo cualquier pregunta que yo tuviera. A medida que crecía y tenía más preguntas, ella entraba en más detalles, siendo extremadamente sensible. A veces me resultaban difíciles algunas de las cosas muy abusivas y me molestaban, y mamá me explicaba que le

41

ponía muy triste que me hubiera pasado todo aquello. Ella nunca usó la negatividad, sólo los hechos. Estoy muy contenta de que nunca me dijera que mis padres biológicos me amaban, porque sé que no lo habían hecho. Me acordé de muchas cosas. Si me hubiera dicho que aquello era amor, no habría entendido lo que significaba *amor*, y habría sabido que mi madre estaba mintiéndome.

Hace unos años, le pedí a mi madre que me diera todos los detalles que tenía sobre mis padres biológicos, ya que sentía que siempre había una caja abierta de preocupaciones y preguntas. Ahora, conocer mi historia y todo lo que sucedió me ha ayudado a llegar a un punto en el que ya no estoy enojada por lo que hicieron mis padres biológicos, aunque nunca los buscaré para averiguar por qué o cómo. A veces me siento triste porque sé que algunas de esas cosas son difíciles de superar, pero me alegro de saber la verdad.

Donna: Soy hija de padres maltratadores y negligentes. A medida que repaso el último fragmento de trauma aún no expuesto en terapia, soy consciente de que algunas de las conversaciones más memorables, hirientes, degradantes y solitarias de mi vida temprana se dieron cuando personas con buenas intenciones me dijeron que mis padres me amaban. No puedo perdonarlas, duplicaron y triplicaron el daño.

Lo que más me dolió de aquellas conversaciones fue que aquellas personas habían sido anuladas por la convención social de que las cosas se arreglarían, de que las cosas acabarían bien, así que se suponía que yo debía cuidar de aquel adulto fingiendo que las cosas estaban bien. Y no lo estaban, y no habríamos tenido la conversación a menos que el adulto lo hubiera sabido hasta cierto punto, porque nunca se lo revelé voluntariamente a nadie. Por lo tanto, me molestaba tener que hacerles sentir mejor (antes de que se fueran a sus casas seguras donde se preocupaban por ellos), y sentía que se me cerraba otra puerta. Éste es un adulto poco seguro. Era una persona más que conocía que no me ayudaría, a quien no podría decirle la verdad, porque no sabía qué hacer con ella. Y, sorpresa, tenía una gran desconfianza hacia la autoridad y una gran necesidad de manejar las cosas por mí misma. Una ola desconfianza me invadía: nadie me salvaría, excepto yo. Y, de hecho, nadie lo hizo nunca. Y cuando pienso en aquellas personas me pongo muy triste y quiero gritarles: «¡Erais adultos!».

Lo que la gente no comprendía es que yo no había llegado a la conclusión de que nunca me habían amado y nunca más volvería a pensar en ello. Por supuesto, la pregunta estará conmigo toda mi vida. Y (como adulto) podría ver que, probablemente, en su versión de la historia, me amaron e hicieron todo lo posible y *bla bla bla*. Pero eso no significa que estuviera bien. Ahora puedo ver que ambas cosas pueden coexistir. Pero cuando era niña no podía entenderlo y necesitaba algo que fuera verdad, de modo que pudiera establecerme sobre esa base. Que supuestamente me amaran no era liberador. Era una prisión. ¡Pero que fueran basura abusiva era una liberación! Sin embargo, aquello no me ayudó de niña, especialmente porque no les pregunté a esas personas si mis padres me amaban. Simplemente me lo decían para sentirse mejor, porque estaban diciendo algo positivo. Toma lo que quieras de mi experiencia. Mantente sincero, no seas condescendiente, no lo dulcifiques. Así construirás adultos fuertes. Si no te lo piden, no te metas en ese tema. Si te preguntan, habla sobre cuán complicada y oscura es la verdad, habla sobre el maltrato generacional y cómo tú y ellos estáis rompiendo el ciclo. Habla acerca de cuánto te duele no saber qué decir. Sólo sé completamente auténtico. Estás haciendo algo increíblemente hermoso por ellos.

Establecer límites fuertes y claros

Los padres terapéuticos tienen claro que deben mantener límites muy firmes que no puedan ser violados. Todo esto es parte de la estructura que requieren nuestros hijos, ya que necesitan que seamos exactos acerca de dónde están los límites y cuáles son nuestras expectativas.

A mis hijos les di instrucciones en lugar de hacerles una solicitud. Una solicitud puede interpretarse como una opción o una elección, por lo que es confuso para los niños que tienen dificultades de comunicación. Así que en lugar de «Por favor, ¿podéis poner la mesa?», les decía «Ahora es hora de poner la mesa».

A veces, las personas que no están familiarizadas con toda la gama de estrategias y modelos de crianza terapéutica parecen creer que nunca debemos mostrar enojo o desilusión con el niño por romper un límite. Hay una línea delgada entre ser controlado por el niño y *sentirse* desempoderado y enojado, y mostrar la ira y la decepción *apropiadas* cuando se rompe un límite. Por ejemplo, si tu hijo da un puñetazo en la cara a un hermano menor, es posible que el padre terapéutico inicialmente le grite al niño y le diga: «¡No, eso no está bien!», mientras aleja al niño rápidamente. Algunos padres piensan que esto no es una crianza terapéutica, ¡pero lo es! Si un niño rompe un límite, está bien hacerle saber, en términos claros, que eso no es aceptable.

A menudo, un padre me dice: «Hoy me equivoqué de verdad. No fui terapéutico en absoluto. Le grité a mi hijo». El padre siente que debe responder de manera empática en todo momento, pero esto no es realista ni prepara a nuestros hijos para la vida real. Si el niño ha roto el límite, debe decírsele que ha roto ese límite y que es inaceptable. Si bien podemos empatizar con los problemas subyacentes más adelante, los niños deben saber cuándo van por el camino equivocado.

No tengas miedo de señalar que el comportamiento ha cruzado la línea, pero ten cuidado de revelar dolor y tristeza personales, porque eso puede usarse como un «nuevo interruptor para presionarte».

Haz uso de las consecuencias naturales (o de la vida)

Desde muy temprano, la vida de nuestros hijos puede haber tenido poco sentido para ellos. Es posible que no se hayan dado cuenta de que la noche seguía al día, o de que la comida llegaba cuando tenían hambre, por ejemplo. Debido a esto, el cerebro del niño se ha desarrollado de tal manera que la causa y el efecto no están muy bien vinculados, y muchos de nuestros hijos tienen un marco de referencia interno que básicamente dice: «No tengo impacto en el mundo. Soy invisible».

Las consecuencias naturales son las consecuencias de la vida que siguen, generalmente cuando se traspasa un límite o el niño toma una mala decisión. Establecemos nuestros límites y luego, cuando se rompen, generalmente debido a la inmadurez y la falta de razonamiento de causa y efecto, les mostramos a nuestros hijos que han tenido un impacto en el mundo, a través de consecuencias naturales con la crianza. Si no lo hacemos, estamos configurándonos para que todos fracasemos a largo plazo. Estamos reforzando el mensaje de que las acciones del niño no tienen ninguna consecuencia.

Utilicé las consecuencias naturales para construir sinapsis en el cerebro de mis hijos, que vinculaban la causa y el efecto, y el mundo comenzó a tener sentido para ellos.

Las consecuencias naturales *deben* ser utilizadas en la crianza. A veces es demasiado tentador castigar en exceso al niño manipulando las consecuencias y llamándolas consecuencias naturales. La consecuencia natural de que los niños salgan sin abrigo es que se resfrían y nosotros les ayudamos a darse cuenta de esto. Una vez que mostramos que tienen frío, tal vez ayudándoles a tocar su piel con la mano, podremos ofrecerles algo para nutrirlos o calentarlos. Una consecuencia natural no sería retirarle el abrigo durante una semana como castigo.

Con mis hijos, también extendí y vinculé las consecuencias naturales cuando fue necesario. Así, por ejemplo, si el niño fue grosero conmigo y me dijo que era estúpida, más tarde podría decir: «Desafortunadamente, soy demasiado estúpida para conducir, parece que he olvidado cómo hacerlo. No podré llevarte al fútbol. (Pausa por chillidos de horror, ira, etc.) Ofrecería crianza, me preguntaría en voz alta y me compadecería de lo triste que era que el niño no pudiera ir, pero no querría que se sintiera inseguro, como si definitivamente me hubiera olvidado por ahora de cómo conducir (*véase* Groserías en la parte 2 para más ejemplos).

A lo largo de la segunda parte de este libro, hay muchos ejemplos de consecuencias naturales relacionadas con desafíos específicos.

Terapia de acceso que complementa la crianza terapéutica

En general, los padres terapéuticos encuentran que la terapia que incluye a los padres es la más efectiva para los niños que han sufrido traumas en la vida temprana. Los padres terapéuticos tienden a preferir los modelos terapéuticos de intervención, donde el terapeuta es un facilitador capacitado, el padre se incluye como figura de apego y el padre y el niño son capaces de desarrollar la comprensión. Esto ayuda al niño a sentirse seguro y a tener una comunicación efectiva cuando el niño pueda haberse sentido confundido acerca de los eventos traumáticos y su línea temporal.

Como el objetivo principal es promover vínculos seguros con los cuidadores principales, los terapeutas deben conocer los efectos del trauma infantil y el papel del padre terapéutico y estar abiertos a las posibilidades de la triangulación, a veces denominada «división». Esto ocurre cuando el niño se presenta de manera diferente con el terapeuta (u otro adulto) y puede llevar a confusión y falta de comunicación (lo explico con más detalle en la parte 2, en Triangulación).Los padres terapéuticos han descubierto que el modelo de psicoterapia diádica del desarrollo elaborado por Dan Hughes (2016), y también llamado «terapia familiar centrada en el apego», es un método de intervención extremadamente favorable junto con:

- El Theraplay®.
- La terapia del apego.
- La terapia filial.
- La terapia familiar.

CAPÍTULO 4

El modelo PARENTS[2] de intervención para padres terapéuticos

Ahora que tenemos los fundamentos de la comprensión de dónde provienen nuestros hijos y hemos establecido una estructura segura, necesitamos un proceso que nos ayude a abordar todos los incidentes que ocurren en nuestro día a día. Hay varios modelos de crianza terapéutica, el más conocido es PACE (siglas en inglés de *Playfulness, Acceptance, Curiosity, Empathy*; es decir, carácter juguetón, aceptación, curiosidad, empatía), descrito en el libro de Dan Hughes y Kim Golding (2012). Sin embargo, siempre luché contra el hecho de que ninguno de los modelos parecía darme un *proceso* para trabajar. Entonces, me detuve y pensé en la forma ideal de progresar en un incidente. Es muy fácil olvidar lo básico a veces.

Cuando nuestros hijos sufren una crisis, puede parecer que un incidente viene de la nada y nos sorprende. La frecuencia e intensidad son extenuantes y debilitadoras. La próxima vez que te encuentres en una situación como ésa, puede ser útil repasar en tu mente esta lista de comprobación para un enfoque más estructurado:

---

2. Acrónimo de las etapas que se detallan más adelante en inglés.

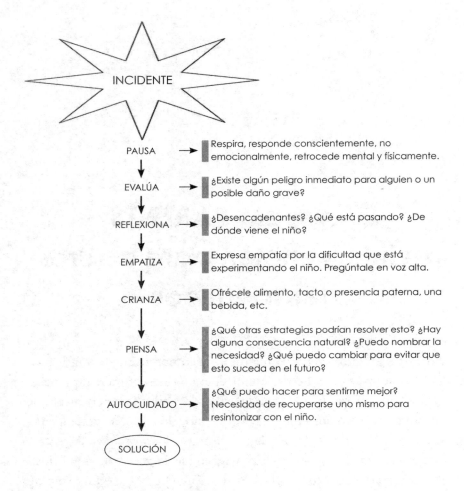

Ahora vamos a desglosarlo un poco y consideremos cada etapa.

Pausa

Como tenemos que seguir siendo la «base segura e incuestionable», debemos *tratar* de responder con calma y conciencia a nuestros hijos. ¡Éste es nuestro mayor desafío, y es mucho más fácil decirlo que hacerlo! Mantener la calma es *la respuesta número uno, la más importante para aprender como padre terapéutico.* Es la esencia de ello, pero también es lo más difícil de lograr. Se necesitan años de práctica para «actuar con calma» cuando te sientes bastante furioso. A veces fingía que estaba siendo filmada para desarrollar guías de formación. Así, si no podía sentir la empatía, podía fingirla. Algunas veces incluso grababa un vídeo de fondo o una nota de voz en mi teléfono para poder verlo nuevamente y mejorar mi «rendimiento». Una buena manera de crear una pausa es realizar conscientemente algunas respiraciones profundas. Si es posible, simplemente di que necesitas ir al baño un momento, entras y respiras profundamente diez veces. Esto cambia las hormonas del estrés que empañan el cerebro y te permite pensar con mayor claridad. Si logras «ir al baño», intenta mantener un diálogo tranquilo para evitar una escalada. También puedes:

- Darte la vuelta y fingir que haces otra cosa para que el niño no pueda ver tu expresión facial.
- Respirar y luego fingir que acabas de recordar una tarea urgente en una parte diferente de la casa. Si la afirmación del argumento que ha iniciado el conflicto te ha enfurecido, esto te ayudará a disminuir tu propia respuesta al estrés.
- Utilizar una declaración general de «retención» como «Es un punto de vista interesante».

Otra manera en que ahora construyo una pausa natural es poniendo una imagen de perfil de mis hijos en mi teléfono cuando eran mucho más pequeños. Así, cuando me llaman por teléfono, ¡lo primero que veo es cuando eran bebés o niños pequeños!

Para acceder al pensamiento estratégico, debemos implicar a nuestro cerebro superior para resolver los problemas complejos a los que nos enfrentamos. Cuando respondemos instintivamente desde nuestro cerebro inferior, rara vez alcanzamos un buen resultado. Si podemos tomarnos un momento para retroceder mentalmente, esto puede cambiar enormemente el resultado. Es posible que incluso necesitemos retroceder o alejarnos físicamente, dependiendo de lo que esté sucediendo. Sólo ten en cuenta que, si te retiras completamente y eliminas todo contacto, es probable que tu hijo se desregule más.

Evaluar

A menudo existe un peligro inmediato y obvio, como que un niño intente saltar por una ventana alta (o fingir que lo hará). Obviamente, en estos momentos no vamos a pasar a la reflexión y a la empatía, ya que tenemos que tomar medidas inmediatas. Sin embargo, es importante considerar lo que constituye un peligro o un posible daño grave a un objeto. Por ejemplo, si un niño amenaza con romper un plato, o en realidad lo está rompiendo, yo personalmente no habría reaccionado ante eso como un peligro inmediato o un posible daño grave. Necesitas tener claros tus propios límites y diferenciar entre qué puedes tolerar y qué es verdaderamente peligroso. Piensa en lo que sucedió en el pasado y cuál fue el resultado. En ocasiones, un niño fingirá la intención de cometer un daño grave para presionar el botón. Hazte estas preguntas:

- Mira lo que está haciendo el niño. ¿El riesgo es real o sólo está amenazado?
- ¿Hay que realizar alguna acción inmediata para proteger al niño, a ti o a otras personas?
- ¿Hay otros que están en peligro por culpa el niño?
- ¿Está el niño en peligro por sus propias acciones?
- ¿Puedes sacar de allí a la audiencia, especialmente cuando corre riesgo? ¿Por ejemplo, apartar a niños más pequeños o a mascotas?

Reflexionar

Aunque tendemos a reflexionar sobre un incidente cuando termina, me parece útil hacer una «minireflexión» cerca del comienzo. A menudo, al tratar de identificar rápidamente posibles desencadenantes o antecedentes, es mucho más fácil resolver el incidente de manera positiva. Si tratamos de evaluar rápidamente de dónde viene el niño, es más natural entonces «preguntarse en voz alta» y expresar empatía en la siguiente etapa. Por ejemplo, si mi hijo llegaba de la escuela y estaba muy enfadado y se mostraba grosero, en lugar de pensar en las palabras feas que me decía, pensaba en cómo manejar las transiciones, o si algo había sucedido en la escuela. Piensa en los siguientes temas:

- ¿Hay un desencadenante inmediato y obvio para el incidente?
- ¿Ha habido, o va a haber una transición que pueda provocarle ansiedad?
- ¿El lenguaje corporal del niño coincide con sus palabras y acciones?
- ¿Su comportamiento es de búsqueda de apego?
- ¿Tiene sentido lo que dice el niño? ¿Contradice lo que está haciendo?
- ¿Qué está tratando de lograr el niño?

Empatizar

La doctora Brene Brown es profesora de investigación en la Universidad de Houston y ha pasado muchos años investigando el impacto de la vergüenza y la empatía. Ha impartido conferencias especializadas, las llamadas TED Talks, que están disponibles en YouTube. En una de ellas, titulada «Escuchando la vergüenza» (2012) dijo:

La vergüenza es un enfoque en uno mismo, la culpa es un enfoque en el comportamiento. La vergüenza es «soy malo». La culpa es «hice algo malo». Cuántos de vosotros, si hicierais algo que me hiciera daño, estaríais dispuestos a decir: «Lo siento. Cometí un error»? ¿Cuántos de vosotros estaríais dispuestos a decir eso? Culpa: lo siento. Cometí un error. Vergüenza: lo siento. Soy un error. La empatía es el antídoto a la vergüenza.

Como nuestros hijos a menudo son consumidos y abrumados por la vergüenza tóxica, nuestra empatía es lo que puede convertirse en su antídoto.

Comentario empático

Utilizamos comentarios empáticos para entablar con el niño un diálogo sobre sus sentimientos interiores. Pasamos por alto el comportamiento que presenta y respondemos, en cambio, a los sentimientos que presenta. Esto puede crear confusión para los espectadores, ya que parece que no estamos desafiando el comportamiento que presenta en el momento. Lo que estamos haciendo es abordar los problemas subyacentes más arraigados. No significa que no habrá algún tipo de consecuencia en el comportamiento cuando el niño esté regulado. Por ejemplo, el niño está siendo muy grosero y llama a la madre «perra». El comentario empático simplemente diría: «Debe de ser realmente muy difícil sentirte así por tu madre. Puedo ver que estás verdaderamente enojado».

Es importante usar la empatía para mostrarle al niño que tú estás con él. Las frases útiles pueden ser:

- Puedo ver que encuentras esto muy difícil.
- ¡Vaya, estás muy enfadado!
- Debe de ser muy difícil sentir esa tristeza.
- Debe de ser difícil sentirte así por tu madre.

Preguntarnos en voz alta también nos ayuda a decir en voz alta lo que pensamos que puede estar ocurriendo de una manera empática:

- Me pregunto si ha pasado algo en la escuela para que te sientas tan preocupado.
- Me pregunto si estás gritando porque tienes miedo de que no te haga caso.
- Me pregunto si estás enfadado porque ha acabado el programa de televisión.

El comentario empático es mucho más efectivo que hacer preguntas. Les decimos a nuestros hijos lo que sabemos y mantenemos nuestra relación sincera. Por ejemplo, yo diría: «Me he dado cuenta de que has tenido una situación difícil con X. Si necesitas hablar conmigo, aquí estoy». En lugar de, «¿X te ha molestado?».

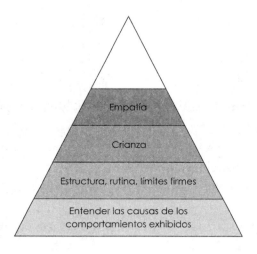

Crianza

Un ambiente de crianza siempre sustenta nuestra respuesta empática, pero después de que hayamos empatizado, también podemos ofrecer una crianza práctica. Ofrecer crianza de manera oportuna puede ayudar a reducir la escala de una situación desafiante. A menudo, mis hijos pasaban de la furia a las lágrimas cuando se les ofrecía crianza en lugar de la ira recíproca o las preguntas tipo «¿Por qué lo hiciste?».

La crianza se puede ofrecer físicamente o sugerirla, por ejemplo:

- Parece que un abrazo te sentaría bien.
- ¿Te gustaría un chocolate caliente?
- Antes, cuando lavé tu mantita tan suave, estaba pensando en ti.

Una simple caricia en el hombro puede ayudar al niño a sentirse más arraigado. Sin embargo, es importante evaluar cuán desregulado está el niño, ya que el tacto también puede agravar una situación si el niño tiene problemas sensoriales y malinterpreta la caricia (consulta «Utiliza el tacto y la presencia parental para regular», en el siguiente capítulo).

Pensar

Al pensar en las consecuencias del comportamiento, separaremos:

- Cómo te sientes acerca de lo que ha hecho el niño.
- Qué ha hecho el niño realmente.
- Cómo se siente el niño.

A medida que la situación comienza a calmarse, es una buena idea pensar en la próxima acción a llevar a cabo. Podrías hablar con el niño y ayudarlo a regularse. Cuando la empatía y la crianza por sí solas no han resuelto el incidente, debes pensar (y luego aplicar) las mejores estrategias. Puedes pensar que debe haber una consecuencia natural por lo que ha sucedido. Es posible que desees planificar cómo compartirás tus pensamientos con el niño sobre por qué crees que se ha comportado como lo ha hecho. Puedes comenzar a pensar en esto, pero es posible que no llegues a una conclusión durante algunas horas o incluso días. Está bien, ya que a veces es mejor compartir esos pensamientos retrospectivamente en una reflexión conjunta.

También debemos pensar qué podemos cambiar para intentar minimizar ese evento o evitar que ocurra en el futuro. Piensa en cuánta estructura había, ¿ha sido adecuada la supervisión? ¿El niño ha sido empujado a fallar? ¿Cómo te has sentido? ¿Has respondido adecuadamente? Sé honesto contigo mismo.

Este tipo de reflexión y análisis (mentalización) discurre a lo largo de toda nuestra crianza, pero es particularmente útil inmediatamente después de un incidente o cuando hay patrones de comportamientos arraigados. A veces es mejor pensar y reflexionar cuando estamos lejos del niño, especialmente si estamos exhaustos y en las últimas.

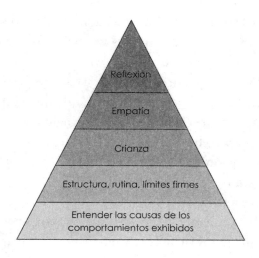

Reflexión

Empatía

Crianza

Estructura, rutina, límites firmes

Entender las causas de los comportamientos exhibidos

Autocuidado

La última acción es cuidar de ti mismo. Debes ser proactivo al respecto y tratar el aspecto del autocuidado como parte integral de la crianza terapéutica. Si no te cuidas, no puedes satisfacer las necesidades de los demás. Hay una sección independiente sobre esto al final de la parte 1.

Aplicación de PARENTS: anatomía de un incidente

El niño está viendo la televisión, pero rompe un límite reconocido y comprendido saltando encima de los muebles, dejando de mirar el programa. Después de una advertencia, la madre apaga el televisor. El niño inmediatamente se pone hecho una furia y empieza a gritar, negándose a pasar al baño.

PAUSA: La madre ya se siente molesta, así que le dice: «Voy a buscar mi teléfono». Se aleja durante cinco segundos, respira hondo, escucha lo que el niño está diciendo a gritos.

EVALUAR: La madre puede ver que, aunque el niño está muy enojado y tira su silla, es una silla pequeña y liviana, no hay nadie más en la habitación y el peligro es mínimo.

REFLEXIONAR: La madre piensa que apagar la televisión ha sido un desencadenante, pero luego se da cuenta de que el niño ya estaba desregulado antes de que esto sucediera. Normalmente puede sentarse y ver el programa, pero hoy no puede. La madre también es consciente de que las transiciones son un punto crítico y éste es siempre el último programa antes de irse a la cama, así que tal vez haya una preocupación por irse a la cama.

EMPATIZAR: La madre le dice al niño: «Vaya, estás realmente enfadado. Lamento que te sientas tan enfadado». La madre lo dice lo suficientemente alto como para ser escuchada. El niño sigue gritando, exigiendo que se vuelva a encender el televisor. La madre dice: «Me pregunto si te has enfadado porque he apagado la televisión y eso significa que es hora de irse a la cama. Tal vez la hora de acostarse te preocupa un poco ahora mismo». El niño se tira al suelo boca abajo, grita insultos y exigencias, pero su lenguaje corporal sugiere que la madre tiene razón. La madre podría decir que también está triste por haberse perdido el final del programa.

CRIANZA: La madre acaricia la espalda del niño y continúa diciendo en voz alta lo difícil que es esto. La madre sugiere maneras de que el niño pueda sentirse mejor. Una sugerencia podría ser que la madre le diga que le contará un cuento a la hora de acostarse sobre el personaje del programa de televisión.

PENSAR: Mientras continúa acariciando la espalda del niño, la madre piensa que no habría ningún beneficio en agregar una consecuencia natural a esta situación. La madre decide que la mejor estrategia es continuar usando la presencia parental y esperar y, cuando el niño esté más regulado (quizás al leerle el cuento antes de dormir), podrán revisar juntos y de manera segura los fuertes sentimientos expresados. La madre se da cuenta de que ha estado bastante ausente durante el programa de hoy, mientras que normalmente se sienta con el niño y lo mira, ofreciendo así niveles más altos de estructura. Decide que se lo dirá al niño y mencionará la necesidad en torno a la idea de «mamá ausente». Se preguntará en voz alta si al niño le resulta difícil concentrarse en el programa debido a que se preguntaba dónde estaba mamá. Si el niño está suficientemente regulado y puede oírlo, la madre podrá intentarlo en ese momento.

AUTOCUIDADO: Antes de leerle al niño el cuento cuando se acueste, la madre va a su propia «caja de golosinas» y decide qué recompensa se dará después a sí misma. Decide que será una chocolatina. Planea comerse la chocolatina en completo silencio, sola. Un poco más tarde lo hace, aunque tarda más tiempo de lo planeado. Mientras se come la chocolatina, piensa en otros incidentes que han ocurrido durante el día y planea algunas estrategias alternativas para el día siguiente.

¡A veces nos equivocamos! Está bien, es imposible ser totalmente terapéutico todo el tiempo. Simplemente comienza de nuevo la próxima vez.

CAPÍTULO 5

Resumen y explicación de otras estrategias de crianza terapéutica

En la parte 2, explicaré las estrategias específicas y cómo aplicarlas a situaciones particulares. Para poder hacer referencia rápidamente a las estrategias, esta sección contiene una explicación de la mayoría de las que usamos para muchos desafíos diferentes.

Identifica tus desencadenantes

A veces, los comportamientos de los niños pueden desencadenar una reacción exagerada. Una de las herramientas de autorreflexión más útiles es pensar *por qué* este comportamiento en particular nos molesta. A menudo, podemos relacionarlo con algo en nuestro propio pasado o en nuestras relaciones. Al hacerlo, el desencadenante pierde su poder hasta cierto punto. La próxima vez que el niño se comporte de esa manera, al menos podemos recordar conscientemente que nuestra reacción no pertenece al niño. Recoloca los desencadenantes a través de la reflexión después de un incidente. Si tienes pareja y ha identificado que un comportamiento en particular te activa demasiado, simplemente decide que la otra persona estará en la «primera línea» para lidiar con eso la próxima vez si es posible.

Establece tus expectativas para que sean acordes a las capacidades y la edad emocional del niño

No es útil pensar en la edad cronológica de un niño traumatizado y en lo que «debería» estar haciendo. A menudo estamos bajo la presión de familiares externos, amigos y profesionales de apoyo en relación con esto. Si esperamos que el niño pueda funcionar emocionalmente y en relación al desarrollo según su edad cronológica, lo más probable es que estemos haciendo que todos fracasen, incluidos nosotros mismos. Al establecer límites, configúralos para la edad *emocional* del niño. Por ejemplo, colocar un objeto tentador al alcance del niño y decirle que no lo toque no sería razonable con un niño de dos o tres años. De la misma manera, nuestros hijos, incluso de una edad cronológica mucho mayor, probablemente tampoco podrán mantener el control de sus impulsos. Por lo tanto, en primer lugar, no pongamos el objeto tentador a su alcance. Si lo hacemos, no significa que el niño sea travieso y haya roto el límite, significa que teníamos una expectativa no razonable que no se podía cumplir y necesitamos ajustarla.

Responder a la edad emocional también hace que sea mucho más fácil para nosotros empatizar; por ejemplo, si un niño está dando golpes, hay que pensar en qué etapa del desarrollo puede exhibir un niño este comportamiento y responder en consecuencia.

Tiempo inclusivo

Como a nuestros niños les resulta difícil regularse, podemos ayudarlos a regularse mediante el uso del tiempo. El tiempo inclusivo significa mantener al niño cerca. Podemos hacerlo pidiéndoles que nos ayuden con algo, incluso ayudándonos a corregir las cosas. Podemos decir cosas como: «Puedo ver que te sientes un poco inseguro en este momento. Creo que necesitas estar cerca de mí durante un rato». De esta manera, estamos replicando la educación temprana que se da de padres a hijos cuando el bebé está desregulado y tratando de controlar sus emociones. El uso del tiempo como medida preventiva a menudo puede evitar que una pequeña situación se intensifique. Como madre o padre, deberás ser muy consciente de los pequeños cambios en el comportamiento de tu hijo para que puedas intervenir rápidamente.

Aceptar al niño (separado del comportamiento)

La «A» en el modelo PACE de crianza terapéutica (Hughes y Golding, 2012) tiene que ver con la aceptación. Si bien nuestros hijos pueden desafiarnos y frustrarnos, debemos asegurarnos de que los aceptamos como un todo a pesar de que no aceptamos su comportamiento. Lo hacemos interna y externamente a través de nuestra respuesta empática al mundo interior del niño, separando lo que han *hecho* de lo que *son*. Podríamos decir cosas útiles como: «Es una pena que hayas decidido a romper tu cochecito porque ahora ya no lo tienes, y sé que te sientes muy triste por eso».

Hacer el tonto o ser juguetones

Algunos de los métodos más fáciles que podemos usar para detener la rabieta del niño es hacer un poco el tonto o mostrarnos juguetones. Necesitamos ser naturales para hacerlo, especialmente si estamos en público, aunque también puede ser algo bastante catártico. A veces yo hacía cosas como empezar un baile tonto o una canción sobre lo que estaba pasando. A mis hijos les resultaba difícil no reírse. Como nuestros hijos no pueden experimentar la alegría y el miedo simultáneamente, al ayudarlos a experimentar la alegría, el miedo se reduce y la respuesta de lucha, huida o enfado disminuye significativamente.

Utiliza el tacto y la presencia parental para regular

Cuando pensamos en que los bebés muy pequeños y los niños pequeños pueden ser aliviados simplemente por la presencia de un padre o cuidador, no es difícil ver que usar esa misma técnica también puede ayudar a calmar y regular a nuestros hijos. Puede ser muy poderoso simplemente permanecer cerca. No necesitamos decir nada a menos que creamos que ayudará al niño a sentirse tranquilo. Si el niño está tratando de resolver algo por sí mismo, y está muy enojado y frustrado, simplemente sentarse cerca de ellos y preguntarles si desean que les ayudemos puede ayudarles a regularse. A veces, si uno de mis hijos estaba muy enojado, se iba a su habitación y empezaba a tirar cosas, yo me sentaba frente a la puerta de su habitación y le decía: «Estoy aquí por si me necesitas, justo aquí afuera». Como alternativa, podía recordar que tenía que «pasar la aspiradora», por ejemplo, por el pasillo. Incluso esa pequeña acción puede ayudar al niño a sentirse apoyado y a disminuir su comportamiento más rápidamente. Si yo podía correr peligro por una acción del niño, me ponía tan cerca como pudiera estar sin sufrir ningún riesgo o provocar al niño.

Eliminar la audiencia

Si el niño está actuando y llama la atención de todos los que están en la sala, es una buena idea simplemente eliminar la audiencia. A veces la audiencia es sólo el progenitor. Si no es seguro que te vayas y crees que le causarías más angustia o desregularías más al niño, puedes permanecer presente, pero sin prestarle atención. Puedes hacerlo ocupándote en algo repentinamente o simplemente demostrando distracción, puedes mirar el teléfono o incluso contestar una falsa llamada telefónica *(véase* la estrategia del teléfono más adelante en esta sección). Los niños están menos dispuestos a actuar si no hay nadie que los vea.

Usar la curiosidad

La C en PACE (Hughes y Golding, 2012) se refiere a la curiosidad. Yo solía llamarlo «ser una detective», ¡algo en lo que los padres terapéuticos parecen ser muy buenos! Preguntarse en voz alta cuál puede ser la causa del comportamiento es una buena estrategia empática, así usas la curiosidad para tratar de ayudar a todos a resolver lo que está sucediendo. Podríamos decir: «Me pregunto si haces tanto ruido porque te preocupa que me olvide de ti». Puedes adaptar este tipo de curiosidad a muchas situaciones diferentes.

También podemos sentir curiosidad por el comportamiento interior, sin expresar nuestros pensamientos. Al pensar de dónde proviene el comportamiento de nuestros hijos, es más probable que demos con la respuesta correcta. Si dejamos de usar la curiosidad y simplemente nos tomamos todo en serio, es más probable que malinterpretemos las acciones del niño.

La curiosidad es una herramienta muy valiosa cuando «nombramos la necesidad». Necesitamos sentir curiosidad por las vidas y experiencias tempranas de nuestros hijos, sus creencias y conceptos interiores para poder ubicar adecuadamente los comportamientos de presentación.

Un ejemplo de esto es una conversación que tuve durante la capacitación:

Madre: Un comportamiento que encuentro realmente molesto es que mi hijo se esconde cuando es hora de recogerlo de la escuela.

Yo: ¿Por qué crees que lo hace?

Madre: Para molestarme.

Yo: Entonces, ¿crees que tu hijo está pensando: «Voy a molestar a mamá. Me voy a esconder para que ella se enfade?».

Madre: Sí, lo hace para hacerme quedar mal delante de todas las demás mamás.

Yo: Eso es un pensamiento realmente sofisticado para un niño de cinco años. ¿Puedes pensar en otra razón por la que podría esconderse? ¿Hubo algún momento en su vida temprana en que no estuviera seguro de cómo podrían reaccionar los adultos ante él, o de si podrían cambiar repentinamente sin ninguna razón?

Madre: Sí, su madre biológica era alcohólica y era muy cambiante, a veces muy peligrosa.

Yo: ¿Es posible entonces que tu hijo se esconda en los momentos de transición para ver cómo estás, tal vez para ver si estás bien?

La madre se dio cuenta de que aquello sí explicaba el comportamiento y abordó el problema mostrándole a su hijo que ella estaba bien mientras él se escondía. Se dio cuenta de que este comportamiento se había convertido en un desencadenante para ella, ya que había asumido que era un comportamiento manipulador planificado, diseñado para «hacer que pareciera una mala madre». Una vez que empezó a usar la curiosidad para descubrir la verdadera raíz del comportamiento, pudo responder empáticamente a su hijo y el comportamiento disminuyó.

Mostrar arrepentimiento

Es muy poco probable que nuestros hijos puedan sentir remordimientos y ofrecer cualquier tipo de disculpa significativa. En cambio, podemos ayudar a nuestros hijos a «mostrarse arrepentidos». Nuestros hijos generalmente quieren corregir lo que han hecho mal, pero no saben cómo hacerlo. Podríamos decir: «Oh, veo que has tirado al suelo el zumo de naranja de tu hermana. Aquí hay una bayeta para que puedas ayudarme a limpiarlo». Y después le darías un refuerzo positivo.

Distracción

Sabemos que las técnicas de distracción pueden ser muy efectivas con niños pequeños. De la misma manera, también son efectivos con nuestros hijos. Una de las estrategias más útiles que utilicé fue simplemente parecer repentinamente distraída, mirando por la ventana o simplemente no haciendo caso al niño. El niño invariablemente interrumpía la espiral ascendente de comportamiento para ver lo que estaba mirando yo. También podemos distraerlos de otras maneras, recordando algo repentinamente o preguntándoles si les gustaría merendar.

La estrategia del teléfono

Ésta es una buena manera de eliminar a la audiencia y ofrecer comentarios empáticos al mismo tiempo. Puedes usarlo en muy diversas situaciones. Es particularmente efectivo cuando necesitas ir a algún lugar y el niño está usando tácticas dilatorias. Simplemente, ponte cómodo, saca tu teléfono y llama a tu misterioso amigo a quien el niño nunca conoce. Expresa deleite por tener unos minutos inesperados para hacer esta gratificante llamada telefónica. En cuestión de segundos, el niño normalmente abandona la táctica de demora que había empleado hasta entonces y se pone a tu lado. Si *realmente* te pones al teléfono, puedes expresarle a tu amigo imaginario cómo tu hijo está luchando contra algo en ese momento. Ten cuidado de no perderte en territorios punitivos. Si sientes que las tácticas de demora provienen de una transición que se aproxima, también puedes indicar en voz alta durante la llamada telefónica qué sucederá a continuación.

Mira lo que *hace* el niño

Evita reaccionar siempre a lo que el niño está *diciendo* si en realidad él está de acuerdo con tu límite. A menudo suceden dos cosas diferentes. Si el niño te está gritando que no va a hacer lo que le dices, mientras hace lo que le has dicho, ajusta tu respuesta en consecuencia. ¡Evita insistir en el momento en que el niño se está conformando ya que puede haber un cambio repentino!

Utilizar reembolso de tiempo

Si terminas teniendo que hacer algo que te quita tiempo, puedes hacer que el niño te devuelva el tiempo más tarde. Esto es útil para aquellas ocasiones en las que los incidentes quedan fuera de tu control. Yo utilizaba este método si, por ejemplo, tenía que pasar tiempo buscando a mi hijo porque había decidido no volver a casa a la hora que le tocaba. Eso podía significar que no había hecho un trabajo que debería haber hecho, y esperaba que mi hijo hiciera ese trabajo para devolverme el tiempo. Si te preocupa que esto pueda crear más conflicto y que el niño no esté de acuerdo con hacer el trabajo, simplemente cóbrate el tiempo de una manera que esté bajo tu control. Por ejemplo, es posible que no tengas tiempo para realizar una tarea que normalmente harías para el niño ya que ahora tienes que ponerte al día con lo que no has podido hacer.

Nombra la necesidad

Se utiliza para explicar el comportamiento al niño. Es una extensión hábil e intuitiva de usar la curiosidad y preguntarse en voz alta. Relacionamos las emociones expresadas (comportamientos) con una necesidad no satisfecha anterior. No lo hago cada vez que ocurre un incidente, pero lo hago si se da un patrón de conductas difíciles. «Nombrar la necesidad» se utiliza para ayudar al niño a entender sus propios comportamientos y para entender por qué hace las cosas que hace. Es útil si el niño no está de acuerdo o te grita que estás equivocado. Observa el comportamiento que sigue para ver si tenías razón o no. A algunos padres les preocupa que si no lo adivinan puedan estar perjudicando al niño. Es poco probable que éste sea el caso porque nuestros hijos necesitan saber que pensamos en ellos y que nos preguntamos por qué podrían hacer las cosas que hacen desde un punto de partida empático.

Un ejemplo de «nombrar la necesidad» fue cuando mi hija, Rosie, comía mucho chocolate, lo robaba y lo obtenía de donde podía. Aunque probamos todas las estrategias habituales, nada parecía funcionar. Finalmente, especulé que quizá comía mucho chocolate para llenar un espacio vacío dentro de ella. Afirmé que pensaba que el espacio vacío se había creado cuando ella era muy pequeña y sus necesidades no habían resultado satisfechas, pero que desafortunadamente no importaba cuántas tabletas de chocolate se comiera, porque aquello no llenaría el vacío interior. Hablamos de otras maneras en que se podría llenar. Esto realmente ayudó a mi hija a controlar su comportamiento y a entender por qué estaba haciendo las cosas que hacía. Me explicó que la siguiente vez que fue a coger un trozo de chocolate fue como si una vocecita en su oído le recordara por qué lo estaba haciendo.

Si nuestros hijos no pueden entender su propio comportamiento, no pueden comenzar a tratar de controlarlo. Si te preocupa «nombrar la necesidad» y hacer suposiciones erróneas, entonces utiliza historias de terceros. ¡Tus instintos suelen ser correctos! Nuestra serie de libros infantiles para padres terapéuticos utiliza «nombrar la necesidad» dentro de las historias. Como alternativa puedes decirle que estás pensando en otro niño que conociste.

Reparar errores

Recuerda que no existen los padres terapéuticos perfectos. Todos tenemos nuestros días malos, unos más que otros. Algunos padres tienen expectativas demasiado altas de sí mismos. Sin embargo, hay días en que todo se hace cuesta arriba y decimos y hacemos cosas de las que nos arrepentimos. Cuando las emociones nos abruman, debemos tratar de no hacer daño y, ciertamente, evitar dañar físicamente a nuestros hijos. Alejarnos rápido es a veces la mejor acción.

Es importante que rectifiquemos tan rápido y sin dolor como sea posible. También debemos encontrar el equilibrio adecuado entre hacer una rectificación y parecer que carecemos de confianza. Algunos padres se exceden demasiado en sus disculpas, y esto en sí mismo puede hacer que el niño se sienta inseguro. Si has perdido los estribos y le has gritado al niño, tal vez le has dicho algo desagradable, discúlpate por lo que has dicho y por el tono que has utilizado. Di que intentarás no volver a hacerlo. También puedes explicarle cómo te sentías en ese momento y qué te llevó a sentirte así. De esta manera, estás modelando el análisis emocional sano. Luego cierra el tema y sigue adelante. No sucumbas a la tentación de darle al niño muchos premios para compensarlo. Reparación sin sobrecompensación. Recuerda mantener tu estructura intacta en la medida de lo posible y esto en sí mismo ayudará a restablecer la armonía (tal como está).

CAPÍTULO 6

Respuestas y estrategias a evitar

Las estrategias de crianza estándar enseñan a nuestros «pajaritos» con vínculo seguro a volar. Las estrategias terapéuticas de crianza enseñan a nuestros «pingüinos» a nadar. Todos son aves, pero necesitan aprender a sobrevivir de diferentes maneras. Por favor, no arrojes a tu pingüino por un acantilado para tratar de obligarlo a volar.

Abofetear y golpear

No hay lugar en la crianza terapéutica para abofetear y golpear a nuestros hijos. Existen dos motivos principales para esto. Primero, nuestros hijos pueden haber sufrido maltrato físico y, por lo tanto, aumentaremos su temor hacia nosotros, o pueden ser totalmente indiferentes a ser golpeados cuando la violencia fue algo común en sus vidas tempranas. Esto sólo aumentará los sentimientos de desempoderamiento y pérdida de control de los padres, lo que conlleva el riesgo de un aumento de la violencia física en un intento de controlar la situación.

En segundo lugar, nuestros hijos pueden interpretar el dolor de manera diferente, especialmente cuando tienen altos niveles de cortisol o problemas sensoriales. Por un simple manotazo pueden sentir un dolor muy intenso o puede que no sientan dolor en absoluto. Simplemente la acción de atacar a nuestros hijos puede llevar a una ruptura de confianza y a dañar la fundamental relación de apego.

Golpear a un niño dice: «No tengo el control. Eres inseguro».

Obligar al cumplimiento

No agarramos a nuestros hijos y los obligamos a ponerse en donde queremos que estén. No debemos hacerlo porque la respuesta de miedo en nuestros hijos es demasiado grande y no debemos abusar de nuestro poder. El único momento en que debes mover físicamente al niño es si está en peligro.

La excepción a esto es con un niño muy pequeño que carece de comprensión y es posible que deba ser cogido en brazos.

Culpar y avergonzar

No tiene sentido usar tácticas de culpa y vergüenza. Si alguien ha puesto al niño en un automóvil sin volante ni frenos, no podemos culpar al niño por chocar contra nosotros. Sé que puede que nosotros no lo hayamos metido en el coche, pero el niño se sentirá bastante indefenso ante todo esto, por lo que la idea de culparlos y señalar su error es, en el mejor de los casos, equivocada. Es una situación trágica para todos los involucrados y la culpa no tiene cabida aquí. La culpa provoca vergüenza, y ya sabemos que nuestros hijos a menudo se sienten abrumados por la vergüenza tóxica.

Mientras intentamos ayudar a nuestros hijos a evitar la vergüenza, es mejor que utilicemos un enfoque que determine la causa del problema, lo identifique y seleccione alternativas para una solución.

Insistir en la verdad

¡No insistimos en que el niño nos diga la verdad! Algunos padres piensan que ésta es una idea muy radical, pero detengámonos a pensar en quién es el perdedor aquí. Si pasamos dos horas en una discusión intensa y hacemos una pausa para tratar de forzar al niño a que admita una mentira, hemos perdido dos horas de nuestra vida y lo hemos avergonzado. En su lugar, sólo les hacemos saber que sabemos la verdad, para que no se convierta en vergüenza tóxica.

A veces los padres piensan que esto significa que el niño pensará que mentir no tiene consecuencias, y piensan que así «nunca aprenderá». Como sabemos, nuestros hijos tienen dificultades para decir la verdad porque a menudo no saben qué *es* la verdad.

En lugar de insistir en la verdad, podríamos decir algo como: «Bueno, he decidido que hiciste X y la consecuencia de eso es Y». Tienes el mismo resultado sin toda la vergüenza, la culpa y el tiempo perdido. Para más estrategias, *véase* parte 2, Mentir.

Preguntar por qué

¡Evítalo a toda costa! Preguntarle al niño por qué se comporta de cierta manera es lo mismo que decir: «No tengo ni idea de por qué haces lo que haces. Ya no soy un adulto seguro». El niño no puede proporcionarnos las respuestas y puede sentir más miedo si se le pide que brinde explicaciones a los padres, además de sentirse ansioso por el hecho de que los padres tampoco entienden su comportamiento.

Imagina que siempre has conducido un coche manual. Hay tres pedales: acelerador a la derecha, freno en el medio y embrague a la izquierda. A continuación, cambias el coche por uno con cambio de marchas automático. Ahora sólo hay dos pedales: acelerador a la derecha y freno a la izquierda. A pesar de tus esfuerzos, sigues pisando el freno pensando que está presionando el embrague. No quieres hacerlo, y te causa muchos inconvenientes a ti y a tus pasajeros. ¿Qué utilidad tendría que uno de los pasajeros te pregunte por qué lo estás haciendo?

Aunque en este caso podrías darle una explicación racional, no significa que vayas a detener tu comportamiento. Está cableado en la memoria muscular, no es una elección consciente. No ayuda preguntar por qué, sólo refuerza el error, insinúa la culpa y aumenta la vergüenza.

Tablas de recompensa

No utilizamos tablas de recompensa estándar con niños que tienen antecedentes de trauma. Hay varias razones para ello:

- Pueden causar conflicto con el modelo de trabajo interior del niño: el niño elige quedarse en el «lado malo» para demostrar que no es digno o que no le importa.
- El niño cree que es «malo», por lo que ver que otros niños triunfan refuerza su sensación de fracaso y de «maldad».
- El niño aprende rápidamente a explotar las tablas de recompensa, haciéndolas inútiles. El niño aprende realmente rápido cómo manipular el sistema para obtener la recompensa que necesita con el mínimo esfuerzo.
- Las tablas básicas de recompensa no abordan la mayoría de los comportamientos subyacentes ni pueden tener en cuenta la impulsividad y la falta de razonamiento de causa y efecto.

Una o dos veces diseñé un sistema de recompensa que funcionó durante un corto período de tiempo con algunos de mis hijos, pero eran estrategias bastante sofisticadas, hechas a medida, no estándares. Los trabajadores sociales y los maestros tienden a tener una confianza excesiva o una visión simplificada de la efectividad de las tablas de recompensa y esto invariablemente socava a los padres. El siguiente ejemplo está escrito por un profesor:

Soy profesor y esto es lo que sé. Las tablas de recompensa y similares, como las listas de acciones buenas y malas, por ejemplo, son basura. La pregunta esencial para crear una comunidad en el aula para un maestro es ésta: ¿valoro el cumplimiento o el compromiso? El cumplimiento tiene que ver con manipular el comportamiento y castigar. El cumplimiento busca cambiar el comportamiento mediante el castigo, ignorando la verdadera razón del comportamiento. El compromiso busca entender por qué se dan las conductas y luego equipar a los estudiantes con las habilidades necesarias para tener éxito: habilidades como la empatía, el optimismo, la resiliencia y la flexibilidad. El compromiso crea comunidad, y dentro de esa comunidad los estudiantes pueden sentir que, independientemente de lo que hagan, son valorados y aceptados. A pesar de que un maestro puede tener esa creencia, los sistemas basados en el cumplimiento cuentan a los estudiantes una historia diferente.

Evitar sorpresas y espontaneidad

Parte de mantener una buena estructura recae también en la necesidad de evitar la espontaneidad y las sorpresas. Aunque esto puede hacer que la vida sea muy aburrida a veces, lo que para nosotros es una sorpresa, generalmente equivale al miedo a lo desconocido para el niño. A veces es difícil separar la necesidad de mantener la estructura y al mismo tiempo dar alegría a nuestros hijos, con la necesidad de evitar que acaben fuera de control debido al miedo y a la dificultad para manejar las transiciones. Entonces, aunque planeemos sorpresas, se las comunicaremos al niño poco antes del momento. De esta manera, nuestros niños se benefician de las cosas más agradables de la vida sin altos niveles de ansiedad asociada. Además, así también se disminuye la oportunidad de sabotaje.

Exageración

Si sabemos que nuestros hijos se han perdido muchas cosas al principio de su vida, puede ser tentador tratar de compensar en exceso. Podríamos hacerlo llevándolos a unas vacaciones maravillosas, que no pueden apreciar, o simplemente elogiándolos por la creencia errónea de que estamos construyendo su autoestima. De hecho, estamos creando un conflicto similar al de la tabla de recompensas. Si el niño nos muestra una imagen que es bastante normal y le damos un elogio sin límites, parecemos poco sinceros. El niño sabe que esta imagen no es «maravillosa», pero está bien. Además, si la imagen es maravillosa y le damos un elogio incesante, es probable que el niño la destruya. No puede interiorizar el conflicto entre *cómo se siente él* mismo y *lo que dices sobre él*. Es mejor dar un elogio silencioso y basarlo en un hecho, por ejemplo, «Ese dibujo es interesante. Dime quién sale en él».

Consecuencias de la exageración y de la no-relación

Cuando perdemos la paciencia y no podemos pensar en lo que debemos decir o hacer, a veces terminamos alejándonos cada vez más del niño para intentar provocar la respuesta que queremos (necesitamos) ver. Este tipo de castigo excesivo es inútil. Lo hacemos porque pensamos que:

- Nos hará sentir mejor.
- El niño finalmente lo «entenderá».

Invariablemente nos sentimos peor y no logramos nada. Si te encuentras en una situación en la que te has olvidado de las consecuencias naturales, ya has quitado elementos y esto no ha tenido ningún efecto en absoluto en la respuesta o el comportamiento del niño, es hora de que te plantees una táctica diferente. En este momento, es mucho mejor decir: «Si eliges hacer X, habrá consecuencias, que te haré saber más adelante». De esta manera ganas algo de tiempo y evitas dar un castigo que sea inapropiado y perjudicial para ambos. Si, por ejemplo, dices que vas a castigar al niño durante un mes, ¿quién sufrirá y cómo podrás hacerlo?

También es en estos momentos cuando los padres cometen el error de crear consecuencias no relacionadas. Si yo hubiera usado castigos no relacionados, en lugar de consecuencias naturales, habría empeorado inadvertidamente los comportamientos. Cuando nuestros hijos nos lastiman, nuestra respuesta emocional instintiva es devolver la «agresión». Una consecuencia no relacionada podría ser decirle al niño que tiene que escribir frases para compensar el hecho de no lavar la ropa. Las consecuencias no relacionadas no ayudan a nuestros hijos a vincular causa y efecto, ¡pero ciertamente generan resentimiento!

Véase también Sabotear en la parte 2 para obtener más información sobre cómo podemos evitar eliminar premios importantes en la vida de nuestros hijos, y cómo y por qué nuestros niños pueden llevarnos a hacerlo.

Seguir al niño

Si el niño necesita espacio le damos espacio. Si está desregulado y elige alejarse del adulto para tratar de calmarse, necesitamos ayudarlo a tener ese espacio. Aunque podríamos querer usar la presencia parental para tranquilizarlo, es posible que tengamos que hacerlo a distancia. Por lo tanto, en mi caso, si un niño se alejaba en medio de una discusión y entraba en su habitación, yo no lo seguía a su habitación a menos que sintiera que existía el riesgo de una lesión importante. Esto se aplica incluso si escuchas al niño rompiendo cosas. (Nota: La manera en que habíamos establecido los dormitorios significaba que siempre había una mínima posibilidad de daño grave. El daño podía ser examinado y resuelto más adelante. Nunca entraba en la habitación de mi hijo si se había escapado para huir de mí. De lo contrario, provocaría un incidente cuando estaba en estado de lucha, huida o rabia defensiva, y habría sido injusto por mi parte.

Durante el tiempo en que trabajé en la crianza temporal, vi muchos incidentes en los que se culpaba a un niño por atacar al cuidador, pero el cuidador lo había seguido y acorralado cuando el niño estaba desregulado.

Seguirlo hace que el niño falle. Aléjate, a menos que haya un alto riesgo de lesión.

Rincón de pensar

No enviamos a los niños solos al «rincón de pensar». Eso sería como dejar llorar a un bebé para «se consolara solo». En cambio, los mantenemos cerca e intentamos averiguar qué nos está diciendo su comportamiento, tal como haríamos con un niño muy pequeño. El rincón de pensar excluye al niño y lo aísla en su vergüenza. No es realista esperar que nuestros hijos puedan calmarse y autorregularse.

El rincón de pensar también replica el abandono y es importante recordar que los niños con estos antecedentes pueden haber pasado muchas horas o días solos. Si se los deja solos sin la tranquilidad de un adulto que los cuide, no podemos responsabilizarlos de las consecuencias de nuestras acciones.

Ignorar de manera planificada y retirada

De manera similar al «rincón de pensar», ignorar de manera planificada o retirar la disponibilidad emocional parental es ineficaz y posiblemente perjudicial, si los padres lo hacen para alentar al niño a «dar el primer paso» para corregir las cosas. El niño no puede volver a sintonizarse, por lo que permanece «atascado». Esto puede causar una escalada de una situación ya tensa. El padre terapéutico siempre debe tomar la iniciativa asegurándole al niño que está seguro y que la vida continúa. Puede ser difícil dar el primer paso del reajuste si tú te has enfadado mucho o tu hijo te ha herido. Sin embargo, no se trata de aceptar el comportamiento, sino más bien de darle al niño una pala para que comience a desenterrarse. Puedes hacerlo simplemente refiriéndote a un tema cotidiano neutral, asegurándole así al niño tu seguridad y accesibilidad.

Conversaciones sobre el comportamiento

Las largas y aburridas conversaciones sobre los comportamientos del niño no cambiarán la situación rápidamente. A nuestros hijos les resulta difícil concentrarse, a menudo simplemente sonríen, asienten y están de acuerdo con lo que estamos diciendo. Podemos terminar una larga conversación (unilateral) sobre conductas no deseadas, sintiéndonos complacidos de que el niño parezca haber aceptado todo lo que le hemos dicho y querer cambiar. Incluso puede haber dado promesas y garantías. Y podemos sorprendernos mucho al día siguiente cuando el comportamiento se repite de nuevo. Esto se debe a que el niño simplemente asintió, sonrió y aceptó para callarnos y detener el ruido. Sé que esto es cierto porque mi hijo tuvo la amabilidad de confiármelo. Nuestros hijos también observan cuidadosamente nuestras expresiones faciales y nos dan pistas. Están dispuestos a decir lo que queremos escuchar, para mantenerse a salvo.

Hacer que un niño diga lo siento

Forzar a un niño traumatizado a pedir disculpas simplemente aumenta su sentido de la vergüenza y es probable que se produzca una escalada hacia un enfrentamiento difícil. No puedes «ganar», y pensar así es peligroso. No insistimos en que nuestros hijos pidan disculpas por estas razones:

- El niño ya está abrumado por el miedo y la vergüenza, por lo que es probable que pelee duro para evitar más intensidad.
- Es poco probable que el niño haya desarrollado empatía y remordimiento, por lo que una disculpa no tiene sentido.
- El niño puede pedir perdón sin sentido, haciéndonos sentir manipulados.

En su lugar, utilizamos el método de «Mostrar arrepentimiento», como se explica en el capítulo 5.

La cara simpática

Necesitamos tener mucho cuidado con la expresión que usamos cuando hablamos con el niño. Una expresión empática, expresada verbalmente o reflejada, es bastante diferente a la «cara simpática». Esto es particularmente importante que lo entiendan los profesionales de soporte. Nuestros hijos están programados para sobrevivir; por lo tanto, analizan constantemente nuestros rostros para comprobar cómo nos sentimos con respecto a ellos y cuán seguros estamos. Cuando presentamos una cara simpática al niño, pero hay poca necesidad de simpatía, es probable que, sea lo que sea lo que el niño diga, se pueda escalar en un escenario diseñado para obtener más crianza o acción. Con un padre o cuidador que conoce bien al niño, esto no es un gran problema porque simplemente puede decidir si es apropiado o no responder de una manera educativa. Sin embargo, es un problema que puede llevar a que el niño haga acusaciones falsas.

Al alertar a la escuela y a otras personas que trabajan con el niño sobre esto, podemos ayudarlos a detectar cuándo es necesario verificar los hechos en una etapa temprana. Un ejemplo de esto se da en Falsas acusaciones en la parte 2.

Usar la eliminación de alimentos como castigo

Como nuestros hijos a menudo han pasado hambre y tienen problemas con la comida, no podemos usar la comida como un mecanismo de castigo. Por ejemplo, no podemos decirles que se irán a la cama sin cenar si llegan tarde. Es demasiado catalizador y necesitamos utilizar métodos alternativos para evitar ser considerados por el niño y por otras personas como una fuente de maltrato adicional.

Cuanto más controlador te vuelvas en respuesta a los problemas que no puedes controlar, más probable es que el niño desarrolle conductas más graves y arraigadas. Prohibir la comida, por ejemplo, probablemente dará lugar a una escalada en el robo de alimentos.

CAPÍTULO 7

Administrar nuestros propios sentimientos: La fatiga de compasión y el autocuidado

Naturalmente, la implacabilidad de la tarea puede afectar a los cuidadores y a los padres. El autocuidado es vital para que puedas mantenerte mental y físicamente bien y para que el niño alcance su máximo potencial, sea éste cual sea.

Un cuidador que sufre de fatiga de compasión se siente desconectado y culpable. El niño puede convertirse en una fuente de temor o de miedo. El padre o cuidador no puede acceder a estrategias o a una respuesta empática. La fatiga de compasión puede estar relacionada sólo con un niño, y el cuidador puede presentarse deprimido, cínico, enojado y retraído.

Los traumas secundarios y la fatiga de compasión (también llamada a veces «atención bloqueada») no son lo mismo, aunque éste es un error común. El trauma secundario se da cuando el cuidador se siente traumatizado por las *experiencias* del niño. Por ejemplo, pueden tener pesadillas sobre lo que el niño ha pasado y pueden notar altos niveles de enojo al respecto. La fatiga de compasión es cuando el cuidador se siente tan vaciado y exhausto por las conductas y necesidades del niño que hay cambios fisiológicos reales en su cerebro, lo que hace que no pueda conectarse con el niño o tener acceso a la empatía y al pensamiento superior. Puedes leer más sobre este tema en el libro *Brain-Based Parenting* de Dan Hughes y Jonathan Baylin (2012).

La doctora Heather Ottoway y la profesora Julie Selwyn (2016) encontraron que más del 75 por 100 de los cuidadores de niños de acogida mostraban signos de fatiga por compasión y agotamiento, un porcentaje mayor que en otras profesiones de ayuda. Si tenemos en cuenta que los cuidadores de acogida pueden recibir mayores niveles de apoyo que otros tipos de padres terapéuticos, como los adoptantes y los tutores especiales, las conclusiones son profundamente preocupantes. Entonces, si alguna vez has sentido resentimiento, desconexión o temor en relación con los niños a tu cargo, ¡no estás solo!

Un elemento de la fatiga de compasión es el agotamiento, que se describe como «sentimientos de extenuación física y emocional. Los síntomas incluyen ira, frustración, desesperación, depresión y sentirse ineficiente en el propio trabajo» (Ottoway y Selwyn, 2016, pág. 9). La investigación vincula claramente que se tenga un apoyo apropiado, incluido el acceso a un descanso, a una mayor capacidad de crianza de una manera compasiva y empática.

Culpa y fatiga de compasión

Esta investigación demostró que es común que los cuidadores tengan sentimientos de aislamiento y se desapeguen emocionalmente «sólo para poder pasar cada día», lo que lleva a una incapacidad de lidiar con algo más que las necesidades más básicas del niño. Los cuidadores de acogida también informaron que sentían que muchos trabajadores sociales entendían poco o nada de la realidad de los desafíos a los que se enfrentaban a diario, y que las posturas de culpa y juicio adoptadas por los profesionales de apoyo estaban aislando aún más a los padres.

Como extrabajadora social, sé que hay una falta de capacitación y preparación en general en el sector para ayudar a los trabajadores sociales a enfrentarse a los efectos del trauma infantil, incluidos los efectos en los padres y cuidadores en general. Si a esto le sumamos el hecho de que este sector no cuenta ni con fondos ni con recursos suficientes, el panorama no es muy halagüeño.

Los trabajadores sociales no se convierten en trabajadores sociales para dificultar la vida de las personas. Si me capacité para convertirme en trabajadora social fue porque quería marcar la diferencia y ayudar a las personas.

Ahora estamos en una sociedad que subestima el trabajo social y no invierte en la capacitación, por lo que trabajamos dentro de un sector en el que el trabajo social no cuenta con fondos suficientes ni está cualificado. Además, también se dan altos niveles de fatiga por compasión en el trabajo social. Se espera que los trabajadores sociales manejen gran cantidad de casos complejos y que eviten los riesgos a toda costa.

Un error común cometido al ayudar a los profesionales es bombardear con estrategias a un cuidador que sufre de fatiga compasiva. Desafortunadamente, mientras el cuidador tiene la atención bloqueada no puede escuchar o aplicar dichas estrategias. A menudo se da una interacción tóxica cuando el trabajador social, ya estresado y sobrecargado de trabajo, entra en contacto con un cuidador que tiene fatiga de compasión y cuida a un niño traumatizado. Hay una ruptura en la comunicación y una tendencia a retirarse y culpar. Esto conduce a la disrupción familiar. Yo lo llamo disrupción familiar en lugar de disrupción del emplazamiento porque la disrupción del emplazamiento implica que sólo afecta a la ubicación real, enfatizando la necesidad de cambiar la ubicación.

La «disrupción del emplazamiento» es una mera descripción clínica que circunvala hábilmente la realidad traumática y desagradable para todos los involucrados. Si una adopción se interrumpe, o la colocación se «rompe», toda la familia (incluido el niño que se traslada) se ve afectada, generalmente de por vida.

La relación entre la culpa, la fatiga de compasión y la ruptura familiar es uno de los desafíos más apremiantes a los que nos enfrentamos en el trabajo social.

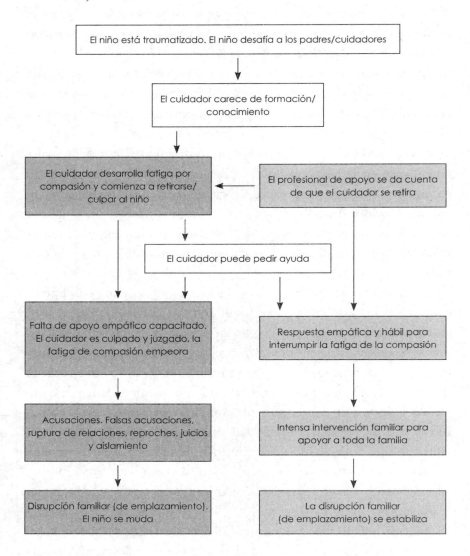

Pena, culpa e ira

A veces, cuidar de nuestros hijos nos provoca todo tipo de emociones difíciles. Las más debilitantes son la pena, la culpa y la ira. Es posible que sintamos todas estas emociones en relación con el cuidado pasado de nuestros hijos, e incluso aunque no seamos responsables de ninguna manera, a veces nos aferramos a los sentimientos de responsabilidad.

La ira y la indignación que a veces sentimos en nombre del niño en ocasiones puede resultarnos abrumadora. Esto también puede verse agravado por el tratamiento continuo del niño si tiene problemas con la escuela o con la asistencia social, como la falta de planificación o comprensión de sus necesidades.

También podemos sentir pena porque el niño no es el niño que pensamos que tendríamos y no estamos viviendo la vida familiar que imaginamos. Es importante trabajar abiertamente con estos sentimientos, con un partidario empático, alguien que pueda ponerse en tu piel y entienda realmente lo que estás experimentando.

Gestionar el duelo

Uno de los principales desafíos que amenaza a la estabilidad familiar es cuando hay un duelo familiar cercano. A los padres a menudo les resulta difícil manejar su propio dolor junto con la aparente falta de empatía o mayores desafíos por parte del niño traumatizado.

La única manera de lidiar con esto es entender que tu propia pena es una entidad separada de la no empatía de tu hijo. Cuando estés desolado por una pérdida cercana, no acudas a tu hijo para sentirte mejor, ya que se sentirá asustado y temeroso por la pérdida y también por los cambios en ti. Te pondrá a prueba para comprobar que sigues siendo el mismo. Cuando perdí a mi padre, coloqué a mi esposo firmemente en la línea de fuego para lidiar con los problemas de los niños, y seguí lidiando con mi dolor.

Mejorando los efectos de la fatiga de compasión

OYENTE EMPÁTICO

Una de las mejores estrategias para sentirnos mejor es contar con el apoyo de un oyente empático. Esto significa identificar a alguien que en una etapa muy temprana haya tenido experiencias similares a ti, y que simplemente te escuchará y empatizará sin bombardearte con soluciones y estrategias. Un padre terapéutico en una situación similar, que se enfrenta a desafíos similares, puede ser un aliado incondicional. Esto es muy útil porque cuando somos capaces de hablar sobre nuestros sentimientos libremente, sin culpar ni juzgar, no sólo empezamos a buscar soluciones nosotros mismos, sino que esta interacción también cambia la química del cerebro y lo «desbloquea».

Esto nos permite, con el tiempo, acceder nuevamente a nuestra conexión empática con el niño.

TREGUA (DESCANSO CEREBRAL)

Cuando sufrimos fatiga de compasión, a menudo debemos ser capaces de apartarnos del niño para poder acceder a nuestro pensamiento superior. Por eso a veces obtenemos nuestras mejores ideas cuando estamos separados temporalmente. Yo llamo a esto un «descanso cerebral». Un descanso cerebral puede tener una duración tan breve como diez minutos o tal vez prolongarse hasta dos semanas. Muchos cuidadores evitan usar descansos cerebrales porque su nivel de culpa es demasiado alto o el estrés del niño es muy grande. Cuando el comportamiento del niño se deteriora con el estrés y la ansiedad, se da entonces una acumulación de descanso, y luego llegan las consecuencias.

Una de las maneras de mitigarlo es asegurarse de que el cuidador de relevo entre en casa y los padres se vayan. De esta manera, el niño no se siente rechazado y puede continuar su rutina. Descubrí que el uso de este modelo conducía a un aumento en la capacidad de los padres para poder acceder al descanso y, por lo tanto, a la estabilidad familiar.

Si te sientes culpable por tomarte un descanso cerebral, ten en cuenta que nuestros hijos a menudo también necesitan descansar de nosotros. Es posible que no lo sepan, pero apegarse a los padres y manejar sus propios sentimientos es un trabajo difícil. Si se administran con cuidado, los descansos cerebrales deben constituir una manera positiva de que el niño experimente que hay otros adultos que también son seguros y en los que puede confiar.

AUTOCUIDADO

No es indulgente, egoísta o imprudente construir el autocuidado, el apoyo y el descanso como parte de tu rutina diaria o semanal. Es un requisito fundamental, esencial. El autocuidado ayuda a los padres terapéuticos a evitar la fatiga por compasión y a continuar cuidando a sus hijos. El autocuidado evita las disrupciones familiares y otros traumas para todos los involucrados. Considerando esto como una realidad alternativa, está claro que negarse a uno mismo el descanso, irónicamente, es un acto egoísta.

Los fundamentos de la crianza terapéutica se basan en el apoyo empático cualificado y el autocuidado.

Maneras de construir el autocuidado

- Decidir que más tarde pasarás una hora al teléfono con una taza de té en la mano y charlando con un amigo de apoyo.
- Darte un baño complaciente y largo.
- Reservar un dulce y una revista para un momento tranquilo planeado.
- En un hogar con dos padres, dividir parte del fin de semana o las vacaciones para que cada padre tenga «tiempo libre».
- Hacer que los descansos cerebrales sean regulares y se planifiquen como una prioridad, no realizarlos respondiendo a una idea de último momento.
- Dedicar un poco de tiempo a la reflexión y a la planificación tranquila. Esto podría traducirse en llamar a un amigo para charlar o sentarse en el jardín con una bebida.
- Durante los momentos estresantes, concentrarte en algo distante, como un pájaro que ves volando a través de la ventana, y comprometerte con ese pensamiento para que te evada del momento.
- ¡Tener unos auriculares en el lavabo, para que puedas entrar en un espacio mental diferente durante cinco minutos si todo lo que hay afuera es demasiado para ti!
- Utilizar técnicas de atención plena y meditación.
- Asistir a los grupos de apoyo como la Asociación Nacional de Círculos de Escucha de Padres Terapéuticos, diseñados para interrumpir la fatiga de compasión.

PARTE 2

■ ■ ■

DE LA A LA Z
DE LAS CONDUCTAS
Y DESAFÍOS
Y SUS SOLUCIONES

En esta sección, he incluido referencias a la mayoría de los temas sobre los que me preguntan con frecuencia. Sin embargo, bien puede ser que tu hijo demuestre un comportamiento que no esté en este listado, por lo que puede ser un comportamiento menos habitual, o uno con el que no me haya encontrado muy a menudo.

Para áreas muy complejas, como el comportamiento sexualizado y la autolesión, he cubierto algunos de los factores relevantes relacionados con la crianza terapéutica y luego he señalado a los padres los recursos que en el pasado me parecieron útiles en estas áreas.

El propósito de esta parte del libro es ofrecerte una visión general rápida de los desafíos a los que te enfrentas. *Qué puedes esperar* describe los comportamientos o los problemas que se abordan en esta sección. *Por qué puede suceder esto* proporciona indicadores de algunos de los problemas subyacentes que causan estas dificultades, pero no es una explicación exhaustiva.

Algunas secciones tienen una *Verificación de la realidad* destinada a darles a los padres algunos datos rápidos y útiles como visión general.

La mayoría de las secciones se dividen en *Estrategias preventivas, Estrategias durante el problema* y *Estrategias posteriores,* para facilitar la referencia. Otros temas, que no se prestan bien a esta estructura (los problemas escolares, por ejemplo) tienen un formato ligeramente diferente.

ADICCIÓN (véanse *Drogas y alcohol, Obsesiones, Fumar*)

ADICCIÓN AL AZÚCAR (véanse *Almacenamiento compulsivo, Hambre, Comer en exceso*)

AFERRARSE (véase *Ansiedad por separación*)

AFLICCIÓN *(del cuidador)* (véase *parte 1, capítulo 7*)

AFLICCIÓN *(del niño)* (véase *Historia de vida, parte 1, capítulo 1*)

AGREDIR (véanse *también Morder, Comportamiento de control, Rivalidad entre hermanos, Escupir*)

Qué puedes esperar
- Golpes.
- Patadas.
- Puñetazos.
- Comportamientos/palabras amenazantes.
- Usar de objetos como armas.
- Tirar objetos.
- Dañar objetos.
- Violencia premeditada.

Por qué puede suceder esto
- Necesidad de tener el control: El niño puede amenazar con la agresión o ser agresivo para recuperar/ganar el control.
- Respuesta al miedo, especialmente si el niño se siente acorralado.

- Problemas sensoriales: Si el niño está sobrecargado de información sensorial, especialmente durante las transiciones, esto puede llevar a una explosión de la agresión.
- Desregulación, ira: Actuar al calor del momento.
- Vergüenza.
- Sentimientos de hostilidad u odio momentáneo hacia los padres.
- Deseo de romper un proceso de apego (con los padres).
- Miedo a la invisibilidad: El niño puede ser agresivo con otro niño para recordarle a los padres que está allí.
- Recrear un ambiente familiar: La violencia puede haber sido un lugar común en la vida anterior del niño.
- Falta de empatía.
- Confianza bloqueada: El niño puede ser incapaz de confiar en las respuestas de los adultos.
- Impulsividad.

Verificación de la realidad

La agresión cubre una amplia gama de acciones, desde darle una bofetada a un hermano hasta atacar con extrema violencia a otras personas. Es esencial que los padres busquen la capacitación y el apoyo adecuados, como la resistencia no violenta (NVR), el manejo de la agresión real o potencial (MAPA) o el entrenamiento de estrategias de manejo seguro y de reducción de la escala (SHADES), cuando se trata de un niño que no puede evitar comportarse de una manera peligrosamente violenta. Es igualmente importante abordar el problema desde el principio. He trabajado con muchos padres que no se ocuparon de mitigar la violencia en niños de dos o tres años y pagaron el precio cuando esos niños llegaron a la adolescencia. Por supuesto, cuando un niño mayor que ya muestra signos de agresión se une a la familia resulta excepcionalmente difícil, ya que primero hay que realizar una gran cantidad de trabajo de recuperación.

Estrategias preventivas

- Busca capacitación, que se detalla más arriba, sobre la reducción de la escalada y la contención segura. Esto puede ayudar a aumentar tu confianza, lo que lleva a una reducción real de este tipo de incidentes, ya que el niño se siente más seguro y se da cuenta de que tú no estás asustado.

- Construye estrategias con el niño que ayuden a evitar futuros episodios. Puedes usar explicaciones simples acerca de las respuestas de miedo con base cerebral para ayudar al niño a comenzar a manejar sus propias respuestas, por ejemplo: «Tal vez esa parte pequeña y asustada de tu cerebro está impidiendo que tu parte de pensamiento superior esté en calma».

- Usa frases como: «Sé que tienes un buen corazón». Luego explícale que una de las maneras de ayudar a su cerebro a volver a estar al cargo es que corra o salte. Decidid juntos algo que podría hacer. Esto guía al niño hacia la ruta de «huida», en lugar de hacia la de «lucha». Elige palabras de activación para ayudar al niño a hacerlo en ese momento.

- También puedes leerle el cuento *William Wobbly and the Very Bad Day* (Naish y Jefferies, 2016) como una manera de explorar los sentimientos que se convierten en violencia.

- Lleva contigo una pequeña «bolsa de viaje» que contenga llaves, teléfono y dinero. Si necesitas irte rápidamente, puedes hacerlo con todos los elementos esenciales que ya tienes contigo.

Estrategias durante el problema

- ¿Hay alguna ruta de escape que puedas ofrecerle al niño? Asegúrate de no estar bloqueando su salida. ¡Huir es mejor que luchar!

- Utiliza técnicas de distracción. Si el niño comienza a mostrarse agresivo, mira más allá de él de manera distraída, como si hubieras notado algo fascinante. El niño a menudo se detendrá a mitad del flujo y se volverá para ver qué estás mirando. Dependiendo de cómo se desarrolle la situación, puedes convertirlo en un momento lúdico o prolongar la distracción, invirtiendo en un valioso tiempo de reflexión.

- Observa cuidadosamente qué está haciendo el niño realmente. A veces nuestros hijos amenazan con la violencia mientras se alejan.
- Recuerda que, en momentos de máxima desregulación, nada de lo que hables con tu hijo sobre su comportamiento y las consecuencias lo ayudará a calmarse, ya que su cerebro base está en lucha o huida.
- Relaciona los comentarios empáticos con lo que piensas que es la causa de que el niño esté enfadado; por ejemplo: «Vaya, puedo ver que estás realmente enfadado porque hoy no puedes quedarte un rato más viendo televisión».
- Usa frases como: «Sé que en tu corazón no te gusta lastimar a la gente». Esto le da al niño una salida.
- Ponte en la piel del niño y habla desde su perspectiva, estés o no de acuerdo con ello.
- Si el niño está gritando cosas como «Te odio», simpatiza con esa sensación: «Debe ser muy difícil sentir que odias a tu mamá».
- Utiliza la presencia parental: mantente cerca del niño (si es una situación segura) y adopta un tono de voz calmado y tranquilizador. Cuando el niño está fuera de control, ver que el padre todavía parece tener el control puede disminuir el miedo que alimenta su ira.
- Tú eres quien mejor conoce a tu hijo. A veces puedes abrazar al niño con palabras tranquilizadoras. Acercarte al niño puede limitar su capacidad para seguir golpeando y pateando. Asegúrate de leer bien su lenguaje corporal, ya que un abrazo en el momento equivocado puede desencadenar la agresión debido a los sentimientos de restricción y claustrofobia en el niño.
- Un toque suave para tranquilizarse puede ser más seguro que un abrazo y más fácilmente aceptado. Así, demostrando empatía, un simple toque en el hombro del niño puede ayudarlo a regularse.

- En mi caso, descubrí que si repentinamente «notaba» una pequeña lesión en el niño (que en realidad podía ser inventada), esto podía detener directamente la agresión. «¡Oh, para! ¡Espera! Te has lastimado la oreja, déjeme ver…». La necesidad primordial del niño de un vínculo de crianza, combinada con la preocupación por él mismo, puede detener a la agresión.
- Utilizo una técnica llamada «emparejar el efecto», a la que Dan Hughes se refiere en muchas de sus charlas, libros y artículos (véase, por ejemplo, Hughes y Baylin, 2012, pág. 52). Por ejemplo, puedo gritar o levantar la voz, si corresponde, para que coincida con la desregulación del niño. La diferencia crucial, sin embargo, es que yo tengo el completo control de mí misma y lo demuestro. Por ejemplo, mi hija grita y grita que sabe que no la amo. Si le hablo tranquilamente y le digo: «Puedo ver que estás luchando con eso», puede que se sienta más enojada, ya que ella puede sentir que yo no la estoy escuchando. Entonces, en lugar de eso, uso palabras de crianza, pero con un tono más fuerte: «¡Bueno, soy tu madre y tú estás conmigo y tengo que amarte para siempre!».

Estrategias posteriores

- Una vez que termina el arrebato agresivo, todos podéis necesitar un poco de espacio o, a veces, el niño se acerca. Haz lo que te siente bien instintivamente.
- «Nombrar la necesidad» podría usarse en este caso para explorar los sentimientos abrumadores que llevaron a la agresión. «Me pregunto si cuando eras muy pequeño, te pasaban muchas cosas aterradoras, así que solías luchar duro para protegerte, ¿verdad? Lamento que tuvieras que estar tan asustado, pero ahora…».
- Consecuencias naturales: Si hay una lesión real, puedes dedicarte un montón de tiempo a curarte a ti mismo como frotarte con una pomada, que también puede involucrar al niño de manera efectiva para que pueda «mostrar que lo siente». Esto también ayuda a reajustar. Lo importante a tener en cuenta con cualquier conse-

cuencia es que el niño se siente inseguro, golpeado por el miedo, y pierde el control sin entender realmente de dónde provienen sus sentimientos. No entiende por qué es agresivo y le asustará y reforzará su visión de él mismo como «malo». Acumular consecuencias no relacionadas sobre estos sentimientos sólo conducirá a una espiral negativa descendente de episodios repetidos.

- En un momento adecuado, déjale claro que la violencia física nunca es aceptable. Es importante decírselo.

Una nota sobre el autocuidado

- Ser el objetivo de la agresión es uno de los desafíos más difíciles del que recuperarse y uno de los principales factores de riesgo relacionados con la fatiga de compasión.
- Debes ser consciente de tus propias lesiones y niveles de ansiedad y buscar apoyo emocional para hablar sobre el incidente.
- Si es necesario, tómate un tiempo, dejando al niño con un adulto que no haya participado. Asegúrate de que tu tiempo fuera esté centrado en tu curación y tu relajación.
- Mantén un diario de incidentes violentos y asegúrate de compartir la información con profesionales de apoyo.

ALCOHOL (véase Drogas y alcohol)

ALMACENAMIENTO COMPULSIVO (véanse Problemas alimentarios, Problemas a la hora de comer, Robo de alimentos)

AMISTADES (véase también Obsesiones)

Qué puedes esperar

- El niño desarrolla amistades rápidas e intensas.
- El niño no tiene amigos.
- El niño se obsesiona con un amigo.
- Sus amistades terminan en poco tiempo.
- El niño es muy controlador o manipulador dentro de la relación.

- El niño es extremadamente complaciente y halagador.
- Las amistades del niño parecen desajustadas o inapropiadas.
- Otros niños evitan o rechazan al niño.

Por qué puede suceder esto

- Recrea un ambiente familiar: Puede recrear patrones de relaciones familiares dentro de la relación de amistad.
- Falta de empatía: Es incapaz de ponerse en la piel del amigo o considerar sus sentimientos.
- Falta de remordimiento: Es incapaz de reparar una relación o una ruptura.
- Necesidad abrumadora de sentirse importante y amado: Esta necesidad abruma al otro niño.
- Edad emocional: Puede hacer amistades con niños más pequeños, que estén más cerca de su edad emocional o de desarrollo.
- Necesidad de sentirse con el control y poderoso dentro de la amistad.

- Falta de razonamiento de causa y efecto.
- Atracción por las actividades en grupo.
- Busca crianza.
- Miedo a la invisibilidad/a ser olvidado.
- Debido a todo lo anterior, otros niños pueden evitar al niño traumatizado.

Verificación de la realidad

Para comenzar a hacer amistades recíprocas y significativas, nuestros hijos primero necesitan tener una idea de lo que eso significa y a qué se parece. Antes de comenzar a estresarte porque tu hijo «no tiene amigos», tener relaciones estresantes/rechazadas o «estar obsesionado con un amigo», que inevitablemente implosiona, hazte estas preguntas:

- ¿Mi hijo siente empatía?
- ¿Puede mi hijo compartir todavía?
- ¿A qué edad emocional está funcionando mi hijo?
- ¿Puede mi hijo volver a sintonizarse después de un conflicto?
- ¿Tiene mi hijo al menos un vínculo seguro/una relación recíproca efectiva?

Si después de considerar estas preguntas, crees que tu hijo puede compartir, tiene un vínculo seguro, puede volver a sintonizarse y tiene algo de empatía, entonces tiene la oportunidad de formar una relación positiva con un niño que funcione a la misma edad emocional que él.

Estrategias preventivas/preparatorias

- Si tu hijo aún no está lo suficientemente desarrollado para formar y mantener una amistad, ¡deja de intentarlo! Relájate y espera hasta que esté listo. Mientras tanto, trabaja en la relación más importante, que será la que lo sostenga hasta la edad adulta, la que lo acompaña. Ésta es la relación que luego puede comenzar a utilizar como un plan sobre cómo funcionan las relaciones reales y que luego puede transferir a sus amistades.

- Para fiestas y eventos sociales, ten preparados amigos afines que puedan traer a sus niños como pseudoamigos. Esto evita las ocasiones estresantes, como que nadie se presente a las fiestas de cumpleaños.
- No intentes forzar la amistad de tu hijo con otros niños. Es probable que esto enajene más a tu hijo.
- Concéntrate en crear situaciones donde no haya una relación de intensidad. Por ejemplo, ir a una zona de juegos donde tu hijo pueda hacer «amistades» instantáneas de cinco minutos, que naturalmente terminan cuando os vais, puede aumentar su autoestima.
- Cuando no hay problemas de crueldad hacia los animales, las amistades y los vínculos hechos a través de mascotas pueden ayudar al niño a sentirse menos solo. En particular, se sabe que los perros estimulan la producción de oxitocina en las personas. Algunos niños traumatizados forman su primera relación real y recíproca con un perro.

Estrategias durante el problema

- Cuando tu hijo haya identificado un nuevo amigo, asegúrate de tener una visión realista. No te dejes llevar por la imaginación de nuevas amistades gratificantes, días de diversión y demás. Puede tener suerte, pero sólo si tu hijo ha crecido emocionalmente. En su lugar, mantén un equilibrio en el que tu hijo siga viendo a otras personas y pase mucho tiempo junto a la familia. Esto disminuirá el golpe cuando/si la relación termina.
- Puedes sentir renuencia por parte de los padres del otro niño para alentar la relación. Esto puede ser muy doloroso. A veces, podemos ayudar hablando con los padres y ver cuánto conocen el trauma infantil y lo abiertos que están hacia el problema. Sin embargo, una advertencia: es muy raro que los padres entiendan lo que el padre terapéutico les dice y se vuelvan inmediatamente

acogedores y comprensivos con la relación. ¡Ten cuidado con lo que dices, ya que puede que acabes recibiendo algunos consejos no solicitados para padres!

- Si eres capaz de alentar y apoyar la amistad floreciente, ten en cuenta que el nuevo amigo se sentirá abrumado. La mejor manera de hacerlo es supervisar de cerca y limitar el tiempo que los niños pasan juntos. La presencia de los padres es una necesidad. Cuando el niño utiliza las redes sociales, es necesario controlar su acceso a éstas a través del seguimiento de su acceso a Internet.

- Utiliza la caricia para regular a tu hijo si ves que se está sobreexcitando y está abrumando al nuevo amigo.

- Cuando sientas que una nueva amistad puede estar saliendo mal, intenta hacer comentarios en voz alta y comentarios empáticos para ayudar a tu hijo a ver lo que podría estar sucediendo. Por ejemplo, «Me pregunto si Ben no quiere jugar esta tarde porque le asusta que puedas presionarlo de nuevo». Sin embargo, antes de que tu hijo pueda aprender a hacerlo bien y tenga un cierto grado de madurez emocional, ten en cuenta que pueden pasar de largo muchas amistades.

Estrategias posteriores

- Las amistades de nuestros hijos a menudo terminan abruptamente y sin amabilidad. Si tu hijo se ha sentido herido y molesto por la ruptura, no es útil revisar de inmediato sus acciones y señalar los errores que han cometido en la relación. En su lugar, acércate a él y mantente neutral. Haz comentarios empáticos para acompañarlo y ayudarlo a sentirse menos solo, como «Realmente debes de echar de menos a X. Es muy triste cuando las amistades no funcionan. Me pregunto qué pasó».

- También puedes «nombrar la necesidad» en el momento adecuado para ayudar a tu hijo a comprender su abrumadora necesidad de una amistad cercana. Por ejemplo, «A veces, cuando los niños han perdido a amigos muy especiales, tienen mucho amor almacenado que se traslada a los nuevos amigos. Esto puede hacer que los nuevos amigos se asusten un poco. Pensemos en una manera para que podamos dejar que el amor salga un poco más despacio».

ANSIEDAD (véanse también *parte 1, capítulo 1, Encantador, Masticar, Hablar sin sentido, Obsesiones, Ansiedad por separación*)

La ansiedad es una emoción central, que se manifiesta a través de muchos comportamientos diferentes, así que verifica el comportamiento relacionado con la ansiedad para obtener estrategias más completas.

Qué puedes esperar
- Irritabilidad *(véase* Ansiedad por separación).
- Vigilancia cercana a los padres o a otros.
- Seguirte continuamente.
- Comportamientos repetitivos.
- Fuertes conexiones con objetos inanimados para autocalmarse.
- Puede parecer obsesivo, verificando obsesivamente las cosas *(véase* Obsesiones).
- Masticar ropa *(véase* Masticar).
- Morderse las uñas, arrancarse costras, etc. *(véase* Autolesionarse).
- Incapacidad para instalarse o estar solo.

Por qué puede suceder esto
- Miedo a los padres/cuidadores u otros adultos: incapacidad para confiar en otros para que lo mantengan seguro. Los adultos son la fuente del terror.
- Miedo al abandono, especialmente en el caso de que haya habido separaciones traumáticas y dolor y pérdidas no resueltas.
- Miedo a la inanición.
- Miedo a la invisibilidad.
- Necesidad de intentar predecir el entorno.

- Miedo al cambio/transición, especialmente relacionados con cuidadores poco confiables del pasado que pueden haber cambiado de personalidad o que desaparecieron con frecuencia.
- Ansiedad por separación.
- Confianza bloqueada: Incapacidad de confiar en el consuelo o de interpretar las acciones de los demás.

Estrategias preventivas

- Haz que la vida sea predecible y segura. Las rutinas y los límites estrictos son una necesidad. Usa gráficos de pared visibles y planificadores, para que el niño pueda ver fácilmente qué sucederá y cuándo.
- También es importante pensar cuándo compartes la información. Puedes pensar que es apropiado explicarle a un niño el cambio o el evento que habrá dentro de unas semanas. ¡Pero para un niño traumatizado con altos niveles de ansiedad eso es mucho tiempo para pasarlo preocupado!
- Utiliza un «chaleco de presión profunda», a menudo recomendado por los terapeutas ocupacionales. El niño siente que lo están abrazando con fuerza y eso puede ayudarlo a regularse. También hay una versión que puede ser inflada por el niño, pero es mucho más cara.
- Asegúrate de entregar a tu hijo a un adulto conocido y seguro, especialmente en la escuela.
- Piensa cuidadosamente en las invitaciones y eventos a los que asistes. Las fiestas pueden ser emocionantes pero abrumadoras.
- Espray mágico: Simplemente es agua o agua de lavanda en una botella con difusor. Puedes rociar la habitación o debajo de las camas y otros lugares para hacer que los monstruos y otros temores desaparezcan.
- Los juguetes sensoriales pueden ayudar al niño a enfocarse en un objeto y pueden ayudar a evitar que se rasque, se muerda las uñas, etc.

Estrategias en curso

- Cuando la familia está ocupada, una simple caricia o un toque en el hombro pueden ayudar a tranquilizar a tu hijo si está ansioso porque teme que se olviden de él.
- El uso de comentarios empáticos puede ayudar a tu hijo a reconocer cuándo están aumentando sus niveles de ansiedad.
- Dar mucha tranquilidad. Esto suena obvio, pero nuestros niños necesitan muchas más pistas y sugerencias que otros niños. Puede que sea obvio para nosotros que el viento está moviendo ese árbol, pero un niño ansioso ve un árbol temible que se mueve solo.
- Puedes leerle *Katie Careful and the Very Sad Smile* (Naish y Jefferies, 2017) para ayudar al niño a nombrar los sentimientos de ansiedad y lidiar con ellos.

ANSIEDAD POR SEPARACIÓN (véase también *Ansiedad*)

Qué puedes esperar

- El niño se sienta físicamente muy cerca de ti.
- El niño sigue al padre a todos lados.
- El niño se sube al padre o se aferra a su ropa o cuerpo.
- El niño se desregula y se angustia cuando el cuidador o el padre están ausentes.

Por qué puede suceder esto

- Miedo al abandono.
- Crianza temprana perdida: El niño puede sentir que casi necesita «meterse dentro de la piel de los padres» para sentirse seguro.
- Miedo a la invisibilidad: El niño teme que pueda «desaparecer» cuando el padre está ausente.
- Confianza bloqueada: El niño no puede confiar en que el padre regresará.
- Miedo a los adultos: Necesidad de saber dónde están en todo momento.

- Necesidad de controlar los movimientos de los padres.
- Necesidad de interponerse entre el padre y otros hijos.
- Necesidad abrumadora de contacto físico y de tranquilidad.

Verificación de la realidad

Pregúntate: «¿Por qué es necesario cambiar esto?». Es posible que no se trate del comportamiento de tu hijo, sino de tu necesidad de tener algo de espacio. Esto es completamente comprensible. El estrés y la ansiedad de nuestros hijos en torno a la separación y su abrumadora necesidad de crianza y seguridad pueden ser asfixiantes y difíciles de manejar, especialmente porque sabemos que esto se debe a una angustia o miedo real.

Estrategias preventivas

- Piensa qué niveles de separación tuvo tu hijo en su infancia temprana. ¿Ha tenido alguna vez ese tiempo especial de unión? Si no, ésta es una etapa que necesita experimentar.
- Es difícil, lo sé, pero si tu hijo se aferra a ti debido a un miedo abrumador, una gran parte de la solución es permitir que esto suceda y reducir los tiempos muy gradualmente durante un largo período y de una manera manejable. Hay que reducir el tiempo en un ciclo suave y persistente, que ayude al niño a separarse mediante pequeños incrementos.
- Dale al niño un objeto tuyo especial para que lo tenga consigo. Puede ser algo tan simple como una pieza de tela rociada con tu perfume/loción para después del afeitado.
- Identifica la edad emocional del niño. Si el comportamiento te dice que hay grandes brechas de desarrollo en las que el niño no puede cumplir los hitos (por ejemplo, no estar supervisado, jugar solo), disminuye tus expectativas en consecuencia. Si calificas al niño como de seis meses de edad, vuelve a esa etapa.
- Que el niño sepa que le dedicas «tiempo de crianza». Esto ocurrirá cuando tu hijo vea que lo abrazas, que os sentáis juntos o que realizáis una actividad conjunta con cercanía física.

- Dale al niño una cuenta regresiva cuando necesites dejarlo para hacer otras cosas.
- Dale al niño algo tuyo para que lo sujete o lo cuides cuando necesites moverte libremente.

Estrategias durante el problema

- Recrear la experiencia de crianza temprana cuando el niño está pegajoso y permitirle que viva la experiencia de ser un bebé puede ayudar realmente a progresar a un niño que está «atascado» *(véase también* Inmadurez).
- Preguntarte en voz alta acerca de la necesidad del niño de sentirse cerca y de las razones que hay detrás de eso puede ser muy efectivo.
- La alegría puede ayudar a aliviar la tensión en torno al apego. «¡Oh, me preguntaba qué se estaba agarrando a mi pierna! Me pregunto si soy lo suficientemente fuerte como para caminar contigo agarrado a mí».
- Utiliza la psicología inversa y concédele al niño todo el tiempo que puedas. Los juegos Theraplay® (Rodwell y Norris, 2017) son útiles para crear apego y seguridad. Nuestros niños a menudo disfrutan realmente de los «juegos para bebés», especialmente si se han perdido esta etapa.
- Si las conductas aferradas están cerca de impedir que interactúes con los demás, déjale claro que tus interacciones continuarán, y dile: «Creo que ahora estás abrazándome muy fuerte para que deje de ocuparme de X. Bueno, voy a coger en brazos a X y tú puedes sentarte a mi lado».

Estrategias en curso

- «Nombra la necesidad» en torno a los comportamientos pegajosos y ansiosos. «Tal vez como has perdido a algunas personas en tu vida, te preocupa que yo también pueda desaparecer».
- Nombra los sentimientos por el niño, por ejemplo, «Sé que estás preocupado por alejarte de mamá».

- Toma un trozo de cuerda y córtalo por la mitad. Dale un trozo al niño y tú coge el otro. Dile al niño que la pieza intermedia es mágica y que si tira de la cuerda durante el día cuando está ansioso, tú lo sentirás en el otro extremo. Puedes hacer comentarios generales sobre que has notado varios tirones a lo largo del día. Esto también ayuda a asegurarle al niño que no lo has olvidado cuando no estabas.
- Cuando un niño te sigue muy de cerca, la psicología inversa funciona bien. Tendrás que hacer algo de preparación mental y construir un plan de escape para la mitad del día. Básicamente, desde el momento en que el niño se despierta, adhiérete a él como pegamento. Haga lo que haga, ¡síguelo! No vayas a ningún lado a menos que él también vaya. Esto creará todo tipo de diálogos sobre lo que podría suceder a continuación. Cuando tú eres quien lo sigue a él, el niño puede comenzar a alejarse.
- Lee el libro *Katie Careful and the Very Sad Smile* (Naish y Jefferies, 2017) para mencionar la necesidad de la ansiedad por separación.

ARREPENTIMIENTO (véase *parte 1, capítulo 1*)

AUSENCIAS *(convulsiones disociativas relacionadas con el trauma, convulsiones no epilépticas)*

Uno de mis hijos fue diagnosticado erróneamente de epilepsia debido a que sufrió convulsiones relacionadas con el trauma. No estoy diciendo, sin embargo, que ningún niño que haya sufrido un trauma pueda tener epilepsia. Ésta es sólo una breve descripción general como simples palabras de precaución, y una sugerencia para hacer preguntas más profundas cuando existe un historial de trauma y tu hijo parece disociarse o tener ausencias.

Qué puedes esperar
- Actitud de ensoñación.
- Epilepsia.

- No responde.
- El niño informa sobre dolores de cabeza después de la ausencia.
- El niño aparece mentalmente ausente y con la mirada fija.
- El niño no recuerda lo que pasó.
- El niño informa que es capaz de escuchar, pero no de responder.
- El niño usa palabras equivocadas.
- Pérdida de control sobre las funciones corporales.
- Bosteza mucho.
- Ataques de pánico.

Por qué puede suceder esto

Explicación de Sarah Dillon, terapeuta del apego:

El cuerpo del niño está externalizando su estrés interno. Cuando no tenemos las palabras para expresar nuestra angustia interior o emoción reprimida, nuestro cuerpo puede manifestar el trauma de maneras muy extrañas. Las sensaciones fluctuantes, etc., están asociadas a la disociación que surge de un sentido fragmentado del yo y de un trauma muy arraigado. Es un poco como si todo su cuerpo hubiera inhalado estrés durante un largo período de tiempo y ahora se sintiera lo suficientemente seguro como para exhalarlo. Hablar y calmar al niño a través de este proceso de curación hará que sea menos preocupante para él.

Estrategias

- Ten en cuenta que los medicamentos antiepilépticos no serán efectivos.
- Durante una convulsión, utiliza la misma respuesta de primeros auxilios que para una convulsión epiléptica.
- Aumenta las actividades para aliviar el estrés, como colorear o dibujar o hacer manualidades cuando sea posible.
- Es probable que ya tengas una rutina fuerte, pero esto es verdaderamente importante cuando pueden darse convulsiones no epilépticas.

Para obtener ayuda más específica, visita el sitio web del grupo de apoyo e información sobre el Trastorno Neurológico Funcional (convulsiones no epilépticas) (consulta la lista de sitios web al final del libro).

AUTOCUIDADO (véase *parte 1, capítulo 7*)

AUTOLESIONARSE (véanse también *Golpear con la cabeza, Sabotear*)

Los comportamientos de autolesión son complejos y necesitan consideración y respuestas cuidadosas. En este libro de breves estrategias para la intervención, sólo me refiero a los comportamientos de autolesión más comunes sobre los que los padres terapéuticos preguntan con más frecuencia, a menudo en niños muy pequeños. Si éstos no son respondidos e interpretados correctamente, pueden conducir a problemas mucho más significativos más adelante, especialmente durante la adolescencia. Un excelente recurso es *The Parent's Guide to Self Harm* (Smith, 2012).

QUÉ PUEDES ESPERAR
- El niño se golpea en la cara.
- El niño se arranca costras de las heridas y las hace sangrar.
- El niño rechina los dientes para aflojarlos.
- El niño traga sustancias nocivas.
- El niño se quema a sí mismo.
- El niño o joven pasa a autolesionarse más seriamente, como cortarse o usar otros implementos/sustancias para dañarse a sí mismo, por ejemplo, la lejía.

Por qué puede suceder esto
- El modelo de trabajo interno del niño crea sentimientos de «maldad», vacío, inutilidad y vergüenza abrumadora.
- Necesidad de sentir que tiene el control sobre sí mismo.
- Falta de razonamiento de causa y efecto.

- Desregulación, especialmente cuando la autolesión es un comportamiento arraigado. Los jóvenes reportan tener una sensación de liberación una vez que se han cortado.

- Disociación, particularmente en relación con arrancarse costras, arrancarse el pelo y rechinar los dientes. Es posible que el niño no se dé cuenta de que lo está haciendo debido a la falta de información sensorial.

- Atracción por las actividades del grupo de iguales, especialmente relacionadas con cortarse o inscribir símbolos en la piel.

- Miedo a la invisibilidad/a ser olvidado: Busca una reacción, especialmente cuando el niño sabe que este comportamiento provoca una respuesta de miedo en el adulto.

- Necesidad abrumadora de sentirse amado/importante.

- Edad emocional, especialmente en relación con los dientes que se mueven y con pensar en el ratoncito Pérez.

Verificación de la realidad

Una vez trabajé en una unidad residencial especializada en mujeres jóvenes que se autolesionaban en una escala extrema. Una joven, T, tuvo una conversación muy larga conmigo un día, en la que me explicó que la necesidad de cortarse era como «un volcán de presión que erupcionaba en su interior». Ella dijo que no quería cortarse, pero lo único que liberaba este sentimiento de presión era cortarse. A lo largo de los años descubrí que a menudo existía una división en los comportamientos de autolesión entre determinados y prolíficos (quizá niños mayores y adolescentes en los que los comportamientos son secretos y a menudo implican cortes) y comportamientos autolíticos de menor nivel (a veces vistos en niños más pequeños, como golpearse a sí mismo y arrancarse costras). Algunos niños describen que, al infligirse dolor, experimentan el sentimiento de «ser devueltos». Algunos niños dicen que no sienten ningún dolor, sino que sólo necesitan «ver la sangre».

La manera en que reaccionemos ante los primeros signos de autolesión puede tener un impacto extremadamente importante en el desarrollo de problemas a más largo plazo. Es esencial que busques la ayuda y la tranquilidad de los profesionales de la salud mental en una etapa temprana si te preocupa que un niño o persona joven a tu cuidado muestre signos de desarrollar conductas de autolesión.

Estrategias preventivas

- Los sentimientos de culpa/vergüenza son más propensos a catapultar al niño hacia comportamientos autolesivos. Asegúrate de que, si hay un accidente o incidente, la respuesta no sea culparlo y provocarle vergüenza.
- Practica la estrategia de estar presente y disponible. La presencia de los padres y el tiempo con ellos minimizan la oportunidad de autolesionarse.
- Concéntrate en proporcionarle actividades que promuevan la segregación de oxitocina, como que acaricie a un perro, o acariciarle tú la cara y los hombros, y algunas técnicas de Theraplay®. Esto hace que el niño se muestre menos temeroso y, por lo tanto, sea menos propenso a comportarse de manera que tengas que ayudarlo a autorregularse. El libro *Parenting with Theraplay*® (Rodwell y Norris, 2017) es útil para esto.
- Evita tener largas discusiones sobre las implicaciones a largo plazo de sus acciones. Como nuestros niños a menudo carecen de razonamiento de causa y efecto y pueden desconocer lo que están haciendo, esto sólo sirve para alertar al niño sobre tus altos niveles de preocupación.
- Acuerda con él un sistema para que el niño se comunique contigo de manera no verbal si siente que necesita autolesionarse.
- Modera tu respuesta si el niño llega a casa después de la escuela y ha participado en un «juego» en el que se han producido acciones autolesivas. Es probable que una reacción exagerada aumente el impulso del niño para continuar. En su lugar, ofrécele una respuesta silenciosa, pero luego haz un seguimiento de sus inquietudes de manera muy proactiva con la escuela o mediante un control encubierto. Cuando descubrí que una de mis hijas

adolescentes había empezado este tipo de comportamiento de autolesión de bajo nivel, simplemente le pregunté si estaba bien y le dije dónde estaba el botiquín de primeros auxilios. Luego me aseguré de llevarla de compras para probarle ropa nueva para así poder comprobar que las autolesiones no eran más graves de lo que pensaba. Con esta niña en particular, la falta de reacción fue clave para poner fin a los comportamientos.

- ¡Si el niño está moviéndose los dientes porque quiere conseguir dinero del ratoncito Pérez, debes asegurarte de plantar las semillas correctas desde el principio! Cuando William comenzó a hacerlo, le expliqué que el ratoncito Pérez sabe si son «dientes viejos» o «dientes jóvenes» y no recoge «dientes jóvenes». ¡Eso pareció detener sus problemas dentales tempranos!

- Distrae al niño con experiencias sensoriales alternativas. Los niños con dificultades para autorregularse se ponen con frecuencia gomas elásticas en la muñeca. Pueden tirar de ellas y soltarlas para que les golpeen la piel, causándoles sólo un dolor de muy baja intensidad. Soplar burbujas, chupar, jugar con agua o arena puede ayudar a reducir los casos de autolesiones. Mantén las actividades preparadas y los objetos implicados al alcance de su mano para que pueda desviar la atención hacia ellos según sea necesario.

- Si un niño o un joven «necesita ver la sangre» para sentirse tranquilo, prepara unos cubitos de hielo con zumo de color rojo. El niño o joven puede apretar los cubitos de hielo, lo que produce una sensación de frío, un poco dolorosa y también imita la visión de la sangre. También puede dibujar líneas rojas en su piel. Esto les ayuda a tener control sobre las conductas autolesivas.

- Estate atento a los objetos cotidianos que puedan usar para autolesionarse. Utilizad vasos de plástico en lugar de cristal y mantén los cuchillos afilados bajo llave. Alguien que esté muy determinado a autolesionarse encontrará un camino, pero minimizar las oportunidades nos ayuda a estar más disponibles en caso de que ocurra un incidente.

Estrategias inmediatas

- Cuando un niño parece distraído y está arrancándose costras, el cabello o moviéndose los dientes, las técnicas de distracción funcionan bien. Sugiérele algo para lo que necesite usar sus manos.
- Silencia tu propia respuesta. Puede ser muy difícil no sentirse abrumado por el pánico si vemos sangre o lo que parece ser una lesión grave, pero debemos mantener un enfoque práctico.
- Si crees que el niño se está disociando y desconoce sus acciones, recuérdale que estás cerca. Puedes hacer comentarios empáticos para ayudar al niño a entender sus sentimientos. «Oh, cielos, te has arrancado esa costra otra vez y has hecho que sangre. ¿Tal vez hoy te sientes un poco inseguro?».
- Cuando un niño se golpea a sí mismo en la cara, cógele las manos suavemente y dile: «Parece que tus manos están lastimándote la cara. Eso es triste. Déjame ayudarte a sentirte mejor». Si entonces te sientas a su lado tranquilamente y le acaricias las palmas de las manos, esto puede brindarles una experiencia sensorial y calmante.
- Dale un abrazo al niño. Esto puede interrumpir la mayoría de los comportamientos autolesivos.
- Utiliza una crianza equilibrada y apropiada para tratar cualquier lesión.

Estrategias posteriores

- Verifica si hay signos de lesiones graves y toma las medidas adecuadas, pero intenta hacerlo sin montar mucho escándalo. Contén tus reacciones.
- Ten en cuenta que las autolesiones suelen ser una compulsión y algo sobre lo que el niño tiene poco control.
- Explora la relación entre el dolor emocional y el dolor físico, ya que algunos niños no la conocen. Hazle saber al niño que entiendes que la autolesión es una expresión externa del dolor interno. Empatiza acerca de cómo siente eso.

- Pregúntate en voz alta si puede haber una manera de expresar el dolor mejor que la el niño está mostrando.
- Busca asesoramiento médico y apoyo de profesionales de la salud mental si te preocupa.
- Dale siempre consejos actualizados extraídos de sitios web como Mind (www.mind.org.uk), que tiene excelentes explicaciones e información para ayudarte con el comportamiento de auto-lesión.

AUTORITARISMO (véanse *Competitividad, Comportamiento de control, Rivalidad entre hermanos*)

B

BERREAR (véase *Gritar y chillar*)

BERRINCHE (véanse *Agredir, Comportamiento de control, Desafiar, Gritar y chillar*)

BIBERÓN *(uso tardío de)* (véase *Inmadurez*)

BLOQUEO (véase *Comportamiento de control*)

BOCA (véase *Masticar*)

BROMAS Y BURLAS (véanse también *Ansiedad, Inmadurez, parte 1, capítulo 1*)

Qué puedes esperar
- El niño no «pilla» los chistes.
- El niño hace bromas o se burla de los demás en mayor medida de lo que es aceptable.
- El niño dice que está «bromeando» después de decir cosas desagradables.

Por qué puede suceder esto
- Necesidad de sentir que tiene el control y es poderoso al controlar el entorno y las acciones de los demás a través de bromas y burlas.
- Miedo: Oculta su verdadera identidad debajo de un personaje «payaso».
- Miedo a la invisibilidad/a ser olvidado: Buscar una respuesta de un padre o de otro niño para mantenerse en el centro del escenario.

- Miedo a llamar la atención hacia uno mismo: Las «bromas» o las burlas centran la atención en los demás.
- Recrea un ambiente familiar: Las burlas pueden haber sido una parte frecuente de la vida familiar pasada.
- Falta de empatía: El niño no puede pensar sobre el efecto en los demás.
- Falta de remordimiento: El niño no puede preocuparse por el impacto de sus acciones.
- Miedo a los padres/cuidadores y a otros adultos: Se burla de los adultos para tratar de «reducirlos» a un nivel manejable.
- Miedo a los cambios/transiciones: Puede aumentar las burlas o comportamientos burlones.
- Aburrimiento.
- Autosabotaje/modelo de trabajo interno.
- Edad emocional: El niño es más joven en desarrollo que cronológicamente y aún no ha alcanzado la etapa correcta de desarrollo para usar y comprender el humor.

Estrategias útiles

- Sé consciente del pensamiento literal del niño. Lo que puede parecerte una broma puede ser que en realidad el niño se tome las cosas literalmente y haga preguntas literales, tales como: «¿Está la sauna caliente?». Puede ser difícil no reírse cuando tienes un hijo muy literal, que hace bromas sin darse cuenta, así que, para evitar invocar la vergüenza o el ridículo, enséñale que es inteligente, que ha hecho reír a la gente y anímalo a sonreír. Esto es mucho más fácil que parecer desconcertado y preguntar: «¿Qué?». Mis hijos se volvieron muy hábiles en eso. Incluso cuando ya han llegado a ser adultos jóvenes, la gente piensa que son unos comediantes con bastante talento. Al pasar al lado de una iglesia con paneles solares, Charley Chatty dijo: «¿Por qué esa iglesia tiene un techo solar? Ni siquiera queda bien». En el último momento recordó unirse a la risa, y se revolcó en la gloria de ser «muy graciosa».

- Si el niño te menosprecia como padre con bromas o burlas, intenta tomártelas literalmente para interactuar con una parte diferente del cerebro del niño. Puedes usar las mismas estrategias que en Groserías para lidiar con esto.
- Piensa en la edad emocional de tu hijo. ¿Cuál sería tu respuesta si un niño mucho más pequeño hiciera esa broma? ¿Es realmente una burla? Responde de la misma manera.
- Si tienes la tentación de responder «¡Cállate!» o algo similar, cambia tu reacción a «¡Son noticias maravillosas!» con una sonrisa feliz, o algo igualmente fuera de contexto.
- Si el niño está molestando a otros niños y provoca en ellos una reacción, en primer lugar, trabaja con los respondedores. Llévatelos a un lado y explícales que le dan al «bromista» un pequeño regalo cada vez que ellos responden. Así lo conviertes en un juego y podrías dar pequeños premios para ver quién podría durar más sin ser atraído por las burlas. Esto cambia efectivamente la temperatura de una manera similar a como lo hace la «tabla de recompensa de los padres» en el tema de las groserías.
- Cuando un niño dice constantemente cosas desagradables y luego dice que sólo está «bromeando», a menudo se trata de un comportamiento aprendido. «Nombrar la necesidad» puede ser bastante efectivo: «Creo que tal vez dices cosas desagradables como bromas porque eso es lo que te sucedió a ti en el pasado. Todavía debes sentirte triste por eso».

C

CAMBIOS EN EL COMPORTAMIENTO (véase *Transiciones*)

CAMINAR DORMIDO (véase *Problemas para dormir*)

CAUSA Y EFECTO (véanse *parte 1, capítulo 1, Falta de razonamiento de causa y efecto*)

CEPILLARSE LOS DIENTES (véanse también *Problemas a la hora del baño, Desafiar*)

Qué puedes esperar
- El niño se niega a cepillarse los dientes.
- El niño dice que se han cepillado los dientes cuando no lo ha hecho.
- El niño no se cepilla los dientes adecuadamente.

Por qué puede suceder esto
- Problemas sensoriales: En realidad cepillarse los dientes puede ser doloroso para el niño.
- Incapacidad para manejar las transiciones: Cepillarse los dientes es normalmente una transición de una fase a otra.
- Recompensa al niño con una reacción (desencadenante para el padre).
- Necesidad de controlar.
- Falta de razonamiento de causa y efecto: Es poco probable que el niño vincule el resultado (visitas al dentista, caries, etc.) a la acción que debe hacer hoy.
- Recrear un ambiente familiar: El hábito de cepillarse los dientes no ha sido parte de la rutina diaria del niño en el pasado.

- Se siente cómodo estando equivocado/autosabotaje: Es posible que el niño no quiera tener unos «dientes bonitos y brillantes».
- Replantea tu pensamiento. ¿Qué puedes controlar? ¿Qué no puedes controlar?
- Mantén el horario de cepillarse los dientes cada día exactamente a la misma hora.
- Asegúrate de que las actividades no excedan el horario. Combínalo con una actividad que sólo pueda tener lugar después puede ser algo efectivo.
- Una idea útil es un cepillo de dientes masticable, que se pueda morder. Esto también puede ayudar en el caso de que tenga problemas sensoriales. El niño puede morder todo lo que quiera y el cepillo de silicona no se rompe como el de cerdas normales.
- Evita usar las frases «Lávate los dientes» o «Cepíllate los dientes». En su lugar, di cosas como «Es la hora de visitar al cepillo de dientes».
- Sé sensible a los problemas sensoriales, puede que cepillarse los dientes le resulte doloroso.
- Ten en cuenta que puedes tardar hasta dos años en establecer esto como parte de la rutina del niño. ¡E incluso entonces necesitará un «recordatorio»!
- A algunos padres les resulta útil mostrar a sus hijos imágenes de caries para educarlos sobre lo que podría suceder. Ocasionalmente, el sentido de autoconservación de nuestros hijos es lo suficientemente fuerte como para alentar el inicio o la reanudación del cepillado dental.

Estrategias durante el problema
- Usar cepillos de dientes, pasta de dientes y temporizadores novedosos puede ser muy efectivo. Podéis darle al cepillo de dientes un nombre, y escribir notas sobre el cepillo de dientes. La marca Colgate ofrece «historias de dos minutos», que pueden usarse durante el tiempo que el niño debe cepillarse los dientes.

- Evita meterte en una espiral ascendente de control. Recuerda una «tarea urgente» que debes hacer en otro lugar para darte tiempo para pensar. También puedes usar «La estrategia del teléfono» (consulta la parte 1, capítulo 5).

- Sé consciente de los problemas sensoriales y vuelve a lo básico, como harías con un niño más pequeño. Podrías usar el dedo o un cepillo de dientes para bebés.

- Dile al niño que confías en que se cepille los dientes y sal del baño. ¡No importa que no se los cepille! Lo importante aquí es romper el ciclo de control. De esta manera, aunque puedan perderse algunas ocasiones, una vez que su reacción ya no le resulte gratificante, aumentará naturalmente el cepillado de los dientes.

- Observa si el niño va hacia el lavabo para lavarse los dientes, incluso si dice que no va a hacerlo. ¡A veces encontramos resistencia automática!

- El uso de aplicaciones de teléfono móvil puede recompensar al niño con reacciones instantáneas, orientación y temporizadores para el cepillado de los dientes.

- Algunos padres usan tabletas reveladoras de placa bacteriana con gran efecto (son tabletas masticables que hacen visible la placa dental). A los niños les gustan los colores más brillantes y se quedan fascinados por los resultados.

- Empatiza con el niño. Por ejemplo, «Sé que no te gusta lavarte los dientes. A mí tampoco me gusta. ¿Nos cepillamos el uno al otro?».

Estrategias posteriores

- Hazle elogios sencillos acerca de cepillarse los dientes realmente. No queremos que el niño se haga a la idea de que es algo fuera de lo común.

- Una consecuencia natural de no lavarse los dientes es restringir rigurosamente cualquier cosa azucarada. Esto puede animar a los niños más reacios. A veces la consecuencia se puede usar inmediatamente. Por ejemplo, «Sé que te gustaría comer un poco de pastel, pero esta mañana no te has lavado los dientes, así que el azúcar se te pegará a las muelas. Por supuesto, si te lavaras los dientes ahora…».

CHUPETE (véase *Inmadurez*)

COMER EN EXCESO (véase *Hambre*)

COMPARTIR (véanse *Competitividad, Comportamiento de control, Rivalidad entre hermanos*)

COMPETITIVIDAD (véanse también *Jactarse, Conductas de control, Rivalidad entre hermanos*)

Qué puedes esperar
- El niño siempre tiene que «ser el mejor».
- El niño engaña para asegurarse de que gana.
- El niño no puede siquiera considerar la posibilidad de no ganar.
- El niño no puede respetar los turnos o compartir.

Por qué puede suceder esto
- Miedo a la invisibilidad, en particular la necesidad de que otros se fijen en él.
- Necesidad de sentirse poderoso.
- Recompensa al niño con una reacción (desencadenante para el padre).
- Necesidad de controlar a los demás.
- Recrear un ambiente familiar: comportamientos arraigados en torno a «ser el mejor» y ganarse el favor de los adultos.

Estrategias preventivas
- Crea reglas simples que hagan que «ganar» sea menos atractivo; por ejemplo, el primero que llega a la puerta la mantiene abierta para los que vengan detrás.

- Asegúrate de que las comidas estén estructuradas y que todos tengan un turno para hablar. Puedes pasar la «cuchara parlante» si es necesario, que el «orador» mantiene frente a sí mismo mientras es su turno.

Estrategias durante el problema

- Es importante prestar la misma atención al «ganador» y al «perdedor». Esto puede parecer obvio cuando se trata de competitividad, pero es fácil caer en la trampa de ignorar al vencedor. De lo contrario, es probable que esto conduzca a un aumento de los comportamientos indeseables.
- Olvídate de intentar racionalizarlo y tener largas conversaciones lógicas con el niño. Ten en cuenta que la competitividad puede parecer una lucha por la supervivencia del niño.
- Utiliza preguntas en voz alta para que el niño sepa que has visto lo que está sucediendo y para ayudar a explorar resultados alternativos. Por ejemplo, «¡Vaya, puedo ver que realmente querías llegar a la mesa primero! Me pregunto qué habría pasado si tu hermana hubiera llegado antes».
- Haz comentarios empáticos para nombrar los sentimientos incómodos para el niño: «Veo que realmente has sentido que necesitabas ganar en ese momento. Parecías muy preocupado por si no lo conseguías».

Estrategias posteriores

- Es útil asegurar que haya oportunidad para un nuevo intento o una práctica para ayudar al niño a experimentar resultados alternativos. Esto ayuda al niño a aprender que tus sentimientos hacia ellos no cambian si «pierden» y que nada malo sucede. Por ejemplo, si está participando en un juego y hace trampas para ganar, hazle saber que crees que puede haber cometido un error y luego experimenta con lo que habría sucedido, permitiendo que el niño experimente el verdadero resultado.

- Ten cuidado al hacer la vista gorda sobre las trampas y otras conductas manipuladoras para «mantener la paz». Aunque esto nos ofrece un respiro a corto plazo, a largo plazo acumula problemas para el niño y lo deja mal preparado para un mundo que no le permitirá ganar siempre.

COMPORTAMIENTO DE CONTROL (véanse también *Desafiar*, *Competitividad y cualquier otro comportamiento o situación específica en que los temas de control sean relevantes, por ejemplo, Transiciones, parte 1, capítulo 1)*

Qué puedes esperar
- Da instrucciones a los adultos.
- Da órdenes a los niños que tiene a su alrededor.
- Autoritarismo y rudeza generales.
- Bloqueo (entradas, salidas, escaleras, etc.).
- Rechazo a las normas de la casa.
- Reorganiza elementos como ajustes de lugar.
- Se apodera del espacio.

Por qué puede suceder esto
- Miedo a los adultos, especialmente en relación con los posibles resultados negativos si un adulto está «a cargo».
- No puede administrar las transiciones: el niño controla o intenta controlar los tiempos.
- Recompensa al niño con una reacción (desencadenante para el padre).
- Falta de razonamiento de causa y efecto, especialmente en relación con la incapacidad de visualizar los resultados.
- Recrea un ambiente familiar: En el que el niño era responsable de los demás, y puede continuar desempeñando una función «parentalizada».
- Compulsión para romper o prevenir una formación de apego.
- Falta de empatía.

- El niño siente la necesidad de proteger a los padres de las demandas de otros niños.
- Confianza bloqueada: El niño no puede confiar en que el adulto esté «a cargo».
- Lealtad a los padres biológicos/excuidadores.

Verificación de la realidad

En primer lugar, debemos pensar en controlar los comportamientos·como conductas basadas en el miedo. Nuestra percepción es: «Este niño es demasiado controlador». El niño piensa: «Tengo que mantenerme a salvo, y no puedo confiar en que otros lo hagan». Imagina que eres un pasajero en un coche. El conductor conduce muy mal, asume riesgos estúpidos, chocáis y resultas gravemente herido. Tardas meses en recuperarte. Luego, unos meses más tarde, otro amigo (en quien no puedes recordar si confiar o no) te dice que te va a llevar en coche para darte una sorpresa.

Tú dices: «¡De ninguna manera!». Él dice: «Deja de ser tan controlador...».

Estrategias preventivas

- Establece una rutina fuerte, que sea predecible y que esté bajo su control.
- Establécete como una base segura e incuestionable (consulta la parte 1, capítulo 3).
- Establece reglas internas tales como «El padre tiene el control remoto para el televisor» y «El conductor elige la música en el automóvil» para ayudar a consolidar su posición.
- Crea la mayor cantidad posible de un entorno de planta abierta. (Quitamos físicamente las paredes y ensanchamos las escaleras, eliminamos los «puntos de roce» y los rincones ocultos para aumentar la visibilidad y reducir las oportunidades para controlar los comportamientos y la ansiedad).
- Utiliza gráficos de pared visibles y calendarios para mostrar lo que está sucediendo. Asegúrate de que esto está bajo su control.

- Cuando los comportamientos de control se centran alrededor de la propiedad (por ejemplo, cuando el niño va a las habitaciones de otros), cierra con cerrojo las puertas para restringir la entrada, pero asegúrate de que el niño pueda siempre salir fácilmente.
- Asigna espacios que no cambien: el asiento en el automóvil, el lugar en la mesa y, si es necesario, sillas específicas en el salón. Esto también se puede hacer de manera cuidadosa asegurando que el espacio sea cómodo, acogedor y tenga algo que pertenezca al niño. Ésta es una estrategia preventiva muy efectiva, ya que, después de todo, muchos problemas centrados en el control tienen que ver con que el niño necesita tener su propio espacio protegido y respetado.

Estrategias durante el problema
- Dile al niño que está a salvo y que tú tienes el control.
- No tengas la tentación de cambiar de rumbo bajo presión, especialmente cuando el instinto te dice que no lo hagas; por ejemplo, estás llevando al niño a la escuela en coche e insiste en que conduzcas por una ruta diferente a la que pretendías tomar.
- Utiliza preguntas en voz alta para explorar los comportamientos de control: «Me pregunto si me estás diciendo qué camino tomar porque estás preocupado de que haya olvidado el camino».
- Aprende a no mostrar dudas o vacilaciones, ya que esto hace que tu hijo se sienta inseguro y que aumente su necesidad de tomar el control. Siempre puedes «cambiar de opinión».
- Si necesitas tomar una decisión y no estás seguro de qué hacer, dile al niño claramente que has tomado una decisión y que compartirás tus ideas con él más adelante. También puedes decir: «Primero hablaré de ello con…». Esto ayuda al niño a sentir que lo tienes claro, que tienes confianza y que ya has tomado una decisión. Por lo general, querrá saber cuál es la decisión y puede subir la apuesta inicial, pero esto puede tratarse utilizando estrategias de la sección Discutir.

- ¡Permite que el niño esté completamente «bajo control»! Esto funciona bien cuando sabes que hay un evento o una situación que ha surgido de pronto, en la que sabes que necesitará tu ayuda. Puede ser algo así: «Puedo ver que realmente crees que harías de mamá mucho mejor que yo, así que he decidido permitirte que lo hagas por una vez. No te olvides de lavarte o de que debes cenar esta noche. Me voy a leer mi libro». Al principio, el niño se deleitará con su nuevo poder. Sin embargo, más tarde, ¡es posible que necesite que lo lleves a algún lugar, que prepares la comida o que le arregles el ordenador! La novedad desaparece pronto. Sin embargo, debes estar preparado. Muchos de nuestros niños harán cualquier cosa en lugar de pedir ayuda.

- Haz comentarios empáticos para especular sobre los sentimientos en torno al control: «¡Puedo ver que definitivamente estás tratando de ser el jefe hoy! Parece que te preocupa que nadie más pueda resolver esto aparte de ti. ¡Debe de ser agotador tener esa preocupación todo el tiempo!».

- Cuando el niño esté ocupando espacio para controlar, anuncia que vais a jugar a las sillas musicales. Entonces todos se levantan y se mueven al mismo tiempo. ¡Ten en cuenta que es una buena idea tenerlo un poco preparado! Todos se levantan y se mueven alrededor, sentándose cuando cesa la música. Seguid con el juego hasta que el niño esté en su silla correcta. Usa palabras como «ayudar» y «practicar». ¡Tienes que estar mentalmente preparado para esto!

- Quita el objetivo; por ejemplo, si el niño intenta controlar lo que todos están viendo en la televisión, apaga el televisor durante un tiempo determinado.

- Si el niño comienza a rodar por el suelo o a tener comportamientos similares, el juego puede interrumpir el incidente. ¡Yo solía empezar también a rodar por el suelo! A mis hijos no les gustaba y el comportamiento cesaba enseguida.

Estrategias posteriores

- No existe una estrategia específica para tratar los problemas de control después de un incidente, ya que es probable que este comportamiento en particular sea un desafío a largo plazo. En su lugar, también utilizamos el reconocimiento continuo de esta dificultad a través de «nombrar la necesidad» para explorar los problemas de la vida temprana en torno al caos y la necesidad de mantener el control.
- Representa situaciones en las que el niño no tuvo el control en el pasado y explora el resultado. Por ejemplo, si un niño se sintió impotente en una relación temprana de maltrato, ayúdalo a pensar en los escenarios alternativos que existen ahora.
- Lee *Sophie Spikey has a Very Big Problem* (Naish y Jefferies, 2016) o *Rosie Rudey and the Very Annoying Parent* (Naish y Jefferies, 2016) para explorar los problemas de control.

Nota: Mi hija mayor, Rosie, era extremadamente controladora en todos los aspectos y siempre necesitaba estar a cargo de las cosas. Uno de los factores que identificamos como un factor causal fue su abrumador sentido de la responsabilidad por sus hermanos menores. Ella había interiorizado la idea de que de alguna manera era la responsable de permitir que se les hiciera daño en el pasado y, por lo tanto, estaba decidida a garantizar que esto no volviera a suceder. Intentaba microgestionar cada aspecto de sus vidas.

Una vez que identificamos la causa, representamos un escenario (utilizando el juego) donde Rosie observaba a mi hija menor, que entonces tenía seis años, tratando de evitar que mi marido pasara al otro lado de donde estaba ella. Esto era imposible. Le pregunté a Rosie: «¿Por qué Charley no puede evitar que Ray pase?». Rosie se rio y transigente «explicó» que solo tenía seis años y que Ray era un «hombre adulto». Le dije: «Exactamente, así que cuando tenías seis años, ¿cómo pudiste haber impedido que X hiciera lo que hizo?».

Ésta fue una prueba de realidad muy fuerte y ayudó de manera significativa a disminuir los comportamientos de control de

Rosie al darse cuenta de que no había sido responsable de ninguna manera.

COMPORTAMIENTO DE EVITACIÓN (véanse *Dificultades para elegir, Comportamiento de control, Desafiar, Rechazo, parte 1, capítulo 1*)

COMPORTAMIENTO SEXUALIZADO (véase *también Redes sociales)*

El comportamiento sexualizado es un tema tan enorme que no puedo hacerle justicia en un libro sobre estrategias básicas. En su lugar, he cubierto algunas de las preguntas que me hacen con frecuencia, he indico a los padres y cuidadores los recursos más completos y específicos relacionados con este tema.

Qué puedes esperar
- El niño actúa de una manera que parece sexualmente provocativa a una edad inadecuada.
- El niño parece tener un conocimiento claro e inapropiado de los actos sexuales, que se demuestra en el juego, a través de dibujos, el habla o en la recreación de actos sexuales.
- El niño expone los genitales públicamente.
- El niño se masturba públicamente.
- El niño intenta, o en realidad lo hace, tocar a otros de manera inadecuada.
- El niño usa violencia sexual o amenazas que involucran lenguaje sexual.

Por qué puede suceder esto
- Edad emocional: El niño está experimentando y exhibiendo la etapa de desarrollo más en línea con la de un niño un poco más pequeño.
- Desregulación: La masturbación puede haber sido utilizada como un mecanismo de calma en momentos de estrés.

- Límites confusos: El niño puede haber sido testigo o víctima de abuso sexual y no darse cuenta de que el comportamiento es inapropiado.
- Necesidad de sentir que tiene el control y es poderoso, especialmente cuando usa la conducta sexualizada para intimidar o amenazar.
- Disociación: El niño puede «alejarse» y desconocer sus acciones.
- Miedo a la invisibilidad/a ser olvidado: Busca una reacción.
- Necesidad abrumadora de sentirse amado/importante, especialmente cuando el niño ha sufrido abusos y ha sido manipulado para creer que el sexo es una herramienta para obtener amor.
- Comportamiento de búsqueda sensorial.
- Vergüenza.
- Atracción por las actividades del grupo de iguales, particularmente en relación con las redes sociales.
- Recrea un ambiente familiar, especialmente si hubo pedófilos y abuso sexual en el entorno inmediato del niño durante los años de formación.
- Falta de empatía, incapacidad de acceder a la empatía por la víctima.
- Falta de remordimiento: Puede que no sienta ningún remordimiento por amenazar con conductas sexuales.
- Se siente cómodo estando equivocado: La imagen pública del niño puede tener un comportamiento sexualizado que siente normal y recompensado.

Verificación de la realidad

A lo largo de los años, me he encontrado con muchos niños que están inadecuadamente etiquetados como depredadores sexuales. Ésta es la experiencia de muchos profesionales de apoyo, cuidadores de acogida y adoptantes que trabajan con niños traumatizados. A menudo pienso que, si se prestara tanta atención a los efectos de la negligencia como al abuso sexual, habría muchos más niños viviendo en mejores circunstancias. He visto a niños de cinco años etiquetados como desviados o abusadores sexuales porque se bajaron los pantalones en la escuela. He visto a un niño de 14 años que experimentaba con la masturbación solo en su habitación, cuya conducta fue descrita como un «comportamiento sexual depredador».

Puede ser muy atemorizador, incluso horroroso, encontrarse con un niño muy pequeño que tiene o parece tener conocimientos sexuales y que es activo sexualmente; pero si podemos dejar de lado nuestro propio horror y repulsión y ver lo que realmente nos dice el comportamiento, al menos podemos comenzar con la mentalidad correcta.

Cuando los niños han sido sometidos a abusos sexuales, se han perdido etapas clave del desarrollo. El abuso puede incluir ser forzado a participar en actos sexuales totales o parciales con adultos, compañeros o hermanos. El niño puede haber sido fotografiado, filmado o maltratado en múltiples ocasiones dentro de un círculo pedófilo. Por lo tanto, el niño ha aprendido que con la actividad sexual ganaba atención, algo que parecía amor y aprobación de adultos poderosos. Esto se ha programado en el cerebro del niño como una manera de sobrevivir. Un niño maltratado puede tener un concepto extremadamente confuso del amor y del sexo. Los adolescentes pueden haber experimentado excitación sexual mientras abusaban de ellos y tienen una respuesta de culpa/excitación muy compleja.

«Recuerda siempre que la repulsión que sentimos cuando nuestros hijos actúan sexualmente debe dirigirse al autor original, no al niño».

Estrategias preventivas

- Practica el cuidado seguro. Esto se convierte rápidamente en una forma de vida y es una estrategia muy útil junto con todos los demás métodos de crianza terapéutica. El cuidado seguro ayuda a manteneros a ti y al niño a salvo. Dejar las puertas abiertas y asegurarse de que no haya rincones ciegos en la casa puede ayudar a otros adultos o niños a ver lo que está ocurriendo y permite que todos se sientan y estén más seguros, minimizando la oportunidad de intimidación sexual. Deberás indicar específicamente que «esta casa no tiene ningún secreto» y asegurarte de evitar el uso de la palabra «secreto».

- Piensa en el diseño de tu casa. ¿Dónde están los dormitorios? ¿Un niño que puede ser un riesgo puede entrar fácilmente en la habitación de otro niño? Éstos son temas que requieren una reflexión y una acción cuidadosas, ya que la supervisión debe ser tu prioridad número uno.
- Habla con el niño sobre los comportamientos que no son aceptables y por qué no son aceptables. Esto debe hacerse con empatía por el niño y de una manera práctica. Es extremadamente improbable que después de esta explicación se produzca un cambio repentino o el amanecer de una reflexión al respecto, pero con demasiada frecuencia empezamos suponiendo que el niño debería «simplemente saberlo». Sin embargo, no es así.
- Dale explicaciones claras sobre qué manera de tocar es aceptable y cuál no, tanto para si él es quien toca como si lo toca otra persona. El sitio web de la Sociedad Nacional para la Prevención de la Crueldad con los Niños (NSPCC, por sus siglas en inglés) tiene buenos recursos, que puedes imprimir y usar con tu hijo para facilitarlo. Un excelente libro, que he usado en el pasado, es *Let's Talk About Sex* (Harris, 2010), que cubre todos los aspectos de la pubertad, el desarrollo corporal, la sexualidad y las relaciones.
- Habla con un oyente empático para asegurarte de que puedas acceder a sentimientos de calma y empatía cuando necesites lidiar con esta situación. Es tan emotivo que requerirá de todas tus habilidades terapéuticas de crianza para no reaccionar con horror o de manera exagerada y catapultar al niño a una vergüenza tóxica.
- Cuando tengas más de un hijo viviendo contigo, mantén un diálogo abierto sobre lo que es y no es el comportamiento sexual apropiado. Puedes introducir el tema al ver un programa de te-

levisión o durante unas vacaciones familiares. A veces, mi esposo y yo planeábamos la conversación que tendríamos cuando nos sentáramos a la mesa, asegurándonos de que tendríamos una audiencia cautiva (no dejarían su comida). Decíamos cosas como: «He estado hablando con X hoy y me ha dicho que su hijo de 13 años se había sacado el pene delante de su hermana. La hermana se escapó riendo, pero no creo que fuera algo muy agradable. Ambos deben de sentirse muy confusos». Ésta es una estrategia útil en muchos niveles:

— Demuestra un razonamiento no histérico.
— Se les da permiso a los niños para hablar de ello.
— No induce a la vergüenza.

- Si te preocupa que uno o más de tus hijos puedan correr el riesgo de sufrir las insinuaciones sexuales de otro hermano, instrúyelos para tratar con él. Practica lo que dirían o harían si se les acercara. Podéis ensayar una frase clave o un código secreto para que te comuniquen que se sienten amenazados. Permíteles tener cerrojos en las puertas de sus habitaciones si lo desean, para que puedan sentirse seguros al vestirse y desnudarse.

Estrategias durante el problema

- Si el niño comienza a masturbarse abiertamente delante de ti, trátalo exactamente de la misma manera que lo harías con cualquier otro comportamiento socialmente inaceptable, tal como sacarse mocos de la nariz. Podría decirle: «Si quieres hacer eso, está bien, pero no queremos verlo, así que debes irte y hacerlo en privado». A nuestros niños no les gusta perderse nada, y siempre quieren saber qué está pasando, por lo que a menudo esto se convierte en un elemento disuasivo natural.

- Si el niño intenta tocarte a ti o a otro adulto o niño de manera inapropiada, aparta suavemente sus manos o vuélveselas ligeramente para que se detenga. Aborda lo que está sucediendo de inmediato. La vergüenza puede congelarnos y tratar de convencernos de que ha sido un accidente. A veces, un niño puede ponerse en el regazo del padre o cuidador y empezar a retorcerse para tratar de provocar una respuesta sexual. Si entiendes esto como un comportamiento que proporcionó recompensa y seguridad en el pasado, es más fácil de manejar. Dile al niño que puede sentarse a tu lado, pero que no puede sentarse en tu regazo. Podrías decirle: «Siempre quiero asegurarme de que te sientes seguro conmigo y de que entiendas que nunca haré nada para lastimarte. Algunos niños han sido muy confundidos por personas adultas, por lo que, para ayudarte a dejar de estar confundido, en este momento nos sentaremos uno al lado del otro y sólo nos tocaremos en los lugares donde hemos acordado».

- Ten cuidado de no tener una reacción extrema. Tanto una respuesta de asco y rechazo como una amable y comprensiva es igualmente probable que le dé al niño mensajes confusos sobre su sexualidad.

Estrategias posteriores

- Reforzar la «bondad» en el niño, «Sé que estás confundido acerca de lo que es y no es aceptable tocar. Tocar de esa manera no es aceptable y estoy aquí para ayudarte a aprender. Sé que tienes un corazón muy bueno porque… (pon un ejemplo de comportamiento positivo), así que resolveremos esto juntos».
- Como el comportamiento sexualizado puede ser algo muy difícil de manejar, es esencial que, si sientes que está fuera de tu alcance, accedas a la terapia sexual para el niño. Consulta los sitios web a continuación para obtener consejos actuales.
- ¡Por último, no te asustes! El hecho de que un niño actúe sexualmente no significa que crezca y se convierta en un pedófilo automáticamente. Muy a menudo lo que estamos viendo es la angustia interior y la confusión de nuestro hijo manifestada. Si podemos lidiar con eso, normalmente podemos manejar los comportamientos sexualizados a un nivel apropiado.

Nota: Como tenía un niño y cuatro niñas, los años de adolescencia fueron desafiantes. Me aseguré de darles a mis hijas un fuerte sentido de lo que era y no era un comportamiento aceptable. Su manera de protegerse favorita era fingir que se reían histéricamente de su hermano si él comenzaba a actuar sexualmente. ¡Tengo que decir que funcionó de maravilla y detuvo todo comportamiento sexual! También construimos una nueva habitación para asegurarnos de que teníamos una excelente supervisión de William. Los comportamientos extremos requieren respuestas proactivas extremas.

Recursos adicionales

Stop it Now!: Para informarte sobre tus preocupaciones acerca del comportamiento sexualizado de un niño: www.stopitnow.org.uk/concerned_about_a_ childs_behaviour.htm

NSPCC: este sitio brinda una descripción general del comportamiento sexual, qué buscar y qué hacer al respecto: www.nspcc.org.uk/preventing-abuse

COMPORTAMIENTO TAIMADO (véanse también *Bromas y burlas, Mentir, Rivalidad entre hermanos, Robar, Triangulación*)

Qué puedes esperar

- El niño cuenta mentiras sobre los demás.
- El niño establece una situación para poner a otro niño en problemas.

Por qué puede suceder esto

- Temor a los padres/cuidadores y a otros adultos: Como estrategia de supervivencia temprana, el niño trabaja duro para mantener la atención negativa alejada de sí mismo.
- Recrea un entorno familiar: Señalando los errores o provocando una atención negativa en los demás, el niño puede haberse mantenido a salvo en un entorno anterior.

- Necesidad abrumadora de sentirse amado/importante: El niño intenta presentarse de una manera más favorable.
- Necesidad de sentir que tiene el control y es poderoso al controlar los afectos y las atenciones de los padres/cuidadores.
- Falta de razonamiento de causa y efecto: El niño a menudo no se da cuenta de que el padre es plenamente consciente de sus acciones.
- Desregulación: Desviar la atención para evitar culpas o nuevos conflictos.
- Atracción por las actividades de grupos de iguales, particularmente en relación con el robo de dinero o de artículos valiosos y el uso de éstos para ganar amistades.
- Temor de invisibilidad/ser olvidado: Busca reafirmación/comparación positiva por parte de los padres.
- Falta de empatía: Incapacidad de pensar en los efectos de su comportamiento en los demás.
- Falta de remordimiento: Incapacidad de sentir pena por lo que han hecho (evitar la vergüenza).
- Edad emocional: El niño puede estar funcionando en una etapa más temprana.

El niño «granada de mano»

Este tipo de comportamiento es a menudo típico de los niños cuyo estilo de apego prevalente es ambivalente o evitativo. ¡Mi pequeña Sophie Spikey encajaba bien aquí! La llamaba mi «granada de mano». Sophie podría entrar a una habitación llena de niños pacíficos y cooperadores, y dos minutos más tarde podía parecer la única niña de la habitación que se comportaba. Mientras tanto, las granadas de mano que había colocado cuidadosamente detonaban a intervalos regulares. Las granadas de mano consistían en decirle «útilmente» a sus hermanos exactamente quién había estado diciendo qué sobre quién, quién parecía haber malversado las posesiones de otros y especular sobre quién podría haber recibido un tratamiento adicional.

Estrategias útiles

- Si tienes varios hijos y uno parece ser «demasiado bueno para ser verdad», da un paso atrás y observa sus comportamientos e interacciones. A veces, el niño que siempre vemos que se porta mal es el que responde emocional y rápidamente a la granada de mano lanzada por el niño «bueno».

- Debes decirles a los niños que ves lo que está sucediendo. Hay menos reacción cuando las víctimas del niño granada de mano saben que los adultos ven lo que realmente está sucediendo: «¡Oh William, pobre de ti! Me he dado cuenta de que cuando Sophie se ha llevado tu plato, fingiendo que estaba recogiendo la mesa, te has molestado. Sophie, devuélveselo ahora mismo».

- ¡Cuando te enfrentes al niño granada de mano se amable! Puedes provocar una respuesta de pánico cuando el niño tiene miedo de que ya no lo quieras más y lo mantengas a salvo. Podrías decirle, «Sophie, he visto lo que has hecho. Te veo, ¿recuerdas? Siempre estoy mirándoos porque quiero manteneros a todos a salvo y felices. Déjame ayudarte a arreglarlo».

- Trata las protestas del tipo «No fui yo, ni siquiera estaba allí» de la misma manera que en las estrategias del apartado Mentir, pero usando algo de empatía adicional.

- «Nombrar la necesidad» con empatía es útil, pero ten cuidado de no abusar de esto: «Me pregunto si me estás diciendo que Katie ha sido traviesa porque así crees que voy a quererte más. A veces, si los niños están preocupados porque creen que los quieren, o si tienen miedo de que puedan meterse en problemas, cuentan historias sobre otros niños. Bueno, yo te quiero de todos modos, sin importar nada».

- Cuando tienes un hijo que cuenta cosas de los demás niños, ¡la mejor manera de reaccionar es no respondiendo a la información contenida en su comentario! Yo solía tener toda la información (parte de ella me resultaba muy útil y la usaba a menudo en fechas posteriores), pero no demostraba la reacción que buscaba el niño granada de mano. Por ejemplo:

Sophie: ¡Mamá, William ha mojado la cama otra vez!

Yo: ¡Eres encantadora! Muchas gracias por ofrecerte a ayudarlo a resolverlo. ¡Eres muy amable!

Sophie: Mamá, Charley tiene un paquete completo de galletas en su habitación.

Yo: ¡Vaya, debe de estar muy hambrienta! Qué suerte tiene Charley.

CONTACTO (véase *Transiciones*)

CRUELDAD CON ANIMALES (véanse *también parte 1, capítulo 1, Falta de empatía y Falta de respuesta*)

Qué puedes esperar

- El niño agarra al animal pequeño con demasiada fuerza.
- El niño permite deliberadamente que los animales luchen y se lastimen entre sí.
- El niño hiere a un animal de una manera calculada y planificada.
- El niño descuida a un animal o permite deliberadamente que le ocurra un daño.
- El niño hiere a un animal en un instante, mientras está desregulado.
- El niño es emocionalmente abusivo con un animal a través de la captura, la tenencia, el miedo u otra acción.

Por qué puede pasar

- Recompensa al niño con una reacción (desencadenante para el padre).
- Falta de empatía.
- Necesidad de sentirse amado, especialmente cuando abraza y estruja animales.
- Necesidad de controlar al animal.
- Necesidad de sentirte poderoso.

- Necesidad de hacer que el animal lo «ame» o lo aprecie como un «salvador» del maltrato.
- Falta de razonamiento de causa y efecto.
- Recrear un ambiente familiar donde la crueldad animal era normal.
- Deseo de romper una formación de apego (con el padre o con el animal).
- Falta de remordimiento.

Estrategias preventivas

- Sólo hay una estrategia realmente buena para prevenir totalmente la crueldad animal y es la supervisión completa. Si te has comprometido a cuidar del animal y del niño, entonces ésa es tu responsabilidad. Sé que esto es muy difícil y que a menudo parece imposible de hacer, pero mediante una reestructuración y un pensamiento cuidadoso, se puede hacer.
- Utiliza puertas de escalera para separar a los niños y los animales para que tengas una buena visibilidad de ambos. Esto también ayuda a cada uno a desarrollar una comprensión del otro.
- Practica la empatía preguntándote en voz alta qué podría estar pensando o experimentando el animal. Esto debe hacerse en momentos en que no haya un incidente de crueldad, y ayuda a construir la comprensión. Por ejemplo, si un niño sigue agarrando un animal y lo sostiene con demasiada fuerza, dile que debe sentarse a su lado, muy cerca y sin alejarse en ningún momento. Cuando el niño comience a sentir malestar, explora si así es como se puede sentir el animal. Habla de qué podría hacer que el niño quiera permanecer cerca. (Puedes sugerir que es porque tienes dulces, por ejemplo). Establece paralelismos con respecto a la relación del niño con el animal.
- Pon límites muy firmes sobre lo que el niño puede y no puede hacer. Inicialmente, a ninguno de mis hijos se le permitía coger a nuestros perros en ningún momento. Esto se modificó gradualmente a medida que me di cuenta de qué niños co-

menzaban a demostrar una genuina empatía e interés por los perros.

- Asegúrate de que los animales tengan una «ruta de escape» en caso de crueldad. Los gatos pueden tener una ventana alta abierta, o un espacio muy pequeño al que sólo ellos pueden acceder.
- Cuando no puedes garantizar la seguridad del animal y crees que has agotado todas las opciones, debes realojar al animal por su seguridad. En hogares de acogida a corto plazo, sé que algunos padres eligen quedarse con la mascota y devolver al niño. Sin embargo, es importante tener en cuenta que nunca podemos conocer realmente la personalidad y las necesidades de los niños que vienen a vivir en nuestros hogares.
- Si hay un incidente, ten mucho cuidado de darle al niño una gran respuesta «gratificante». Una respuesta neutral con consecuencias naturales es mucho más efectiva que una reacción emocional para reducir o prevenir las reincidencias.
- Si has permitido que los niños y las mascotas se mezclen, ya que no había motivo de preocupación anterior, entonces sólo puedes darte cuenta de un problema por un cambio en el comportamiento de tu mascota, porque el animal ha sido herido, ha desaparecido o está moribundo. Ten mucho cuidado de no tomar nada por su valor nominal. Sigue tus instintos.

Estrategias durante el problema

- Sé consciente de tu propio lenguaje corporal y de tu reacción emocional. La crueldad animal puede, comprensiblemente, desencadenar una gran respuesta emocional en nosotros. Aléjate con el animal (si es seguro hacerlo), para tener un poco de espacio para regularte y revisar al animal. Respira profundamente varias veces. Consuela al animal y tranquilízate antes de responder al niño.
- Si te preocupa cómo podría responderte, di: «No puedo hablar contigo en este momento porque necesito concentrarme para asegurarme de que (la mascota) esté bien».

- Está bien mostrar enojo controlado y hacerle saber al niño que este comportamiento no está bien. Sin embargo, debemos ser muy conscientes de hasta dónde llegamos con esa ira y de que debemos tener bajo completo control nuestras propias emociones.
- Piensa si este acto fue deliberado o accidental. Que tu instinto te lo diga si no tienes la absoluta seguridad. Esto influirá mucho en la manera en que gestionas el incidente.

Estrategias posteriores

- Si te has enfadado mucho al descubrir la crueldad, puedes haberle dicho cosas al niño de las que te arrepientes. Deberás dar el primer paso en la reparación, ya que el niño estará muy avergonzado (en lugar de sentir remordimiento) y no podrá dar el primer paso. Está bien decir: «Antes, cuando he visto que has herido a la mascota, me he enfadado mucho. Te he dicho algunas cosas que no quería decir. Las partes que no quise decir era cuando dije… Sin embargo, sí quería decirte que esto es completamente inaceptable, y ahora tenemos que buscar manera de que pueda ayudarte a evitar hacerlo en el futuro, ya que sé que no quieres sentirte tan mal».
- A través de «nombrar la necesidad», explora los sentimientos en torno al poder y un momento en que el niño se haya sentido impotente.
- Revisa las reglas de tu casa sobre las mascotas y los niños mezclados. No te dejes engañar por la falsa sensación de seguridad deriva de «expresar tu opinión» al niño y de que todo ha vuelto a la normalidad. Si un niño ha lastimado deliberadamente a un animal, es probable que vuelva a hacerlo.

CUIDADO BLOQUEADO (véase *parte 1, capítulo 7*)

CUMPLEAÑOS, NAVIDAD Y OTRAS CELEBRACIONES (véanse también *Obsesiones, Rechazo, Sabotear, Ingratitud*)

Qué puedes esperar

- El niño habla sin parar de su cumpleaños o de la Navidad, a veces con meses de anticipación.
- El niño sabotea completamente sus cumpleaños o las sorpresas de cumpleaños.
- El niño es totalmente incapaz de autorregularse antes, durante y después de su cumpleaños o antes de un día especial.
- El niño interrumpe los cumpleaños o celebraciones especiales de los demás.
- El niño exhibe comportamientos de rechazo en días especiales como el Día de la Madre.

Por qué puede suceder esto

- Se sienten cómodos comportándose «mal»: Su modelo de trabajo interno hace que el niño crea que no merece las cosas buenas. Eso puede crear enormes conflictos dentro del niño.
- Confianza bloqueada: El niño no confía en la honestidad o en la motivación de la persona que le da un regalo.
- Lealtad a los padres biológicos y excuidadores: El niño se resiste al apego hacia los nuevos cuidadores o hacia los padres, especialmente en relación con el Día de la Madre o con las celebraciones de los padres, que pueden ser particularmente difíciles para él.
- Recrear un ambiente familiar: El niño se siente incómodo al recibir cosas agradables y una atención especial en un día señalado, o ha sido testigo de un desprecio por la propiedad y por la apariencia personal.
- Falta de razonamiento de causa y efecto: No es capaz de recordar que si algo se rompe permanece roto.
- Desregulación: Actúa en el calor del momento.
- Vergüenza: Relacionada con sentimientos de falta de merecimiento.
- Sentimientos de hostilidad u odio hacia los padres.
- Necesidad de tratar de predecir el entorno: El niño necesita mantenerlo todo igual, evitar las sorpresas, etc.

- Miedo al cambio/transición: Cualquier tipo de evento de celebración significa que habrá un cambio en la rutina.
- Miedo a llamar la atención sobre uno mismo, especialmente en relación con los cumpleaños.
- Problemas sensoriales, inconscientes de «torpeza». Puede ser torpe y romper los regalos sin querer.
- Edad emocional: El niño puede estar experimentando el evento como lo haría un niño mucho más pequeño.

Estrategias preventivas

- Cuando el niño no puede reconocer o manejar los cumpleaños o los eventos especiales de otros, es una buena idea planificarlos con suficiente antelación. Por ejemplo, ayuda al niño a elegir una tarjeta o un pequeño regalo. Esto también es útil en Navidad.
- Si el niño no puede manejarlo, entonces entrega el regalo en su nombre y dile claramente que sabes que lo habría comprado o hecho si hubiera podido hacerlo.
- Mantén todo bajo llave. ¡Cuanto más grande sea el evento, más pagarás!
- Cuando un niño habla incesantemente sobre su propio cumpleaños o Navidad, esto puede ser malinterpretado como una emoción, cuando en realidad es a menudo estrés y ansiedad. ¿Qué pasó en las Navidad del pasado?
- Ten en cuenta lo que significaron los cumpleaños/Navidad/Día de la Madre y Día del Padre en su pasado, especialmente los cumpleaños de adultos inseguros, y dónde está la pérdida de la figura materna/paterna.
- Dile con mucha claridad lo que sucederá en ese día especial. No tengas la tentación de planear sorpresas. Si es posible, adopta una «rutina para días especiales» para que el niño pueda aprender a predecir lo que sucederá en Navidad, por ejemplo.
- Para Navidad, no vayas con el niño a visitar a la familia lejana. Esto puede ser demasiado difícil para nuestros niños y es algo

que necesita ser planeado y pensado cuidadosamente. Si decides hacerlo, asegúrate de tener un adulto asignado al niño para ayudarlo a «salir» cuando sea necesario. A un nivel sensorial, puede ser muy abrumador.

- Si celebras el Día de la Madre/Padre, trata de dejar de lado tus propios sentimientos al respecto. Puede ser extremadamente doloroso trabajar tan duro con tu hijo traumatizado y luego descubrir que no lo aprecia, o peor, que el niño sabotea el día por completo. Muchos padres terapéuticos han descubierto que llamarlo «Día de la Familia» generalmente produce un momento mucho más agradable para todos y minimiza los sentimientos de lealtades desgarradas. A medida que nuestros hijos crecen, generalmente son más capaces de apreciarnos. He descubierto que mis propios hijos me han más que compensado por cualquier Día de la Madre «olvidado» en la vida posterior. Mientras tanto, planifica tu propio cumpleaños o el Día de la Madre/Padre para asegurarte de que obtienes el tiempo que deseas. Yo solía celebrar el Día de la Madre un día antes organizándome un día de compras para mí con almuerzo incluido… ¡y eso definitivamente me costó trabajo! De esa manera estaba fresca el Día de la Madre, tenía unas expectativas mínimas y podía ayudar a mis hijos en lo que también era un día difícil para ellos.

- Cuando los comportamientos delicados se intensifican antes del día, ten en cuenta que el modelo de trabajo interno del niño lo hace sentir como si no mereciera los obsequios. Dile abiertamente que, si bien puede haber consecuencias (naturales) para los comportamientos demostrados, estas consecuencias no incluirán la eliminación del regalo de cumpleaños, ya que has decidido que se lo merece. Quitarle el regalo de cumpleaños tiene mucho más que ver con hacernos sentir mejor. No tendrá ningún efecto curativo a largo plazo en el niño, más bien todo lo contrario.

- Piensa cuidadosamente en los regalos que compras. Asegúrate de pensar en la edad emocional del niño, en sus problemas sensoriales, en su tendencia a destruir/perder objetos, etc.

- Ten en cuenta que las obsesiones de nuestros hijos a menudo no tienen que ver con recibir el artículo que «realmente necesitan». *Véase* Obsesiones.

Estrategias durante el problema

- En el día, reajusta tus expectativas para que no te emociones por lo emocionado y agradecido que estará su hijo. Las expectativas de los padres son a menudo la causa de la decepción, lo que lleva a rabias alimentadas por la vergüenza.
- Asegúrate de que cualquier fiesta de cumpleaños sea discreta, con otros padres terapéuticos disponibles para ayudar a disipar las ansiedades y la desregulación. Un buen modelo es invitar a tres «amigos» de los padres para tomar el té o para ir al cine y comer una pizza. Si hay varios hermanos, trata de incluir pequeños trabajos y golosinas para los demás espaciados a lo largo del día. Esto ayuda a todos a sentirse incluidos y disminuye la tensión.
- Asegúrate de hacer comentarios en voz alta y empáticos para ayudar al niño a comprender sus propios sentimientos a medida que surjan: «Me pregunto si estás tratando de que te diga que no vas a tener cumpleaños porque crees que no te lo mereces».
- Escalona la apertura de los regalos durante todo el día, asegurándote de que el último lo abra una vez el niño esté en la cama al final del día. ¡Trata de asegurarte de que ese regalo es adecuado para la hora de acostarse!
- ¡Limita el azúcar! Esto suena difícil, pero al menos trata de proporcionarle bebidas sin azúcar y muchos alimentos sabrosos.

Estrategias posteriores

- Puedes «nombrar la necesidad» para explorar temas relacionados con la ansiedad sobre el cumpleaños del niño, así como por qué puede estar luchando contra los cumpleaños de otras personas. Puede que le resulte útil hablar sobre el miedo a ser pasado por alto u olvidado.

- «Nombrar la necesidad» también es muy efectivo cuando los días de celebración de otros «salieron mal». Podrías decirle: «Creo que realmente te pusiste en contra el Día de la Madre porque te recordó a tu madre, y tal vez te sientes como si fueras desleal».
- *Callum Kindly and the Very Weird Child* (Naish and Jefferies, 2017) también explora los sentimientos de celos en torno a los cumpleaños y se puede usar con los hermanos antes o después del evento.
- Espera una especie de anticlímax. Es un hecho demostrado que algunos niños se sienten aliviados de que el cambio en la rutina haya terminado y puedan relajarse en sus patrones familiares. Otros niños pueden tardar algunos días en «bajar», especialmente cuando ha habido una sobrecarga de azúcar. No planifiques muchas actividades diferentes para los días siguientes.

D

DAÑAR (véanse también *Masticar, Ropa sucia, Sabotear, Comportamiento taimado*)

Qué puedes esperar

- El niño rompe sus propias posesiones deliberadamente y con frecuencia.
- El niño daña los muebles.
- El niño daña las posesiones de los demás.
- El niño es inusualmente «descuidado» o torpe.

Por qué puede suceder esto

- Autosabotaje: Sentimientos de no merecer el artículo, baja autoestima.
- Falta de razonamiento de causa y efecto.
- Diagnósticos asociados a la dispraxia, o tendencias dispráxicas.
- Desregulación: Actúa al calor del momento.
- Sentimientos de hostilidad u odio momentáneo hacia los padres.
- Miedo a la invisibilidad o al olvido, que busca una reacción.
- Recrea un entorno familiar: Los objetos materiales pueden no haber tenido ningún valor.
- Necesidad de sentir que tiene el control y es poderoso.
- Disociación: El niño no es consciente de haber roto el objeto.
- Problemas sensoriales: Torpeza.
- Obligación de romper una formación de apego (con los padres), especialmente cuando rompe objetos valiosos para sus padres.

Estrategias preventivas

- Asegúrate de que todos los objetos de valor estén guardados y no se pueda acceder a ellos. Esto suena obvio, pero siempre me sorprenden los padres que me cuentan cómo sus hijos se centraron en su «única cosa valiosa».

- Asegúrate de que los muebles que compras sean resistentes y fáciles de reemplazar. Nosotros encontramos ideales los muebles de Ikea. ¡Los niños no lograron destruirlos!
- La supervisión es clave. Evita las áreas donde los artículos caros o frágiles estén ocultos a la vista del adulto.
- Trata de establecer una zona familiar central donde los adornos y los muebles se hayan comprado a bajo precio, se puedan reemplazar fácilmente y no puedan romperse en trozos afilados.
- En la zona central familiar, intenta agregar elementos que sugieran crianza. Por ejemplo, nosotros teníamos un tema decorativo de padres y bebés animales, mantas mullidas para que los niños se acurrucaran (o las masticaran) y altos niveles de visibilidad.
- Evita elogiar en exceso, especialmente cuando esto es «exagerado». Esto a menudo hace que el niño «recuerde» que no es digno de este elogio al dañar o destruir objetos *(véase* Sabotear).
- Ten cuidado al responder a un niño obsesionado con un objeto. Recuerda que es probable que el elemento en sí tenga poco valor real para el niño, por lo que cuando se daña puede ser decepcionante *(véase* Obsesiones).

Estrategias durante el problema

- Si ves que tu hijo está rompiendo algo, llama su atención inmediatamente. Puede no darse cuenta de lo que está haciendo.
- Cuando veas que se ha producido un daño, señala que lo sabes. Utiliza tu instinto y no te dejes llevar. Por ejemplo, «Es una pena para ti que hayas roto tu teléfono. Ahora ya no tienes ningún teléfono». No es útil preguntar por qué o reprender al niño explicándole cómo te sientes al respecto.
- Pregúntate en voz alta para nombrar los sentimientos detrás de los comportamientos si crees que es útil. Por ejemplo, «Me pregunto si grabaste tu nombre en la mesa para no olvidar que estabas aquí».

Estrategias posteriores

- Ayuda al niño a «mostrarse arrepentido» a través de la consecuencia natural de ayudar a reparar. No importa si la reparación es muy mala. Es la acción de ayudar a corregir las cosas lo que ayuda al niño a relacionar causa y efecto. Cuando mi hijo hizo un agujero en su puerta con furia, ¡luego le mostramos cómo clavar otra pieza de madera en la parte superior para mantener su privacidad! Quedaba bastante mal, pero él la pintó y estaba orgulloso de su trabajo. Como estaba orgulloso de ello, no volvió a hacerlo.
- Si el niño ha roto algo propio, asegúrate de no reemplazarlo. Es muy difícil y puede ser tentador reemplazar el artículo, pero eso no ayuda al niño a vincular causa y efecto. Como mínimo, ayuda al niño sugiriendo trabajos adicionales para ganar dinero para ayudar a comprar un nuevo artículo. No sucumbas a la tentación de reemplazar el artículo basándote en que el niño ha «prometido» reembolsar el dinero. Lo estás preparando para una recaída y esto no es justo.

DEBERES (véanse también *Problemas de memoria y desorganización, Problemas escolares*)

Qué puedes esperar

- El niño se niega a hacer los deberes.
- El niño se olvida de hacer los deberes o se involucra en otras técnicas de estancamiento y evitación.
- El niño puede hacer los deberes un día, pero parece incapaz de hacerlos el siguiente.
- El niño utiliza los deberes para controlar a los padres y el entorno.
- El niño se enfada o se muestra extremadamente frustrado por tener que hacer los deberes.

Por qué puede suceder esto

- Incapacidad de manejar las transiciones: De la escuela al hogar, y el padre se convierte en el maestro.

- Edad emocional: El niño puede estar comportándose como si tuviera una edad mucho menor.
- Vergüenza: Miedo al fracaso.
- Necesidad de sentir que tiene el control y es poderoso: Rechazar hacer los deberes puede crear un desencadenante para el padre, que el niño controla.
- Falta de razonamiento de causa y efecto: El niño no puede pensar en lo que podría suceder mañana si hoy no hace los deberes.
- Desregulación: Actúa al calor del momento.
- Se siente cómodo portándose mal/autosaboteándose/no quiere ser visto teniendo éxito.
- Recrea un ambiente familiar: Puede que en el pasado hacer los deberes no fuera una responsabilidad para él.
- Miedo o anticipación temerosa de una respuesta negativa del padre o del maestro.
- Atracción por las actividades del grupo de iguales.
- Disociación.
- Problemas de memoria.
- Incapacidad de concentrarse.
- Necesidad abrumadora de mantener a los padres cerca.
- Aburrimiento.
- Problemas sensoriales: Es incapaz de quedarse quieto durante largos períodos.

Verificación de la realidad

Muchos padres terapéuticos no insisten en que sus hijos hagan los deberes. La estrategia principal que debes conocer es cómo lidiar con las expectativas de la escuela y de los demás en torno a la no finalización de los deberes.

Si tienes suerte y llevas a tu hijo a una escuela que comprende el impacto del trauma en el aprendizaje del niño, es probable que podáis trabajar juntos de manera flexible. Cuando las escuelas insisten en que los niños pasen mucho tiempo cada noche haciendo los deberes, hay algunos puntos que debemos considerar primero:

- ¿Qué es más importante: asegurarte de que tu hijo pueda crear relaciones (apegos) u obtener buenas calificaciones? ¿La prioridad es que se convierta en una persona equilibrada que puede ser padre empático, o un gran triunfador sin relaciones, empatía o compasión?
- ¿Cuál es la edad emocional de tu hijo? Si es tres años, ¿le pedirías a un niño de tres años que se siente después de la escuela y haga los deberes?
- ¿Qué problemas de memoria/organización tiene? Es perfectamente posible que tu hijo recuerde algo un día y no lo recuerde al día siguiente. No tenemos que preocuparnos, está ahí y saldrá a la superficie tarde o temprano, pero sentarse para mantener una batalla de dos horas no ayudará a nadie.
- ¿Puede tu hijo hacer frente a tu transición de «mamá» o «papá» a «maestro» o «maestra»? Habitualmente, nuestros hijos no pueden, y vemos una escalada en los comportamientos para evitar la vergüenza.
- ¿Es tu hijo capaz de quedarse quieto y concentrarse?
- Casi siempre se ponen al día más tarde, una vez que el vínculo seguro está ahí.
- Cuando tu hijo parece estar dispuesto a hacer los deberes, por supuesto debes alentarlo. Asegúrate de que tenga el tiempo y el espacio para hacerlo.

Estrategias útiles
- La escuela se queda en la escuela. No le pedimos a la maestra que venga a casa para asegurarse de que nuestros hijos ordenan sus habitaciones. Si la escuela adopta una postura acusadora, puede ser útil recordarle eso.
- Cuando sientas que tu hijo utiliza deliberadamente el tiempo de los deberes para obtener atención personalizada y tú realmente necesitas continuar haciendo otras tareas, establece un límite para el tiempo que estarás disponible para él. Hay mejores maneras de alimentar los vínculos que a través de los deberes.

- Sé creativo sobre el aprendizaje. Puedes asegurarle a la escuela que, aunque no pudo completar los deberes, tu hijo realizó una actividad que promovió el aprendizaje. Yo solía usar los paseos por la naturaleza como una buena manera de aprender y de bajar los niveles de cortisol.
- Permite que ocurran consecuencias «naturales». Si la escuela pone malas calificaciones por no completar los deberes, debes permitir que esto suceda. Es muy poco probable que tenga algún impacto en la motivación de tu hijo para completar más deberes (de hecho, todo lo contrario). Es importante «estar en el rincón del niño». Utiliza frases como: «Es una pena que tengas una mala nota por no haber hecho los deberes. No importa, te haré tu infusión favorita para que te ayude a sentirte mejor». Esto mantiene un importante vínculo de crianza y te impide entrar en una batalla por los deberes.
- Enseña a otros sobre los efectos del trauma en el cerebro y cómo funciona el de tu hijo. No tengas miedo de cuestionar los conceptos erróneos acerca de las capacidades de tu hijo con investigaciones basadas en hechos. El sitio web de Bruce Perry es un buen lugar para comenzar, o puedes acceder a numerosos recursos a través de la Asociación Nacional de Padres Terapéuticos (*véanse* Referencias, Lecturas adicionales y Sitios web al final de este libro).

DECIR LO SIENTO *(véanse Remordimiento, y parte 1, capítulo 6)*

DESAFIAR *(véanse también Comportamiento de control, Tardanza, Groserías, Transiciones)*

Qué puedes esperar
- El niño ignora al padre u a otros.
- El niño parece no oír.
- El niño se niega a realizar una tarea que se le ha dicho que haga.
- El niño continúa haciendo algo que se le ha dicho que deje de hacer.

- El niño afirma haberse olvidado *(véanse también* Problemas de memoria y Desorganización).
- El niño se niega a moverse.
- El niño se mueve muy lentamente, se queda atrás o se esconde *(véase* Tardanza).

Por qué puede suceder esto

- Necesidad de sentir que controla y que es poderoso.
- Falta de razonamiento de causa y efecto.
- Desregulación: Actúa al calor del momento.
- Vergüenza, especialmente en relación con la evitación de la vergüenza.
- Compulsión subconsciente de romper una formación de apego (con los padres).
- Miedo o anticipación temerosa de una respuesta negativa de los padres.
- Atracción por las actividades del grupo de iguales.
- Respuesta al miedo: Teme el resultado si cumple.
- Sentimientos de hostilidad u odio momentáneo hacia los padres.
- Miedo a la invisibilidad y al olvido, buscando una reacción.
- Falta de empatía.
- Falta de remordimiento.
- Miedo a los padres, cuidadores u otros adultos.
- Necesidad de intentar predecir el entorno.
- Miedo a los cambios/transiciones.
- Ansiedad por separación (por ejemplo, cuando se niega a ir a la escuela).
- Miedo a llamar la atención hacia uno mismo (o a ser visto como diferente).
- Disociación, especialmente en relación con no escuchar.
- Necesidad abrumadora de sentirse amado/importante/que se fijan en él.
- Se siente cómodo comportándose mal/autosabotaje.
- Pensamiento de edad emocional.

Estrategias preventivas

- Piensa en qué momento de su desarrollo está tu hijo. A veces esperamos que nuestros hijos puedan funcionar con su edad cronológica en lugar con su edad emocional/de desarrollo. ¿Tu hijo se niega a usar un cuchillo y un tenedor o se ha perdido la etapa de desarrollo de ser alimentado, o aún no ha desarrollado las habilidades motoras necesarias?

- Recuerda, lo que percibes como desafío en realidad puede ser daño o miedo. Replantea tu perspectiva ante los sentimientos del niño y responde a esos sentimientos basados en el miedo.

- Ten claro lo que puedes y no puedes controlar. Escribe una lista si es necesario. Es frustrante cuando un niño se niega a moverse y podemos sentir instintivamente que debemos moverlo físicamente para ganar. A menos que haya un peligro inminente para el niño o para otra persona, o un riesgo de daño muy grave, éste es un absoluto *¡no!*

- Cuando haya una conducta recurrente, por ejemplo, cuando el niño se detiene y se niega a moverse cuando está fuera, planifica una revisión de esto con otras personas que te apoyen. Puedes decidir salir con un amigo que os siga discretamente. Esto te permite continuar caminando sin miedo, sabiendo que tu amigo tiene al niño a la vista. Ésta es una buena estrategia para saber qué hace el niño cuando cree que se está quedando atrás.

Estrategias durante el problema

- Cuando tu hijo muestre desafío, asimílalo y practica una respuesta neutral. Por ejemplo, si tienes que peinar el cabello de la niña y ella se revuelca por el suelo diciendo «¡No!», dile: «De acuerdo, cuando estés lista dímelo, ahora tengo que hacer…».

- Si el niño finge que no te escucha, continúa como si te hubiera escuchado. También puedes agregar pequeñas tareas o consecuencias naturales que puedan ocurrir como resultado de «no escuchar», como, de manera juguetona revisarle los oídos, verificar que están bien, hablar sobre ir a la tienda de audífonos.

- Susúrrale algo en voz muy baja, sabiendo que querrá participar.
- Haz comentarios empáticos para crear una narración de lo que el niño está experimentando. Comprueba la emoción que está expresando y abórdala de frente. Por ejemplo, «Puedo ver que pareces muy triste. No quieres ir a ver a la abuela. Las cosas te parecen difíciles en este momento. Me pregunto si es porque estábamos hablando de... y ahora te sientes un poco atascado».
- No te repitas. Es extremadamente probable que el niño sepa qué hacer. En su lugar, di cosas como: «Sé que puedes resolver esto» o «Puedes descansar un rato antes de...».
- Piensa en lo que precedió inmediatamente al incidente. Si el niño se siente abrumado por la vergüenza, no podrá avanzar hasta que esté regulado y la vergüenza se reduzca. Consulta técnicas de reducción de la vergüenza. Por ejemplo, «Sé que no has querido que (el incidente) suceda porque tienes un buen corazón. Lo vi antes cuando...».
- Eliminar la audiencia. Cualquier reacción que experimente puede disminuir proporcionalmente al tamaño de la audiencia.
- ¡Dale espacio al niño! A veces realmente necesitan que retrocedamos para que puedan pensar con claridad. Si están paralizados, esto parece un desafío. Si le explicas que estarás cerca y lo dejas «desparalizarse», la situación a menudo se resuelve fácilmente. Cuando el niño se reúna contigo, evita hablar inmediatamente sobre el desencadenante del incidente.
- Cuando es absolutamente necesario que las cosas continúen y has intentado dejarlas «descansar» o te has ido a hacer otras cosas, conecta el temporizador y di: «Está bien, puedo ver que estás bastante estancado en este momento, así que voy a hacer... Pero después tendré que recuperar el tiempo». Esto te devuelve el control y puedes usar el «tiempo reembolsado» como mejor se ajuste a tu familia.
- Utiliza la «estrategia del teléfono» (véase parte 1, capítulo 5). Esto te permite desconectarse, comentar lo que está sucediendo y eliminar cualquier «recompensa» de tus reacciones.

Estrategias posteriores

- El desafío puede ser un tema general que parece estar siempre muy presente. En este caso, te encontrarás dando muchos pasos preventivos. Recuerda reajustarlos de vez en cuando, ya que a veces mantenemos estrategias preventivas durante demasiado tiempo.
- Elogia adecuadamente que el niño logre regularse y avanzar, pero asegúrate de que esté en el nivel correcto. «Me alegra que hayas logrado ponerte al día, ya que ahora puedes hacer… con nosotros».
- Evalúa de nuevo el incidente. Piensa en si necesitas implementar un plan por la posibilidad de que vuelva a suceder.
- Habla con un compañero, amigo u otro adulto sobre los desencadenantes que estás experimentando. Decide una estrategia entre tú y otra persona para permitir que ésta intervenga cuando sea necesario (consulta la parte 1, capítulo 5, Identificar tus desencadenantes).
- Léele *Rosie Rudey and The Very Annoying Parent* (Naish y Jefferies, 2016) para ayudar al niño a identificarse con los sentimientos en torno a sus comportamientos desafiantes.

DESENCADENANTE (véanse *Transiciones, y parte 1, capítulo 1*)

DESORGANIZACIÓN (véanse *Ropa sucia, Problemas de memoria y desorganización, Habitación sucia*)

DESPERTARSE ENFADADO (véase *Problemas para dormir*)

DESPERTARSE MUY TEMPRANO (véase *Problemas para dormir*)

DÍA DE LA MADRE (véanse *Cumpleaños, Navidad y otras celebraciones, Sabotear*)

DÍA DEL PADRE (véanse *Cumpleaños, Navidad y otras celebraciones, Sabotear*)

DIFICULTADES PARA ELEGIR

Qué puedes esperar
- El niño no puede elegir entre un pequeño número de opciones.
- El niño no puede expresar una opinión o preferencia.
- El niño no puede tomar una decisión.

Por qué puede suceder esto
- Miedo a llamar la atención hacia uno mismo.
- Miedo a los adultos.
- Miedo a revelar el verdadero ser (esto es subconsciente).
- Recompensa al niño con una reacción (desencadenante para el padre).
- Necesidad de controlar: No quiere recompensar a los padres con una elección positiva.
- Confianza bloqueada: No puede entender lo que los padres desean que haga.

Estrategias preventivas
- Asegúrate de que las opciones sean limitadas en número; por ejemplo, sólo dos opciones.
- Separa las ocasiones en que el niño necesita elegir, ya que es probable que lo encuentre estresante.
- Cuando se trata de un problema continuo y arraigado, establece una situación en la que sepas que se tendrá que tomar una decisión y que tú tendrás tiempo para esperarla. Esto puede implicar al niño para que elija la ruta hacia o desde un destino, o para que escoja qué zapatos se va a poner para salir de casa.
- No evites situaciones donde se deben hacer elecciones. Nuestros hijos necesitan practicarlo.

- Ten cuidado de no dejar de lado el problema y tomar tú todas las decisiones por el niño. Esto puede llevar más adelante a verdaderos problemas de ansiedad y autoestima.

Estrategias durante el problema

- Cuando esperes a que tome la decisión, muéstrate distraído en otro trabajo o conversación.
- No insistas en que el niño tome una decisión.
- Evita llevar al niño a la elección que crees que debería hacer.
- Si el niño te pregunta tu opinión, di: «Creo que tu cerebro es lo suficientemente fuerte como para elegir esto». O utiliza una afirmación similar que fomente su confianza.
- Evita suspirar y expresar exasperación (difícil, ¡lo sé!).
- Haz comentarios empáticos: «Puedo ver que te resulta muy difícil elegir. Me pregunto si cuando necesitas hacer una elección te sientes mal por dentro».
- Ayuda al niño a visualizar lo que podría suceder dependiendo de cada elección. A veces nuestros hijos tienen miedo a tomar la decisión «incorrecta». Por ejemplo, «Bueno, si eliges las fresas, probablemente las disfrutarás como cuando te las has comido antes, y si eliges el helado, tal vez te guste la sensación de frío».

Estrategias posteriores

- Revisa la elección que hizo el niño. Utiliza el refuerzo positivo para recordar al niño lo bien que lo ha hecho al hacer una elección real.
- Dile al niño que has visto lo difícil que ha sido para él hacer una elección. Pregúntate en voz alta qué ha pensado tu hijo sobre qué podrías pensar tú de él si hubiera elegido la otra opción.
- Utiliza «nombrar la necesidad» para explorar los sentimientos de ser invisible y «pasar inadvertido». Ve si puedes relacionar esto con un momento en que eso mismo hubiera ayudado al niño a evitar tomar una decisión para mantenerse a salvo, y hazle saber tus pensamientos.

DISCUSIÓN *(hijo contra padres)* (véanse también *Competitividad, Comportamiento de control, Gritar y chillar, Rivalidad entre hermanos*)

Qué puedes esperar
- El niño cuestiona/no está de acuerdo con todo lo que dice el padre o la madre.
- El niño provoca una discusión.
- El niño dice «no» a todo.

Por qué puede suceder esto
- El niño necesita experimentar control para sentirse seguro.
- Prueba los límites de los padres.
- «Discusión automática»: Comportamiento arraigado sin pensamiento real.
- Miedo a la invisibilidad: La discusión compromete a la otra persona.
- Miedo a los adultos.
- Incapaz de gestionar las transiciones.
- La discusión recompensa al niño con una reacción (desencadenante para los padres).
- Recrea un ambiente familiar: El niño puede estar muy familiarizado con las discusiones y los desacuerdos.
- Le resulta cómodo estar «equivocado»: El niño puede provocar una discusión si se siente en conflicto, por ejemplo, después de haber tenido un buen día o una recompensa.
- Deseo de romper la formación de apego (con los padres).
- Falta de empatía, incapacidad de apreciar el punto de vista de otro.
- Confianza bloqueada: El niño desconfía de las intenciones de los adultos.
- Lealtad a los padres biológicos/excuidadores.

Verificación de la realidad

Sólo es posible tener una discusión si quieres tenerla. Muchos padres me preguntan cómo pueden evitar discutir con su hijo, o reducir las discusiones, y yo simplemente les digo: «¡No discutas!».

Como base segura e incuestionable, tu posición es demasiado segura para degradarse discutiendo con el niño. Simplemente declara tus expectativas claramente. Evita desviarte hacia las áreas que este comportamiento trata de tomar.

Estrategias preventivas

- Recuerda, dos no discuten si uno no quiere. Piensa en ti mismo como en una esponja absorbente, en lugar de en una raqueta de tenis.
- ¿Es realmente necesaria una respuesta? El niño puede estar refunfuñado de manera argumentativa, pero esto no tiene por qué derivar en una discusión en absoluto. Aléjate mentalmente.
- Declaraciones simples como «Probablemente tienes razón» o «Ésa es una perspectiva interesante», te permiten desconectarte de la discusión sin ignorar al niño. Esto es más fácil decirlo que hacerlo, lo sé, pero con la práctica, las discusiones pueden convertirse en un problema del pasado.
- Intenta decir «sí» en lugar de «no». Esto puede funcionar realmente bien, ya que nuestros hijos parecen estar en alerta roja por la palabra «¡no!». Entonces, puedes decir: «Sí, puedes comerte una galleta más tarde, Sin embargo, primero tenemos que dar una vuelta».

Estrategias durante el problema

- Empatiza con la necesidad subyacente, por ejemplo: «Espero que estés refunfuñando sólo porque tienes hambre. Yo también tengo hambre, pero la cena estará preparada enseguida».
- Puede que no estés de acuerdo con tu hijo. Seamos realistas, a menudo hacen afirmaciones que, en el mejor de los casos, no son razonables. Sin embargo, puedes imaginar cómo se vería la

situación desde una perspectiva *injusta* de la vida: «Parece tan injusto tener que hacer trabajos que no nos gustan…».

- Especula sobre el miedo a la invisibilidad del niño: «Me pregunto si quieres discutir conmigo porque estabas preocupado de que me hubiera olvidado de ti».
- Si bien la presencia de los padres puede ayudar al niño a sentirse más tranquilo, ten cuidado de no involucrarte en la discusión. Puedes permanecer cerca sin hablar del tema sobre el que el niño está discutiendo.
- Simplemente indícale de manera calmada lo que se requiere: «Ya sabes lo que necesitas hacer» o «Tengo plena confianza en que puedes resolver esto. Si necesitas ayuda dímelo». Por ejemplo: Niña: «¿Por qué no puedo usar mis zapatos rosas? ¡Eres tan mala!». Padre: «Está bien, puedes descansar un rato hasta que estés lista para tomar la decisión correcta».
- Deja claro que el niño no puede controlarte. Necesitas seguir siendo la base segura e incuestionable. Por ejemplo, «Sé que estás muy enfadado porque no te dejo comer el paquete de galletas entero».

Estrategias posteriores

- Piensa en tu propio lenguaje corporal. Si tienes la oportunidad, mírate en el espejo.
- Dile al niño por qué cree que estaba tratando de iniciar una discusión y de dónde puede haber venido. Por ejemplo, «Creo que antes te has enfadado cuando te he dicho que ordenaras tu habitación y luego querías tener una pequeña discusión».

DISOCIACIÓN (véase *Ausencias, basadas en el trauma*)

DROGAS Y ALCOHOL (véanse también *Problemas alimentarios, Tabaco*)

Como este libro está diseñado para cubrir brevemente los desafíos de comportamiento que me preguntan con frecuencia, no puedo incluir una descripción concisa de las estrategias para enfrentarse a las adicciones a las drogas y al alcohol y los problemas relacionados debido a la complejidad de los problemas. En su lugar, he detallado aquí recursos especializados sobre drogas y alcohol que he encontrado útiles en el pasado.

Libros para ayudar a un niño a entender las cuestiones de las drogas y las adicciones.

When a Family is in Trouble, de Marge Heegaard (Woodland Press, 1993).

I Can Be Me: A Helping Book for Children of Alcoholic Parents, de Dianne O'Connor (Author House, 2009).

Libros para ayudar a los padres a manejar y entender a los niños y jóvenes con adicciones.

Addiction as an Attachment Disorder, de Phillip J. Flores (Jason Aronson Inc., 2011).

Addiction and Recovery for Dummies, de Brian F. Shawe (John Wiley and Sons, 2005).

Brainstorm: The Power and Purpose of the Teenage Brain, de Daniel J. Seigal (Tarcher, 2014).

Heroin Addiction: The Addiction Guide for the Amateur, de Christopher J. Spinney (CreateSpace, 2016).

Otros recursos

Family Lives: Drogas y alcohol en adolescentes, incluye charlas con adolescentes sobre drogas. www.familylives.org.uk

Frank: Para que los jóvenes accedan a información y apoyo. www.talktofrank.com

Recovery.org.uk: Rehabilitación de las drogas y el alcohol y otras ayudas relacionadas. www.recovery.org.uk

E

EDAD EMOCIONAL (véase *Inmadurez*)

ENCANTO (véanse también *Período de luna de miel,*
Triangulación)

Qué puedes esperar
- El niño es encantador con el cuidador principal, especialmente durante las primeras etapas de la ubicación *(véase* Período de luna de miel).
- El niño sonríe con un «rictus» falso.
- El niño desarrolla repentinamente intereses en pasatiempos y actividades para congraciarse con los demás.
- El niño cambia de personalidad cuando está cerca de personas nuevas; por ejemplo, predisponiéndose a ser muy útil.

Por qué puede suceder esto
- Miedo a la invisibilidad o al olvido, buscando una reacción.
- Miedo a los adultos: Ser encantador es una manera de asegurarse la supervivencia.
- Necesidad de control: Estrategia de supervivencia para obtener alimentos, favores, etc.
- Miedo o anticipación temerosa de una respuesta negativa de los padres.
- Necesidad de sentirse seguro: Mide las personalidades y las acciones de los demás.
- Vergüenza: Crea instintivamente una nueva persona para evitar revelar el «yo vergonzoso».
- Ansiedad ante la separación: Miedo al abandono.

- Necesidad abrumadora de mantener a los padres cerca, necesita observar lo que el adulto está haciendo en todo momento para sentirse seguro.
- Necesidad abrumadora de sentirse amado/importante.
- Edad emocional: El niño puede estar funcionando según una edad mucho más temprana y necesita que se cubran esas necesidades de nutrición temprana.

Estrategias preventivas
- Haz que otros estén al tanto de los comportamientos de tu hijo. ¡Esto suena más fácil de lo que es! Cuando tienes un niño muy encantador, las personas tienden a creer lo que tienen delante de ellos. ¡Por eso necesitamos ser objetivos y no sentirnos molestos!
- Cuando el niño muestra una sonrisa falsa, debido al nerviosismo, podéis practicar la sonrisa frente al espejo o usar fotos y, sobre todo, debes ser claro con tu hijo cuando esto le señale su miedo.
- Asegúrate de hacerle saber al niño que ves a su yo «real».
- Muestra con mucha claridad tus límites a los demás adultos que tienen contacto con él. Lejos del niño, diles claramente que no deben socavarte y hazles saber que eres consciente del «niño verdadero».
- Ten en cuenta que éste es un mecanismo de supervivencia y no una manipulación consciente. Ayuda mucho si respondemos como tal al respecto.

Estrategias durante el problema
- Evita la vergüenza: Si tu hijo presenta su personalidad encantadora a un visitante en tu casa (cuando hace solamente dos minutos te estaba gritando), no se lo eches en cara delante del visitante. Es muy probable que esa conducta haga que el niño dirija la culpa hacia ti e incremente sus comportamientos negativos.

- El principal problema con el que lidiar durante un episodio de falso encanto son tus propios sentimientos acerca de ello. Trata de permanecer neutral. Concéntrate en tratar con la persona con la que estás hablando.
- No permitas que la persona que está siendo hechizada socave tus límites. Necesitas darle un mensaje importante a tu hijo: «Veo lo que estás haciendo. Veo al verdadero tú. Eres valioso. Por ejemplo, la abuela llega con chocolate, pero es la hora de la cena. El niño comienza una ofensiva de hechizos, dice que tiene hambre, felicita a la abuela, etc. Saca ventaja diciendo: «¡Qué hermosa sonrisa tiene X! Estoy haciendo la cena, así que, si tienes ganas de comerte el chocolate de la abuela, sé que te dará un poco después de la cena».
- Usa una señal que alerte al niño y coloca un marcador para usarlo más adelante. Recuerda que a menudo no es consciente de que está siendo encantador o falso. Entonces, por ejemplo, podrías comenzar a usar una frase como «Eres muy amable con los visitantes. ¡Bien hecho!».

Estrategias posteriores
- Si has logrado «colocar un marcador», puedes volver a ello diciendo algo como: «Antes, cuando te has mostrado tan amable con los visitantes, me he fijado que tu sonrisa parecía un poco asustada».
- Es útil para el niño que nombres sus comportamientos. Utiliza «nombrar la necesidad» en torno a cómo algunos niños se vuelven realmente buenos para ser educados y serviciales con los visitantes, ya que cuando eran pequeños, los visitantes o los adultos pueden haber sido muy atemorizantes.
- Recuerda que éste es un comportamiento que disminuye naturalmente con el tiempo a medida que nuestros hijos comienzan a sentirse más seguros con nosotros.
- Cuando el niño haya iniciado un contacto inadecuado, si es necesario, pon límites claros sobre a quién puede abrazar. Una re-

gla simple como «Sólo puedes abrazar a estas personas (lista)» puede ser muy efectiva.

Nota: Naturalmente, muchos desconocidos pensarán que eres un padre muy duro cuando los adviertes sobre el «niño encantador». Cuando mi hijo adolescente se mudó con su novia y su madre, le advertí a la madre que, a pesar de su personalidad excepcionalmente amable y encantadora, le robaría a la primera oportunidad. Decidió que yo era demasiado crítica, que era una madre muy dura, y desatendió mi consejo, avanzando rápidamente para darle a mi hijo algo de «amor y comprensión». Tres días después, me telefoneó furiosa después de que él se hubiera puesto detrás de ella, hubiera memorizado el número de su tarjeta bancaria y hubiese vaciado su cuenta. No sentí por ella ninguna simpatía. Puede que incluso sonriera un poco.

ENCOPRESIS (véase *Problemas para defecar adecuadamente*)

ENSUCIARSE (véase *Problemas para defecar adecuadamente*)

ENTRENAMIENTO PARA IR AL VÁTER SOLO (véanse *Enuresis, Inmadurez, Problemas para defecar adecuadamente, Orinar*)

ENURESIS (véanse *Mojar la cama, Orinar*)

ESCAPARSE (véanse también *Huir, Comportamiento de control, Desafiar*)

Por qué puede suceder esto

- Miedo a la invisibilidad/a ser olvidado: Busca una reacción.
- Se siente cómodo estando equivocado/autosabotaje, especialmente si esto sucede durante una experiencia positiva.
- Comprobar el «límite de seguridad», especialmente en relación con la edad emocional del niño.

- Edad emocional: El niño puede estar simplemente comportándose como lo haría un niño pequeño.
- Problemas sensoriales, especialmente en áreas de alta exposición sensorial, como supermercados.
- Necesidad de sentir que tiene el control y es poderoso.
- Necesidad abrumadora de mantener a los padres cerca, asegurándose de que éstos se den cuenta y reaccionen.
- Falta de razonamiento de causa y efecto.
- Desregulación: Actúa al calor del momento.
- Vergüenza.
- Compulsión subconsciente de romper una formación de vínculo (con los padres).
- Miedo o anticipación temerosa de una respuesta negativa de los padres.
- Miedo a los cambios/transiciones, especialmente cuando este comportamiento ocurre durante las transiciones.
- Ansiedad por separación: El niño está retrasando el momento de la separación.
- Necesidad abrumadora de sentirse amado/importante, que requiere que los padres expresen amor/preocupación y se «reúnan».

Estrategias preventivas
- Si vais a hacer un viaje en automóvil o algo similar, y tu hijo tiene que estarse quieto, es probable que tenga niveles altos de cortisol al llegar y ya esté en modo de lucha o huida. Haced descansos regulares y asegúrate de que donde os detengáis, el niño pueda moverse libremente durante un rato para reducir el riesgo de huida.
- Piensa en su edad emocional, no en su edad cronológica. Si tienes un niño de 4 años que echa a correr de la misma manera que lo haría un niño de 18 meses, entonces considera reintroducir las riendas infantiles u otro método para mantener al niño cerca. Nosotros les dimos a nuestros hijos mochilas que tenían asas muy largas para poder sostenerlos.

- Haz que los niños repitan «las reglas» sobre permanecer cerca, no correr en la carretera, etc., hasta que gradualmente se convierta en una nueva programación en el cerebro. Puedes convertirlo en una pequeña canción o en un juego. Es buena idea que lo hagáis justo antes de salir. Enfatiza la necesidad de estar seguros.
- Si no has tenido experiencias anteriores, ¡entonces no hagas que todo el mundo falle! Practica haciendo pequeñas salidas locales en entornos seguros, como un parque, lejos de la carretera. Haz prácticas cortas. Hazle saber al niño que lo estás ayudando a practicar para que pueda continuar con otras cosas. Nombra algunas ideas que sabes que le gustarán al niño.
- Sé consciente de tus propias expectativas. Si esperas que un niño traumatizado con tendencias de TDAH y problemas sensoriales camine bien en un supermercado con luces brillantes y una gran cantidad de distracciones, te sentirás decepcionado.
- Es importante para tu propia tranquilidad establecer qué acción hará tu hijo en última instancia si se escapa. Los padres a menudo compensan en exceso sus reacciones porque imaginan que el niño está perdido o secuestrado. En realidad, nuestros hijos a menudo se esconden, pero se mantienen cerca de nosotros a la espera de que nos demos cuenta de que no están, se divierten, y echan a correr cada vez más rápido mientras les damos caza. Organiza un evento con un amigo o compañero en el que tengas la seguridad de que el niño se escapará. El amigo se queda cerca del niño observando lo que está haciendo y hacia dónde va. Es muy probable que tu amigo observe que el niño corre rápidamente para alcanzarte nuevamente, y eso te dará confianza suficiente para futuros episodios.

Estrategias durante el problema
- Si estás fuera y el niño se escapa, la consecuencia natural de no estar seguro es que la actividad debe detenerse. Eso le da un mensaje fuerte al niño e inmediatamente vincula causa y efecto.

- ¡Camina en la dirección opuesta! Alejarse del niño puede ser muy efectivo, siempre y cuando tengas a otra persona que le esté vigilando y te dé información continua por teléfono sobre lo que está haciendo tu hijo.
- Si ves que el niño está cerca y te preocupa que si te acercas a él huya más lejos, simplemente mantente firme y usa la «estrategia del teléfono». Esto te permite asumir un aire despreocupado y elimina efectivamente a la audiencia, mientras que te permite hacer algunos comentarios empáticos a una «tercera persona».
- Dile al niño que tendrás que cogerlo de la mano para mantenerlo a salvo. No permitas que esto sea negociable. Simplemente dile que vas a descansar un rato, así que todo se detiene hasta que el niño te coja de la mano.
- Usa la alegría para interrumpir los procesos de pensamiento. Por ejemplo, si el niño se ha fugado y se ha agarrado a un poste de la luz, agarra tú el siguiente poste de la luz y especula sobre quién tiene el mejor poste de los dos.
- Evita correr tras el niño o gritar: «¡Vuelve aquí ahora mismo!» u otras respuestas de crianza estándar. ¡Eso aumenta los niveles de adrenalina del niño y le permite correr más rápido!
- Utiliza la presencia de los padres para regular al niño. Si puedes, corre con el niño, o haz con él una carrera, o una marcha, o inventa un juego que sea activo y se pueda hacer en conjunto.
- Trata de no mostrar preocupación, nerviosismo o miedo. Esto a menudo agrava la situación.

Estrategias posteriores

- Recuerda felicitarte a ti mismo cada vez que organices una salida y resuelvas el problema. Este comportamiento disminuye, generalmente con bastante rapidez, cuando se encuentra con la respuesta terapéutica correcta. Los pequeños pasos te llevarán hasta el final.
- Revisa el episodio con el niño. Puedes explicarle lo que podría haber sucedido y qué haces para mantenerlo a salvo. Durante

estos momentos de crianza y conexión, es importante que no le sirvas en bandeja al niño tu desencadenante al hacer decir: «¡Me he preocupado mucho! ¡Nunca vuelvas a hacer eso!».

- «Nombra la necesidad» para explicarle los niveles de cortisol (lo llamamos «jugo intenso») y cómo esto hace que los niños quieran correr. Dale al niño estrategias alternativas, como correr en círculos a tu alrededor, o saltar arriba y abajo.
- No tengas miedo de usar las consecuencias naturales para limitar los tipos de lugares a los que puede ir hasta que sientas que puedes manejar el problema de manera segura. Explícale al niño que necesita practicar «mantenerse cerca».

ESCONDERSE (véase *Transiciones*)

ESCUPIR (véase también *Agredir*)

Qué puedes esperar
- El niño escupe de manera agresiva a las personas.
- El niño escupe a otros objetos, al suelo y demás.

Por qué puede suceder esto
- Problemas sensoriales: Un problema sensorial oral puede ser una causa subyacente.
- Desregulación: Actúa al calor del momento. Escupir crea la sensación al niño de que puede ayudarlo a regularse.
- Sentimientos de hostilidad, rechazo u odio momentáneo hacia la otra persona.
- Necesidad de sentir que tiene el control y es poderoso, en particular cuando escupir provoca una reacción negativa extrema. El niño escupe para provocar que la otra persona reaccione.
- Aburrimiento y falta de estimulación: Esto es especialmente evidente cuando ha habido negligencia y el niño se ha quedado solo durante largos períodos de tiempo. La saliva puede haber sido su juguete.

- Compulsión inconsciente de romper una formación de vínculo (con los padres).
- Respuesta al miedo: El niño puede escupir a través de la agresión o del miedo.
- Atracción por las actividades del grupo de iguales, copiando las acciones de los compañeros.
- Recrea un ambiente familiar: Escupir puede ser un hábito normal que el niño ha presenciado o ha tenido debido a la falta de estimulación durante varios años.
- Se siente cómodo estando equivocado/autosabotaje.
- Edad emocional: El niño puede estar realmente replicando una etapa más joven de desarrollo. Esto es evidente si escupir también se acompaña de curiosidad corporal, goteo, etc.

Verificación de la realidad

Escupir es un acto que afecta a las emociones. Si es una acción deliberada de agresión, puede ser extremadamente difícil responder de una manera mesurada. Siempre me sorprende cuando los padres terapéuticos dicen que han reaccionado con fuerza y agregan: «No fui muy terapéutico». No estoy de acuerdo: tener límites fuertes es definitivamente una base para la crianza terapéutica y no hay nada de malo en decir: «Esto es inaceptable». El truco es responder sin reforzar el comportamiento. Si el niño te ataca escupiéndote para provocar una reacción, y lo recompensas con una fuerte respuesta emocional, estás reforzando involuntariamente dicho comportamiento, haciendo que sea más probable que vuelva a ocurrir.

Evita la tentación de tener largos diálogos sobre escupir y decirle continuamente al niño que está mal. Por supuesto, debemos hacerle saber que es algo inaceptable, pero rechazarlos y reforzar la idea de que son «malos» no hará que el niño se detenga.

Estrategias preventivas

- Resérvate algo de tiempo para vigilar al niño de cerca. Cuando escupir es un hábito, es necesario interceptarlo inmediatamente en el momento en que ocurre. Probablemente necesitarás planificarlo con anticipación para tener tiempo de abordar del problema en tiempo real.

- Todos los comportamientos son una forma de comunicación y algunos son indicativos de una necesidad no satisfecha. Todo lo que es oral debe ser pensado primero en términos de pérdida de crianza y de problemas sensoriales.
- Es una muy buena idea planificar por adelantado lo que has decidido que podría tener la consecuencia natural o lógica de que te escupa. Es realmente difícil pensar en eso cuando sucede.
- Cuando escupir se debe a problemas sensoriales orales, debes administrarle al niño estimulación oral frecuente de cinco a diez veces al día. Esto no tiene que llevar mucho tiempo. Puedes:
  - Hacer que el niño sople burbujas de jabón.
  - Darle al niño comida que sea muy masticable.
  - Hacer que participe en juegos sensoriales con agua.
  - Masajearle alrededor de la mandíbula y en el área de la cara.
  - Organizar juegos en los que sople con pajitas.

Estrategias durante el problema

- Dile al niño que escupir es inaceptable. No tengas miedo de decírselo tal cual. Si no lo haces, no puedes decirle las consecuencias naturales en otra ocasión, ¡ya que el niño ha roto un límite invisible!
- Cuando un niño te escupe, lo primero que debes hacer es eliminar la respuesta emocional a ese acto. Puede que necesites practicar y ensayar, ya que no es fácil de hacer. Eliminar una respuesta emocional no significa que eliminemos cualquier tipo de reacción o consecuencia natural. Dile con calma (mientras te alejas para limpiarte el escupitajo): «Es una pena que hayas elegido hacerlo, ya que sabes que no está permitido escupir. Desafortunadamente, ahora:
  - «Tendré que ir a lavarme la cara y a maquillarme de nuevo, así que no podremos salir».

- «Me doy cuenta de que eres demasiado pequeño para poder hacer X. Necesito ayudarte a superar la fase de escupir ya que normalmente son los niños pequeños quienes lo hacen».
- «Tendrás que cepillarte los dientes para quitarte todos los gérmenes del escupitajo. No son buenos para ti». Naturalmente, la limpieza de los dientes puede ser muy larga y aburrida. Esto también ayuda cuando hay problemas sensoriales. (Es importante que no te metas en una situación en la que tengas que obligar por la fuerza a que el niño se lave los dientes o tengas que pelearte con él. Utiliza las técnicas explicadas en Desafiar).
- «No podré sentarme tan cerca de ti cuando jugamos a este juego».
- «No quiero estar cerca de ti en este momento».
- «Tendré que pensar en una manera de corregir esto. He pensado en algo y más adelante te diré qué es». (Hazlo cuando no puedas pensar en nada en ese momento, ya que así evitarás reaccionar exageradamente).

- Si el niño te ha escupido algo, o ha escupido en el suelo, pídele que te ayude a limpiarlo, usando técnicas de «mostrar perdón», «parece que has escupido en el suelo. Aquí está el espray y el paño para ayudar a limpiarlo».
- Ten a mano un «bote para escupir» o un cubo. Si el niño escupe, puedes hacer que cargue con la botella o que se quede al lado del cubo «en caso de haya accidentes».
- Los limones tienden a reducir la saliva y dificultan escupir. Puedes poner zumo de limón en la comida o darle al niño una rodaja de limón para que la chupe. Obviamente, no puedes obligar al niño a que se meta el limón en la boca, pero a menudo nuestros niños están muy contentos de comerse una rodaja, especialmente si se añade a las rodajas de naranja. Podrías decirle: «Me he dado cuenta de que a veces tienes demasiada saliva y se cae en el lugar equivocado. Afortunadamente, estas rodajas de fruta te ayudarán a evitarlo.

175

- Usa la distracción. Si puedes ver que el niño está a punto de escupir, haz un ruido fuerte, aplaude, mira al niño como si hubieras visto algo. Luego, una vez interrumpido, ofrécele el bote para escupir.
- Si puedes acceder a un sentimiento de empatía en el momento, intentar decirle: «¡Vaya, parece que estás realmente enfadado! ¿Necesitas que te ayude?».

Estrategias posteriores
- Si un niño escupe mucho, ¡asegúrate de brindarle atención positiva cuando se detenga! Por ejemplo, «Oh, bien, ahora que has dejado de escupir podemos…».
- Intenta «nombrar la necesidad», «A veces los niños escupen para tratar de mantener a las personas lejos de ellos. Eso les pasa si realmente se asustan o se preocupan. Me pregunto si eso es lo que estás tratando de hacer».

EXAGERAR (véanse *Jactarse, Reacción exagerada*)

EXCESO DE INDEPENDENCIA (véase *Rechazo*)

F

FALTA DE RESPETO (véanse *Dañar, Rechazo, Groserías, Ingratitud*)

FALSAS ACUSACIONES (véanse también *Mentir, Reacción exagerada, Triangulación*)

Qué puedes esperar
- El niño dice a la escuela, o al trabajador social o a otra persona que ha sido víctima de abuso físico, emocional o sexual o que está siendo descuidado por su cuidador/padre actual, cuando esto no ha sucedido.
- El niño malinterpreta un incidente pequeño o insignificante y afirma que ha ocurrido un evento mucho más grave.
- El niño le dice al cuidador que lo denunciará.
- El niño realmente cree que ha ocurrido un incidente de maltrato, cuando no ha sucedido.

Por qué puede pasar
- El niño cree que ha sucedido.
- El evento sucedió, pero el niño no ha colocado el evento en el tiempo y espacio correctos. Por ejemplo, un cuidador anterior golpeó a un niño, pero afirma que el padre/cuidador actual ha sido quien le ha pegado. Esto ocurre a veces cuando el niño tiene un temor real de que pueda suceder debido a un evento desencadenante y luego es incapaz de distinguir entre el pensamiento y la realidad.
- Necesidad de sentir que controla y es poderoso.
- Falta de razonamiento de causa y efecto.
- Desregulación: Actúa al calor del momento.

- Vergüenza: Ha sucedido algo, por lo que el niño desvía la atención al afirmar que se ha producido un incidente más grave.
- Compulsión inconsciente de romper una formación de apego (con los padres), forzando un movimiento de traslado.
- Miedo o anticipación temerosa de una respuesta negativa de los padres: El niño puede hacer una acusación para evitar regresar a casa.
- Respuesta al miedo.
- Sentimientos de hostilidad u odio momentáneo hacia los padres.
- Miedo a la invisibilidad/a ser olvidado, buscar atención/apego.
- Recrea un ambiente familiar.
- Falta de empatía.
- Falta de remordimiento.
- Necesidad de tratar de acercar a otro adulto (*véase* la explicación de «La cara simpática» en parte 1, capítulo 6).
- Miedo a los cambios/transiciones.
- Ansiedad por separación: El niño puede hacer una acusación para tratar de volver a una figura de apego.
- Disociación durante el incidente, lo que lo lleva a una falta de claridad sobre lo que le sucedió.
- Aburrimiento.
- Problemas sensoriales: Un toque puede sentirse como un golpe.
- Necesidad abrumadora de sentirse amado/importante: Una investigación sobre una acusación coloca al niño en el centro de la atención de muchos adultos preocupados.
- Autosabotaje: Tener en control de la ubicación final/traslado.

Verificación de la realidad

Debido a mi experiencia en trabajo social, entiendo que estamos capacitados para creer al niño y tomar en serio las acusaciones que hace. No estoy explorando aquí las revelaciones hechas por niños enraizadas en hechos y maltrato, con las que los que cuidamos a niños con antecedentes de trauma estamos muy familiarizados. Aquí, expongo esos casos en los que el trauma es a menudo la causa de una falsa acusación. Se necesita un profesional muy capacitado para reconocer la diferencia, pero a menudo, por supuesto, las personas más implicadas con el niño tienen muy claro lo que es real y lo que parece real.

Estrategias preventivas

- La comunicación es la clave. Asegúrate de mantener un diálogo muy bueno y abierto con otros adultos que tengan contacto con tu hijo.
- Si hay un incidente en el hogar y el niño está desregulado, asegúrate de llamar su atención sobre lo que está sucediendo en tiempo real. Por ejemplo, si estás cerca del niño y ves que tiene miedo, da un paso deliberado hacia atrás y di: «Me alejo de ti para que puedas sentirte más seguro».
- ¡Practica el cuidado seguro! Esto suena más fácil de lo que realmente es, pero enseguida se convierte en una forma de vida. Dejar las puertas abiertas para garantizar que otros adultos o niños puedan ver lo que está ocurriendo puede salvarte de las acusaciones. Algunos padres usan cámaras de TV de circuito cerrado en casa si ha habido una serie de acusaciones falsas, así se protegen y preservan la continuidad de la ubicación para toda la familia.
- Si hay un incidente, regístralo de inmediato y envíalo por correo electrónico a cualquier persona que simpatice con tu situación, o incluso envíatelo a ti mismo. Esto te da una marca de la fecha y la hora de cuando sucedió, que luego no se puede modificar más adelante. Si estás acogiendo o adoptando es útil enviárselo a un profesional de apoyo que entienda la crianza terapéutica.
- Trata de mantener un registro diario de eventos y acontecimientos cotidianos. Es mejor hacerlo electrónicamente, e incluso puede ser en forma de mensajes y textos. Esto te ayudará a resolver retrospectivamente cualquier evento que un niño pueda reclamar que haya ocurrido. Por ejemplo, si un niño alega que lo tiraron por las escaleras el martes, puedes ver en tus notas que

todos salísteis a almorzar ese día y esto te ayudará a ubicar los incidentes que ocurrieron entonces.

- Es posible que el niño haya amenazado con denunciarte. En este caso, es esencial que esta información ya haya sido registrada y transmitida a profesionales de apoyo u otras personas con conocimientos, para ayudar a protegerte y preservar la seguridad del niño en caso de que se realice la denuncia.
- Cuando un niño amenaza con hacer una denuncia, lo ideal es tratar de responder de manera práctica y discreta. Si reaccionas de manera exagerada o revelas un desencadenante, es probable que la situación se intensifique. Cuando mi hija dijo que llamaría a Childline para que me arrestasen, le entregué amablemente el teléfono mientras me preguntaba en voz alta qué podría hacer con todo mi tiempo libre. (No llamó, pero me dijo que yo era «muy desagradable»).

Estrategias durante el problema

- Ten en cuenta que si un niño ha hecho una acusación falsa contra ti es poco probable que lo sepas hasta que alguien llame a tu puerta.
- Si el niño ha hecho una acusación falsa y tú sabes que no puede ser cierto, entonces es importante hacer que el niño se base en la realidad. Por ejemplo, el niño te dice que su hermano simplemente lo empujó por la ventana. Tú sabes que no sólo la ventana está siempre bien cerrada, sino que el hermano no estaba en casa, por lo que puedes tener bastante seguridad de que se trata de una acusación falsa. Haz preguntas abiertas como «Explícame más» o «Me pregunto cómo ha sucedido eso». Esto ayuda al niño a explorar la realidad de la situación sin que tú perjudiques una posible explicación genuina y vinculada.
- También puedes usar «nombrar la necesidad» para vincular lo que el niño está expresando con una situación anterior. Por ejemplo, «Me pregunto si dijiste que tu hermano te empujó por la ventana porque cuando eras muy pequeño sucedió algo similar

en la vida real. A veces, cuando tenemos miedo de que algo suceda y lo recordamos, pensamos que va a suceder de nuevo».

Estrategias posteriores

- Cuando un niño ha hecho una falsa acusación, es imperativo que sepa que tú conoces la realidad de la situación sin que lo culpes. No es útil preguntarle al niño por qué lo ha hecho y provocarle vergüenza. Si actúas de este modo, polarizarás a ambos y puedes causar daños a largo plazo en tu relación con él.
- Es extremadamente difícil lidiar con nuestros propios sentimientos de injusticia cuando se hace una acusación falsa y las consecuencias que produce. Puede haber largas investigaciones y procedimientos. Asegúrate de construir tiempo de recuperación para ti mismo.
- Trata de separar la relación con el niño de la razón que hay detrás de la acusación y cómo se maneja en el día a día. Es demasiado fácil adoptar una mentalidad punitiva cuando ocurren estas situaciones. Se pueden realizar mejoras a largo plazo en el razonamiento y en el pensamiento del niño vinculando causa y efecto si la situación se maneja con sensibilidad y terapéuticamente.
- Accede a tu apoyo para que tengas a alguien «en tu rincón» y te defienda. La Asociación Nacional de Padres Terapéuticos puede ayudarte. Si eres un cuidador adoptivo, entonces existen organizaciones de apoyo profesional, como Fostering Network en el Reino Unido, que también brindan apoyo a los cuidadores adoptivos durante las denuncias.

Nota: Cuando mi hijo William, que entonces tenía 15 años, estaba en la escuela, tenía varios profesionales de apoyo implicados con él debido a su nivel de necesidad y vulnerabilidad. Un día robó unas pilas en una tienda. Fue capturado y llevado a ver a su trabajadora juvenil (inexperta). William notó la preocupación en la cara de la trabajadora de apoyo cuando dijo que «tenía que robar las pilas».

William necesitaba mantener en ella esa cara compasiva firmemente en su lugar, ya que eso significaría que ya no estaba pensando en su «mal» comportamiento, y por lo tanto él podría evitar la vergüenza y las consecuencias. Entonces, mientras hablaba con ella, embelleció su historia y el rostro simpático de ella se volvió más preocupado y protector.

Le dijo que tenía que conseguir pilas para su linterna. Necesitaba una linterna porque su cuarto estaba oscuro. Su habitación estaba oscura porque no había electricidad en su habitación. Mientras William decía esto, no pensaba: «Esto pondrá a mamá en problemas». Su cerebro base, abrumado por un trauma pasado, estaba respondiendo a la cara empática: «Ésa es una buena cara. Eso me mantendrá a salvo».

Naturalmente, la cosa terminó con una reunión de varias agencias donde los profesionales asumieron que William vivía en una cueva oscura (probablemente sin comida). Se sorprendieron mucho al visitar su cómoda habitación y descubrir su linterna recargable (que no requería pilas).

FALSA ENFERMEDAD (véase *Hipocondría*)

FALSA PERSONALIDAD (véase *Encanto*)

FALSA SONRISA (véase *Encanto*)

FALTA DE EMPATÍA (véase *parte 1, capítulo 1*)

FATIGA DE COMPASIÓN (véase *parte 1, capítulo 7*)

FINGIR QUE NO ESCUCHA (véanse *Comportamiento de control, Desafiar*)

GOLPEAR A OTROS (véase *Dañar*)

GOLPEARSE A SÍ MISMO (véanse *Dañar, Sabotear, Autolesionarse*)

GOLPEAR CON LA CABEZA (véase también *Golpear*, y parte 1, *capítulo 1*)

Qué puedes esperar
- El niño se golpea la cabeza repetidamente contra objetos o superficies.

Por qué puede suceder esto
- Desregulación: El niño se calma a sí mismo a través de los golpes en la cabeza u otras conductas dañinas.
- Problemas sensoriales: El niño puede tener dolor o ser muy sensible a los ruidos y luces que lo abruman. Golpearse en la cabeza es a menudo un signo de comportamiento de búsqueda sensorial.
- Recrea un ambiente familiar: El niño puede tener el hábito de hacerlo si se lo ha dejado solo durante largos períodos de tiempo o se lo ha dejado en apuros.
- Se siente recompensado por una respuesta angustiada de los padres.
- Miedo a la invisibilidad/a ser olvidado: Busca una reacción.
- Miedo a los padres/cuidadores y a otros adultos.
- Miedo a los cambios/transiciones.
- Ansiedad por la separación.
- Disociación: El niño puede no darse cuenta de sus acciones o puede usar inconscientemente la estrategia para «recuperarse».

- Necesidad abrumadora de mantener a los padres cerca.
- Aburrimiento.

Estrategias preventivas

- Habla con su médico de cabecera para explorar los problemas subyacentes.
- Asegúrate de tener muchos cojines y mantas mullidas por todas partes, de modo que si tu hijo comienza a golpearse la cabeza pueda hacerlo en un espacio blando.
- Ten en cuenta los ruidos y los niveles generales de ruido. Cuando los niños son demasiado sensibles al sonido, esto puede aumentar la probabilidad de que se golpeen en la cabeza.
- Pide una evaluación de un terapeuta ocupacional. Revisará todas las habilidades de tu hijo y hará una evaluación. Golpearse en la cabeza es a menudo un signo de comportamiento de búsqueda sensorial.
- Si tu hijo es lo suficientemente pequeño, levántalo y cámbialo de sitio tan pronto como veas que está empezando a golpearse la cabeza.
- Piensa en ponerle un casco protector a tu hijo si descubres que a menudo no puedes llegar a tiempo. Sin embargo, ten cuidado con esto, ya que cuando hay problemas sensoriales, el niño puede tener problemas con la sensación del casco.
- Utiliza el tiempo inclusivo o la presencia de los padres cuando creas que es probable que el niño comience a golpearse la cabeza.
- Revisa la estructura de tu casa y comprueba si es posible suavizar los bordes afilados y las superficies duras. Esto también reduce los niveles de ruido.
- Invierte en una mecedora o en un columpio. Esto puede calmar al niño y ayudar a prevenir, reducir o desviar los casos de golpes en la cabeza.
- Cuando puedas prever que habrá un ruido fuerte o una sobreestimulación advierte o prepara al niño cuando sea posible.

- Es una buena idea tener música suave de fondo. La música clásica es especialmente relajante para los niños y puede ayudarlos a mantenerse regulados.
- Cuando los golpes en la cabeza se deben a una sobrecarga sensorial auditiva, utiliza auriculares que le reduzcan el ruido. Éstos pueden tener un impacto positivo inmediato.
- Ten un espacio tranquilo a donde el niño pueda ir si es necesario. Esto es particularmente importante en entornos concurridos como las escuelas, o si tienes muchos visitantes.
- El uso de juguetes vibradores o almohadas vibradoras puede ser muy efectivo, especialmente cuando el niño se golpea la cabeza cuando se acuesta para dormir.

Estrategias durante el problema

- No importa la edad que tenga tu hijo, la distracción puede funcionar bien. A veces, si miras al niño y le dices «Oh, ¿qué es eso?», puedes distraerlo lo suficiente para evitar que se golpee la cabeza.
- Controla tu propia respuesta. Puedes estar seguro de que los jadeos de horror y el estrés aumentarán el comportamiento.
- Si crees que una interrupción aumentará los golpes, acércate al niño con un cojín. Luego puedes colocar el cojín entre el niño y aquello contra lo que se esté golpeando o colocarlo contra su pecho, sostener al niño en tu regazo de espaldas a ti y permitir que golpee.
- Utiliza palabras tranquilizadoras para tratar de volver a conectar al niño, especialmente cuando creas que está «aislado» o disociado. Puedes «nombrar la necesidad» mediante el uso de frases como «Te mantendré seguro y te ayudaré a manejar estos sentimientos. Estoy aquí».
- Distráelo mediante otra experiencia sensorial. Hacer burbujas, chupar, soplar, jugar con agua o arena puede ayudar a reducir los casos de golpes en la cabeza. El truco es tener estos artículos preparados y al alcance de la mano.

- Acariciar al niño en la cara o en los brazos puede reducir enormemente la intensidad de los golpes de cabeza. Esto les da otra salida sensorial.
- Cuando el golpe en la cabeza es particularmente violento y temes por la seguridad del niño y te sientes incapaz de detenerlo, utilizar un edredón para envolverlo puede ser reconfortante y reducir la violencia del movimiento. Sin embargo, asegúrate de que la cara y las vías respiratorias del niño estén despejadas y que esto no se use como método de restricción.

Estrategias posteriores
- Obviamente, una de las cosas más importantes que debes hacer es verificar si hay signos de lesión, como por ejemplo una conmoción cerebral.
- Utilizar una manta pesada o un masaje a través del tacto puede ayudar a calmar al niño, a que se reconecte y a reducir más incidentes similares.
- Ten en cuenta que el golpearse la cabeza suele ser una compulsión y algo sobre lo que el niño tiene poco control. No se extrae nada de tener una conversación prolongada acerca del problema o de preguntarle por qué lo hace.
- No le digas al niño que golpearse en la cabeza te molesta. Debes seguir siendo la base segura e incuestionable. Está bien expresar tristeza porque el niño pueda lastimarse y resolverlo a través de una respuesta de crianza.

GOLPETEO (véanse también *Ansiedad*, *Sacudir la cabeza violentamente*, *Problemas de sueño*)

Qué puedes esperar
- El niño golpetea con cosas, generalmente cuando está lejos de un cuidador o de los padres (en el baño, el dormitorio, etc.).

Por qué puede suceder esto

- Miedo a la invisibilidad: Los golpes les recuerdan a los padres la presencia del niño.
- Edad emocional: Este comportamiento puede recordar a un niño de menor edad y puede ser una etapa de desarrollo en la que el niño necesita progresar.
- Comportamientos tempranos para crear hábito si el niño se quedaba solo/angustiado durante largos períodos.
- Recompensa al niño con la respuesta si el padre o cuidador reacciona de manera exagerada o reacciona enfáticamente.
- Problemas de procesamiento sensorial: El niño puede sentirse abrumado por la sobrecarga sensorial.
- Comportamiento de búsqueda de crianza.

Estrategias preventivas

- Piensa en cuándo golpetea y qué puedes hacer para disminuir la ansiedad en torno a esto. Puede ser tan simple como cambiar o extender una rutina a la hora de acostarse o usar algunas estrategias relacionadas con la ansiedad.
- Considera acolchar paredes u objetos y quitar los objetos que usa para golpear. Reemplázalos con una alternativa suave y que no produzca ruido.
- Preséntale otros elementos sensoriales que puedan ayudar al niño a regularse, tales como camas elásticas, mecedoras o balancines.
- Mira objetivamente tu respuesta. ¿Estás dando una fuerte respuesta emocional a los golpes?

Estrategias durante el problema

- Si golpetea cosas a menudo y conoces la causa, considera si necesitas ir físicamente hasta donde está el niño o si puedes intervenir de forma diferente. Si necesitas ir con el niño, acércate lentamente y sin urgencia, respirando profundamente por el camino. Si sientes que no necesitas ir, establece un límite de tiempo de dos o tres minutos para hacer una reevaluación. Sin embargo, ten en cuenta que deberás respetar los límites y también valorar si hubo un abandono temprano, de modo que no estés empeorando inadvertidamente el problema.

- Es una buena idea decir: «Veo que necesitas mi atención». También puedes comentar el nivel de ruido: «¡Vaya, eso es un ruido muy fuerte!».
- Pregúntate en voz alta sobre el miedo del niño a la invisibilidad.
- La presencia de los padres puede ser suficiente para ayudar a tu hijo a regularse y que deje de golpear. Puedes sentarte cerca del niño.
- Si necesitas quitarle un objeto que el niño está utilizando para golpear, puedes decirle que no quieres que se lastime. La eliminación de un elemento que se utiliza para golpear es también una consecuencia natural.
- Si corresponde, puedes ofrecerle una bebida o un abrazo si crees que esto ayudará a tu hijo a regularse. Debes tener cuidado de no entrar en un ciclo que recompense los golpes.
- Piensa en tu hijo como en un niño mucho más pequeño, un bebé golpeando las barras de su cuna. ¿Cómo podrías responder a eso?
- Haz una pregunta completamente aleatoria, no relacionada con los golpes, como: «¿Has visto dónde he dejado mi teléfono?». Esto ayuda al niño a ver que no estás enfadado. Has conectado a él, pero parece que eso no está relacionado con los golpes. Esto también cambia el cerebro del niño rápidamente y le ayuda a ser más consciente de su propio comportamiento.
- Si el golpeteo es contra la puerta de la habitación en la que te encuentras tú, por ejemplo, tu habitación o el inodoro, indícale que como te ha interrumpido necesitas cinco minutos adicionales. Esto a menudo ayuda al niño a detenerse, sólo porque se da cuenta de sus propias acciones si está en «piloto automático».
- Si éste es un comportamiento muy arraigado, y has intentado todas las respuestas de empatía habituales, puedes simplemente

ponerte los auriculares y parecer realmente complacida de tener tiempo para escuchar tus canciones favoritas. Los auriculares pueden ayudarte a salir del momento si el ruido te está causando estrés.

- Si es posible, camina por el jardín para que puedas escuchar sonidos diferentes.

Estrategias posteriores

- Puedes decir: «Parece quieres que te preste atención. ¿Pensamos en una manera mejor?». A continuación, podéis poneros de acuerdo sobre la «mejor manera».
- También puedes nombrar la necesidad detrás de los golpes: «Creo que puedes haberte sentido solo y por eso estabas golpeando. Tal vez te sentías muy solo cuando eras pequeño porque…».
- Habla con un oyente empático sobre cómo te sientes con respecto a este problema y cómo te afecta.

GRATITUD (véase Ingratitud)

GRITAR Y CHILLAR (véanse también Discutir, Golpear, Grosería)

Qué puedes esperar

- El niño grita fuerte y frecuentemente.
- El niño grita peticiones a los padres o a otras personas.
- El niño grita aparentemente sin razón y en momentos aleatorios.
- El niño grita al verse frustrado.

Por qué puede suceder esto

- Desregulación: Rabia defensiva o frustración.
- Miedo a la invisibilidad/a ser olvidado: Busca una reacción, recordar a otros su presencia.
- Necesidad de sentir que tiene el control y es poderoso: Gritar y chillar hace que otros reaccionen.

- Problemas sensoriales: El niño puede no darse cuenta de que está gritando.
- Necesidad abrumadora de mantener a los padres cerca y comprometidos.
- Edad emocional: El niño puede estar funcionando a una edad más temprana, posiblemente alrededor de los dos años en muchos niveles.
- Desregulación: Actúa al calor del momento.
- El desarrollo cerebral se ve afectado por un trauma en la vida temprana o similar: niveles altos de cortisol que le dan al niño la necesidad de actuar.
- Miedo o anticipación temerosa de la respuesta negativa de los padres: Gritar y chillar puede bloquear una respuesta.
- Respuesta al miedo ante una nueva situación.
- Sentimientos de hostilidad u odio de manera momentánea hacia los padres.
- Miedo a los cambios/transiciones.
- Ansiedad por separación.
- Necesidad abrumadora de sentirse amado/importante.
- Miedo al abandono o al hambre.

Estrategias preventivas
- Piensa en cuando el niño grita o chilla. ¿Se trata de una transición o de un momento en que normalmente estás distraída?
- Un simple cambio de rutina o la implementación de algunas de las estrategias relacionadas con la ansiedad y la ansiedad por separación pueden ayudar a reducir cualquier factor contributivo subyacente.
- Mantén el estado de ánimo y el volumen de la casa en general a un nivel bajo. ¡Esto puede parecer una tarea imposible! Si hablamos en voz baja, nuestros hijos a menudo hacen lo mismo, o al menos no sienten que necesitan gritar por encima del ruido.
- Poner música clásica de fondo puede ayudar a promover un ambiente de calma y regular a nuestros niños.

- Replantea tu pensamiento. ¿Cómo podrías responderle a un niño de dos años que tiene un ataque de gritos? ¿Cuánto tiene que ver con la frustración?

Estrategias durante el problema

- Si el niño te está gritando y reclama atención a cierta distancia, simplemente no le escuches. El niño no tardará mucho tiempo en conectarlo. Si decides acercarte al niño porque crees que la situación puede agravarse, hazlo de tal manera que no esté relacionado con su petición. Por ejemplo, estás en la cocina y el niño comienza a gritar desde el dormitorio: «¡Dame la mochila de la escuela! ¡No puedo encontrar mi mochila!». Después de un rato, podrías pasar por la puerta de la habitación del niño con otro recado no relacionado. Di algo como: «¿Estás bien? Me ha parecido oír un ruido hace un minuto».
- Intenta decir: «Veo que te gustaría que te prestara atención. Cuando dejes de gritar, hablaremos, pero cuando oigo un ruido fuerte me vibran los oídos y no entiendo lo que dices».
- También puedes comentar el nivel de ruido, «¡Vaya, puedes hacer un ruido muy fuerte!».
- Utiliza el juego e identifica una palabra desencadenante para recordárselo al niño. Si el niño comienza a hablar gritando, evita usar palabras relacionadas con «gritar». En su lugar, di expresiones relacionadas con «voz chillona»: «¡Vaya voz chillona y graciosa que has puesto! ¡Pensé que había un ratón en la cocina!». Luego, más adelante, puedes referirte al ruido del ratón nuevamente si es necesario.
- Pregúntate sobre el miedo del niño a la invisibilidad. Por ejemplo, «Me pregunto si gritas tan fuerte porque estás preocupado de que pueda olvidarme de ti». Luego dale al niño una señal que usarás en el futuro para asegurarle que no te olvidas de él.
- La presencia de los padres puede ser suficiente para ayudar a su hijo a regularse y que deje de gritar o de chillar. Cuando yo usaba la presencia parental de esta manera, me sentaba tranquila-

mente con el niño y no respondía a lo que estaba diciendo con sus gritos o chillidos, sólo respondía a su desregulación: «Me voy a sentar aquí tranquilamente y esperaré a que puedas hablar conmigo en voz baja».

- Ofrece crianza para reducir los gritos, pero ten en cuenta el lenguaje corporal y el estado del niño. Si se tira al suelo en una rabieta mientras chilla, es poco probable que sea receptivo a un abrazo. Eso más bien podría agravar la situación.

- Puedes usar técnicas de distracción muy efectivas. Si el niño grita y comienza una rabieta en toda regla, simplemente mira al niño de manera distraída, como si de repente hubieras notado algo fascinante al otro lado de la habitación. El niño a menudo se detendrá a mitad del flujo y se volverá para ver lo que estás mirando. Dependiendo de la situación que se desarrolle, puedes convertir esto en un momento lúdico o prolongar la distracción, invirtiendo en un valioso tiempo de reflexión.

- Haz una afirmación completamente al azar, sin relación con lo que el niño está gritando. Esto ayuda al niño a ver que no estás enfadado con él. Te has conectado con él, pero parece no estar relacionado con los gritos. Si lo haces usando un poco de humor, también puedes ayudar a cambiar el pensamiento del niño, ya que no puede sentir miedo y alegría simultáneamente.

- Intenta unirte. ¡Esto puede resultar de una manera u otra! Yo solía ponerme a cantar opera de manera ruidosa, chillona y muy exagerada, extravagante y juguetona. Por lo general, mis hijos se echaban a reír o se iban resoplando. Sin embargo, en un espacio cerrado, esto no funcionaba y todos gritaban o chillaban más fuerte.

- Si los gritos son muy fuertes y constantes, y has intentado todas las respuestas de empatía habituales, puedes simplemente ponerte los auriculares y parecer que realmente te complace tener tiempo de escuchar tus canciones favoritas. Los auriculares pueden ayudarte a salir del momento si el ruido que está causando el niño te estresa.

- Si es posible, sal al jardín y respira profundamente para cambiar la banda sonora de tu vida durante un par de minutos.

Estrategias posteriores
- Estado: «Parece que antes, cuando estabas gritando, querías mi atención. ¿Pensamos en una manera mejor?». A continuación, podéis poneros de acuerdo sobre la «mejor manera».
- También puedes «nombrar la necesidad» detrás de los gritos: «¿Te has sentido solo? Creo que te sentías solo antes porque…».

GROSERÍAS (véanse también *Desafiar, Bromas y burlas, Rechazo, Palabrotas*)

Qué puedes esperar
- El niño responde de manera grosera a un adulto.
- El niño se pone a menudo a la defensiva contra los demás niños y se muestra grosero.
- El niño hace comentarios desagradables y groseros a los demás.
- El niño se queja en voz alta, utilizando insultos.
- Cuando se le reprende, el niño responde con groserías e insultos agresivos.
- El niño suelta muchas palabrotas e insulta.

Por qué puede suceder esto
- Necesidad de sentir que tiene el control y es poderoso: Actuar de manera grosera tiende a hacer que las personas se alejen del niño, por lo que eso le da control sobre su entorno inmediato.
- Falta de razonamiento de causa y efecto: el niño no puede pensar en las consecuencias de ser grosero.
- Desregulación: Actúa al calor del momento.
- Vergüenza: Evitar la vergüenza y la desviación es un poderoso precursor de los comportamientos groseros.
- Compulsión subconsciente de romper una formación de vínculo (con los padres).

- Atracción por las actividades del grupo de iguales: Imita acciones y reacciones de iguales.
- Respuesta al miedo.
- Sentimientos de gran hostilidad u odio momentáneo hacia los padres.
- Miedo a la invisibilidad/a ser olvidado: Busca una reacción.
- Recrea un ambiente familiar: El lenguaje, el tono de voz y la grosería pueden ser muy familiares para el niño y éste puede no darse cuenta de que suena grosero.
- Falta de empatía.
- Falta de remordimientos.
- Miedo a los padres/cuidadores y a otros adultos: Necesidad de mantenerlos a distancia.
- Necesidad de intentar predecir el entorno, necesidad de controlar los finales.
- Miedo a los cambios/transiciones: La grosería puede ser una reacción a una transición.
- Necesidad abrumadora de mantener a los padres cerca.
- Aburrimiento.
- Necesidad abrumadora de sentirse amado/importante.
- Se siente cómodo estando equivocado: El modelo de trabajo interno del niño dicta que no es digno de recibir cosas buenas, por lo que la grosería se convierte en una coraza protectora.
- Edad emocional: El niño puede estar funcionando a una edad más temprana y parecer grosero cuando no lo es.
- Confianza bloqueada, rudeza defensiva.
- Lealtad a los padres biológicos/excuidadores: Se resiste al apego hacia los nuevos cuidadores/padres.

Estrategias preventivas
- Intenta ver las cosas de manera diferente. A veces nuestros hijos se muestran groseros cuando están ansiosos o asustados.
- Piensa en la edad emocional de tu hijo. ¿Cuál sería tu respuesta si un niño mucho más pequeño dijera o hiciera las mismas cosas?

- ¡Oculta tus desencadenantes! Si tu respuesta estándar es decir algo como: «¡¿Cómo te atreves a hablarme así?!» o algo similar, bien podrías estar diciendo: «Por favor, siéntete libre de ser lo más grosero posible conmigo y te lo recompensaré con el 100 por cien de mi atención hacia ti».

- Una tabla de recompensas para los padres puede realmente ayudar a cambiar los patrones arraigados que se desarrollan entre padres e hijos con groserías y discusiones. Es posible que tengas que crear el tuyo propio para que puedas adaptarlo a los comportamientos groseros con los que estás lidiando. Necesitas estar abierto y compartir con tu hijo lo que estás haciendo. Las recompensas deben comenzar discretamente, tal vez un baño relajante y una copa de vino, que pueden acabar convirtiéndose en una salida nocturna o al atardecer. El efecto de esta estrategia es que cuando ocurre la grosería, el padre puede responder con un «¡Perfecto, ya tengo otra estrella más!». Cuando usé esto con uno de mis hijos, la grosería disminuyó significativa y rápidamente.

TABLA DE RECOMPENSAS PARA PADRES

Obtendrás una estrella cada vez que tú haga lo siguiente:

- Dar un portazo
- Ser grosero
- Patear
- Escupir

- Morder
- Robar
- Romper cosas
- Gritar

- _____
- _____
- _____
- _____

- _____
- _____
- _____
- _____

Padres	Lunes	Martes	Miércoles	Jueves	Viernes	Sábado	Domingo	Total de estrellas
Mamá								
Papá								

Recompensas

* _____   **** _____   ****** _____

** _____   ***** _____   ******* _____

*** _____   ****** _____   ******** _____

Estrategias durante el problema

- Da una respuesta empática para explorar los sentimientos detrás de las afirmaciones fuertes. Por ejemplo, «¡Espero que X se muera!». Respuesta: «Vaya, debes ser realmente aterrador sentirse tan enfadado», que muestra empatía por el niño, no por la afirmación.

- Utiliza la alegría. ¡Puede ayudar a transmitir el mensaje de que la grosería no te está afectando (aunque lo esté haciendo)! Yo solía hacer «el baile grosero». Cuanto más grosero era el niño más bailaba, normalmente cantando «Aquí está el baile grosero, el baile grosero, el baile grosero» al ritmo de *Follow the leader*.

- Di: «¿Tendremos otra oportunidad? Porque no creo que te haya salido como querías». Esto le da al niño la oportunidad de probar una manera diferente sin invocar a la vergüenza.

- Utiliza la alegría para decir con voz robótica: «Lo siento, tengo un filtro de mala educación activado en este momento. No puedo entender tu solicitud/afirmación ya que contenía palabras bloqueadas por el filtro. Por favor, reformula y vuelve a intentarlo».

- Otra respuesta lúdica es hacer un rebobinado. Puedes hacer un ruido de rebobinado y mover tus acciones hacia atrás para que el niño «lo intente nuevamente».

- Intenta entenderlo mal deliberadamente. Se puede hacer de varias maneras. Puedes decir: «Lo siento, literalmente no tengo ni idea de qué significa lo que acabas de decir..., inténtelo de nuevo» y entonces adopta una expresión confusa. O di: «Lo siento, ¿qué has dicho? ¿Puedes repetirlo de nuevo? Mis oídos no han entendido esas palabras tan extrañas».

- Simplemente adopta una expresión confusa, no digas nada y espera. ¡Puede ser muy efectivo mientras no parezcas amenazador!

- Dale al niño la oportunidad de «descansar y reflexionar» sobre lo que debe hacer. «Parece que necesitas decirme algo, pero creo que necesitas un momento para recuperarte antes de decírmelo. Cuando estés listo para usar buenas palabras para contármelo ya sabes dónde estoy».

- Responder de una manera similar elimina el desencadenante. Si un niño te escupe las fresas, devuélvele el escupitajo. Mantened una guerra de fresas.

- Dale una respuesta incongruente para poder involucrar al cerebro pensante del niño. Por ejemplo, «¡Dame mi almuerzo ahora mismo!». Respuesta: «No puedo, es que se acaba de ir con el coche».

- Mira lo que está haciendo: si la grosería va acompañada del niño haciendo lo que se le pide (por ejemplo, guardar la ropa mientras murmura o culpa a un poder superior), simplemente agradécele que haya hecho lo que le has pedido.

- Cuando tu hijo te diga que te calles, intenta ponerte a cantar una canción relacionada (como *Shut up and Dance*).[3] Como alternativa, puedes encontrarte repentinamente incapaz de hablar. Cuando el niño te pregunta algo o necesita una respuesta, puedes responderle con mímica: «Lo siento, no puedo hablarte porque tengo que callarme».

- Demuestra que las palabras groseras no tienen poder para sorprenderte. Di algo como: «Debe de ser realmente molesto tener dentro de ti todas esas palabras groseras. Vamos a sacarlas todas». Este ejercicio se realiza mejor en la cima de una colina en voz alta. ¡Tal vez mejor en una colina aislada!

Estrategias posteriores

- Si tu hijo te ha llamado «cerda gorda», «vaca estúpida» o algo similar, es una buena idea agregar algunas consecuencias naturales a las palabras groseras específicas. Puede que estés «demasiado gorda» para levantarte y hacer la cena, o posiblemente seas «demasiado estúpida» para recordar cómo conducir. Puedes decirle (con empatía), «Como soy estúpida, ¡he olvidado cómo conducir! No quiero que te sientas inseguro en el coche conmi-

---

3. «Calla y baila», canción del grupo estadounidense Walk the Moon. *(N. del T.)*

go». Debes tener perspectiva y no debes ceder inmediatamente después de una falsa disculpa.

- Puedes expresar tristeza por las palabras hirientes una vez que tu hijo esté regulado. Es importante no exagerar. Esto también le da al niño la oportunidad de reparar. Di algo como: «No veo que quieras que me sienta mejor al respecto; intenta demostrarlo con…».
- Examina con el niño los insultos y las groserías que te ha dicho. Acepta cualquiera que tenga una base de verdad, y luego declara tus sentimientos positivos hacia el niño a pesar de que te haya insultado.
- «Nombra la necesidad» de ver de dónde vienen estas palabras. Por ejemplo, «A veces, cuando los niños se sienten muy asustados, usan palabras desagradables para tratar de mantener a las personas alejadas de ellos». *Rosie Rudey and the Very Annoying Parent* (Naish y Jefferies, 2016) puede resultar de gran ayuda para esto.

Nota: Cuando estaba de vacaciones en Florida, desafortunadamente tuve que hacer un gran esfuerzo para ayudar a mis hijos a superar sus reacciones ante las personas con sobrepeso. Les decía: «No te los quedes mirando fijamente, no los señales». Los niños los miraban fijamente y los señalaban. Miraban con la boca abierta, horrorizados, a personas muy obesas que se desplazaban en sillas de ruedas. Rosie Rudey exclamaba en voz alta: «¡Dios, deberían hacer que las personas gordas caminasen, de esa manera perderían algo de peso!». A mi pesar me di cuenta de que, inadvertidamente, les serví en bandeja mi «desencadenante de grosería».

HABITACIÓN DESCUIDADA (véase *Habitación sucia*)

HABITACIÓN SUCIA (véanse también *Ropa sucia, Dañar, Problemas de memoria y desorganización, Sabotear, Orinar*)

Qué puedes esperar
- La habitación del niño está extremadamente desordenada, descuidada o sucia.
- El niño puede ser muy desorganizado con la ropa y tener sus posesiones frecuentemente ocultas y en lugares equivocados.
- El nivel y la escala del problema van mucho más allá del rango de desorden aceptable e incluso pueden llegar a ser peligroso, en la habitación puede haber incluso artículos tales como compresas usadas.
- Puede haber orina y excrementos en la habitación (*véanse* Problemas para defecar adecuadamente y Orinar).
- El niño puede acumular alimentos que están podridos (*véase* Problemas alimentarios).
- El niño puede mojar la cama y dejarla húmeda (*véase* Enuresis).

Por qué puede suceder esto
- La habitación es a menudo un reflejo de cómo se siente el niño con respecto a sí mismo y, a veces, una visión directa de su modelo de trabajo interno.
- Edad emocional/retraso en el desarrollo: El niño puede estar funcionando a una edad mucho más temprana que su edad cronológica. Puedes estar esperando demasiado de él.

- Controla los comportamientos/miedo al cambio: El niño puede tener muy poco control sobre su vida y controlar su espacio personal puede ser muy importante para él.
- Recrea un ambiente familiar: El niño está familiarizado con los olores de la negligencia y la suciedad. No es ofensivo para él. Es posible que haya presenciado un desprecio por la propiedad y la higiene.
- Falta de razonamiento de causa y efecto: El niño no es capaz de pensar con anticipación sobre el hecho de que dejar los alimentos para que se pudran puede generar mal olor.
- Recompensa por un desencadenante del padre: El niño puede saber que ensuciar su habitación le garantiza una interacción prolongada con el padre. No importa si esto es principalmente negativo.
- Problemas sensoriales: El niño puede ser torpe, por lo que rompe las cosas con facilidad.
- Desregulación: Actúa al calor del momento, especialmente cuando hay una pérdida de control que lo lleva a «destrozar» la habitación.
- Vergüenza, relacionada con sentimientos de no merecimiento o con funciones corporales. Esto es especialmente notable cuando las niñas comienzan sus períodos y esconden compresas usadas en la habitación.
- Disociación: El niño puede desconocer el verdadero estado de la habitación.
- Lealtad a los padres biológicos/excuidadores: Se resiste al apego hacia los nuevos cuidadores/padres saboteando deliberadamente la habitación y no aceptando elementos nuevos y desconocidos.

Verificación de la realidad

Una habitación desordenada o sucia es a menudo un reflejo de cómo el niño se siente acerca de sí mismo. Éste es uno de los problemas que los padres encuentran más difíciles, especialmente si han dedicado mucho tiempo y esfuerzo a hacer la habitación más agradable. Puede romperte el alma encontrar el dormitorio, una vez más, apestando a pis o a caca, con comida podrida escondida por los rincones, con cajones volcados y ropa por todo el suelo. Es difícil pensar que el niño no lo está haciendo a propósito y puede ser realmente difícil recordar que ése es a menudo un patrón de comportamiento instintivo y arraigado que ninguna discusión lógica alterará. Para el padre o el cuidador es un desencadenante cuando siente que el niño está recreando un entorno del que desea desconectarse.

Para ser claros, no estamos hablando de habitaciones desordenadas a niveles normales. Es completamente normal que la mayoría de los niños tengan habitaciones desordenadas en un momento u otro, especialmente durante la adolescencia. Las habitaciones de los niños traumatizados están a un nivel diferente. Esto puede ser difícil de entender para los profesionales de apoyo, ya que, obviamente, trabajamos arduamente para mantener las salas respetables. La implacabilidad y la profundidad de la suciedad, el desorden, los olores y los problemas de higiene están realmente en una escala diferente y eso es lo que afecta a los padres, lo que dificulta la respuesta terapéutica. Después de todo, la habitación está en nuestra casa.

Estrategias preventivas

- La planificación de la habitación es esencial. Debes trabajar duro para limitar los posibles espacios de ocultación. Utiliza estanterías abiertas con etiquetas, fijadas a las paredes y al suelo. Evita los cajones por completo. Muchos de nuestros niños no pueden recordar o visualizar lo que hay en un cajón, y por eso a menudo los sacan. Consigue una cama cuya estructura se apoye directamente en el suelo, sin patas, para que no se pueda meter nada debajo. Ikea era mi segundo hogar cuando los niños eran pequeños, ya que los muebles me parecían excepcionalmente resistentes. Sé que puede parecer una tarea hercúlea planificar una habitación de esta manera, pero te ahorrarás literalmente horas de tormento.

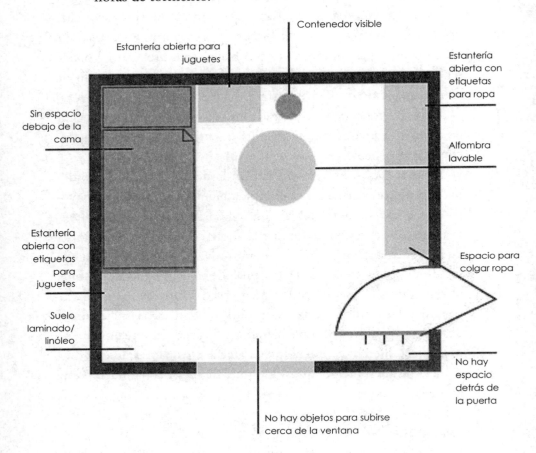

Contenedor visible

Estantería abierta para juguetes

Estantería abierta con etiquetas para ropa

Sin espacio debajo de la cama

Alfombra lavable

Estantería abierta con etiquetas para juguetes

Espacio para colgar ropa

Suelo laminado/ linóleo

No hay espacio detrás de la puerta

No hay objetos para subirse cerca de la ventana

- Piensa mucho en la etapa de desarrollo emocional de tu hijo. ¿Está haciendo cosas que podría hacer un niño pequeño? En este caso, planifica la habitación en consecuencia.
- Si tu hijo tiene tendencias dispiróticas, problemas de memoria y está desorganizado, debes organizar la habitación para él y estar al tanto de ello. Es aburrido, lo sé, pero es esencial para la salud mental de todos.
- Incorpora la tarea de ordenar la habitación en una rutina semanal. Asegúrate de que haya un «horario de limpieza» regular.

Nosotros lo planificamos justo antes de darles a los niños la paga semanal, ya que eso era lo que más les importaba.

- Si el niño tiene un «horario de limpieza» regular, puede significar que tú puedes vivir en el ínterin con el desorden, sabiendo que todo estará bien en unos pocos días. Una estrategia efectiva es simplemente cerrar la puerta del dormitorio.
- Limita la cantidad de artículos que el niño tiene en su habitación. Si el niño claramente debe esforzarse para lidiar con la cantidad de juguetes que tiene, retira dos tercios y luego haz que roten. Esto también reduce las roturas. Puedes hacer lo mismo con la ropa.
- Asegúrate de que la habitación refleja al niño. Es más probable que se sienta cómodo y contribuya a mantenerlo a un nivel aceptable de limpieza si siente que es realmente su propio espacio.
- Si tu hijo se orina en su habitación, proporciónale un orinal (*véase* Orinar).
- Cuando creas que la habitación está completamente inaceptable, pídele a un amigo que también tenga hijos que le eche un vistazo y pregúntale si también cree que el nivel de desorden es inaceptable. Necesitas tu energía para las batallas importantes y puedes darte cuenta de que ésta no es una de ellas, aunque en ese momento te lo parezca.

Estrategias útiles

- Recuerda, sin ti no puede hacerlo.
- Evita quejarte y culparlo. Es posible que sientas catarsis, pero también es probable que termines sintiendo frustración.
- Para una clasificación completa, haz un plan de cinco puntos:
  1. Primero, no lo quites todo de manera punitiva, ya que puede estar replicando el maltrato temprano y también reforzando los sentimientos de no merecimiento. En su lugar, ordenad las cosas juntos. Ten cuidado, debes sentirte lo suficientemente fuerte para hacerlo, así que planifícalo con anticipa-

ción. Primero piénsalo bien por tu cuenta para tener una idea aproximada de lo que tenéis que hacer.

2. Cuando vayáis a hacerlo, dile cosas como: «Puedo ver que te esfuerzas en hacerlo bien»; y también «nombra la necesidad»: «Cuando eras pequeño quizás hayas estado rodeado de una gran cantidad de caos y desorden. A veces los niños copian eso más tarde, pero no pueden evitarlo». Haced cuatro montones:

   I. Guardar para más tarde (en el altillo/almacenamiento).

   II. Regalar (tienda de caridad, no amigos de los que puedan recuperar cosas).

   III. Desechar (directamente al contenedor de las basuras, no en el cubo de casa de donde se puedan rescatar).

   IV. Mantener: En este punto, puedes descubrir cosas en la habitación que le causan ansiedad al niño. En uno de los casos de mis hijos, fue una foto en su libro de historias de vida lo que lo traumatizó.

3. Vuelve a colocar las cosas del montón «Mantener» en la habitación, después de redecorarla poniendo papel en todas las paredes para que el niño pueda dibujar si lo desea. Eso también te ahorra estrés.

4. Retrocede y mira.

5. Cuando la habitación esté desordenada de nuevo, decide qué puedes tolerar y qué no. Es necesario mantener niveles básicos de higiene. A veces, yo hacía una gran pila de objetos que necesitaban ser clasificados nuevamente y asignaba un tiempo para que el niño lo hiciera. Puede ser una buena idea hacer esto desde el principio, tan pronto como notes que se están desarrollando problemas más serios.

HABLAR SIN SENTIDO *(Preguntas sin sentido) (véanse también Ansiedad, Ansiedad por separación)*

Qué puedes esperar

- El niño hace constantes preguntas sin sentido, pero no parece escuchar la respuesta.
- El niño hace continuos comentarios acerca de todo.
- El niño hace afirmaciones repetidas veces.
- El niño dice «te amo» o similar repetidamente.

Por qué puede suceder esto

- Ansiedad por separación.
- Ansiedad.
- Necesidad de intentar predecir el entorno, especialmente cuando las preguntas y las conversaciones se centran en los eventos inmediatos.
- Miedo a la invisibilidad/a ser olvidado: Busca una reacción.
- Disociación: El niño a menudo no es consciente de lo que está diciendo.
- Necesidad abrumadora de mantener a los padres cerca y comprometidos.
- Necesidad de sentir que tiene el control.
- Falta de razonamiento de causa y efecto, especialmente en relación con desconocer lo que realmente está diciendo y el impacto que tiene.
- Edad emocional: El contenido de las preguntas y las conversaciones pueden estar más relacionadas con un niño de dos o tres años.
- Evitar la vergüenza.
- Miedo a los cambios/transiciones: La conversación sin sentido puede acentuarse más en estos momentos.
- Problemas sensoriales: Falta de conciencia.

Verificación de la realidad

¡La charla sin sentido puede ser agotadora! No hay muchas estrategias que puedas usar que sean preventivas, ya que el objetivo principal es lograr que el niño sea consciente de lo que está diciendo, disminuyendo así la frecuencia y la intensidad al cambiar la conciencia y las vías en el cerebro. Es útil recordar que la charla y las preguntas sin sentido suelen estar relacionadas con una edad emocional más joven y que a menudo se ve más tarde, y durante mucho más tiempo, en niños que han sufrido un trauma. Mi hija menor, Charley Chatty, definitivamente tuvo «charlas sin sentido» desde los cuatro a los diez años de edad. Incluso ahora, como adulta joven, es muy habladora, ¡aunque el elemento «sin sentido» ya no es evidente.

Estrategias útiles

- Si el niño dice «Te quiero» todo el tiempo o una frase similar, simplemente adelántate y dilo con más frecuencia y en momentos aleatorios.
- Trata de decir: «Ahora mismo mis oídos están llenos de todas esas palabras sin sentido. Necesitan un poco de descanso. Sin embargo, aún pueden oír palabras sensatas».
- Pídele al niño que escriba lo que está diciendo. Explícale que no quieres perderte nada para poder leerlo más tarde. Esto es muy efectivo ya que compromete al cerebro superior. Los niños (por lo general) no pueden acceder o recordar las palabras «sin sentido» para completar esta tarea.
- Utiliza una respuesta empática como: «Puedo ver que tienes muchas palabras para expresar hoy. Mis oídos están un poco llenos en este momento, pero a las 16:00 en punto me sentaré contigo y te ayudaré a expresar todas esas palabras». Asegúrate de seguir con esto a la hora establecida. Nuevamente, como el niño ahora tiene que involucrar a su cerebro superior para tener una conversación directa, normalmente desarrolla una conversación significativa o se pone a mirar al techo «tratando de recordar».
- Si tienes medios electrónicos que responden preguntas, como Alexa (Amazon) o Siri (Apple), dirige las preguntas del niño a esos dispositivos.
- Juguetea con las «palabras tontas». Por ejemplo, si el niño repite y repite, pero no hace una pregunta, también podrías señalarle

lo que está haciendo a través de una palabra desencadenante (como «elefante»). Eso sorprende al niño y lo saca del bucle de reproducción, y con el tiempo puede ayudarlo a regularse. Así, por ejemplo, en un momento de calma yo le explicaba a mi hija que a veces pienso que su cerebro no está a cargo de su lengua, así que para ayudarla voy a decir «elefante» cada vez que me dé cuenta de esto. La siguiente vez que mi hija comenzaba a comentar el hecho de que estábamos cruzando la calle, «Estamos cruzando la calle, ¿verdad, mamá? ¿No es así? (48.000 veces), respondía: «No, el elefante está cruzando la calle». La niña era extraída del ciclo de preguntas por la respuesta inesperada. Una vez más, esto comprometía a su cerebro de pensamiento superior. Normalmente decía, «¿Qué elefante?» o, «¡No, no es así! ¡Nosotros estamos cruzando la calle!» Y yo simplemente respondía: «Sabía que eres demasiado lista para eso».

- Si realmente estás en apuros y el problema está muy arraigado y te empuja a sentirte compasivo, di: «¡Estoy muy contento de que me hagas preguntas sin sentido hoy! Pero voy a escuchar mi canción favorita. Entonces te pones los auriculares, permaneces físicamente con el niño, pero te lo pasas bien cantando la melodía. La mayoría de los padres informan que incluso el uso de los audífonos permite a sus hijos cambiar de una «conversación sin sentido» a una conversación significativa.

- Tocar al niño, sin involucrarte en las preguntas sin sentido, puede ayudar bastante al niño a regularse y sentirse más enraizado.

- Es el miedo a la invisibilidad lo que impulsa ese comportamiento, por lo que también puede ayudar «nombrar la necesidad» con ellos y explicarles por qué lo hacen: «A veces creo que te preocupa que me haya olvidado de ti. Cuando eso sucede, tu boca dice muchas palabras con urgencia, pero tu cerebro no las piensa. Te haré saber que no te he olvidado con esta señal secreta». Entonces hazle al niño una señal como un pulgar hacia arriba o un toque en el brazo.

- *Katie Careful and the Very Sad Smile* (Naish y Jefferies, 2017) y *Charley Chatty and the Wiggly Worry Worm* (Naish y Jefferies, 2016) pueden ayudar a «nombrar la necesidad» detrás de estos comportamientos.
- Trata de darle al niño un dictáfono para hablar. Esto es muy útil si tienes un hijo que no puede escribir cosas. Luego haz que escuche la conversación e intentad hacer un resumen. ¡Esto puede ser muy divertido y a veces hasta interesante!
- Estate alerta al «núcleo de la verdad». A veces, dentro de la charla sin sentido hay un detalle de una verdadera preocupación o miedo. Nuestros niños son muy hábiles para esconderlos entre la charla sin sentido.

HAMBRE (véanse *Problemas alimentarios, Problemas con la comida*, parte 1, capítulo 1)

HIPERSENSIBILIDAD (véanse *Ansiedad, Reacción exagerada*, parte 1, capítulo 1)

HIGIENE (véanse *Problemas a la hora del baño, Cepillarse los dientes, Ropa sucia, Habitación sucia, Sabotear*)

HIPERVIGILANCIA (véanse *Problemas de memoria y desorganización*, parte 1, capítulo 1)

HIPOCONDRÍA (véanse también *Autolesionarse, Reacción exagerada*, parte 1, capítulo 1, *Interocepción*)

Qué puedes esperar
- El niño afirma sentirse o estar enfermo cuando no lo está.
- El niño se obsesiona con lesiones muy leves.
- El niño finge enfermedad o lesión.
- El niño parece creer que está herido o gravemente herido cuando sólo hay una lesión menor o no hay lesión en absoluto.

Por qué puede suceder esto

- Problemas sensoriales, interocepción: El cerebro del niño no recibe los mensajes correctos relacionados con las sensaciones de dolor.
- Respuesta al miedo/niveles altos de cortisol: El niño puede creer genuinamente que está gravemente herido.
- Recrea un ambiente familiar: Anteriormente puede haber estado en un ambiente donde las reclamaciones de enfermedades o lesiones eran comunes.
- Miedo o anticipación temerosa de una respuesta negativa de los padres: Una enfermedad o lesión puede ser una distracción.
- Miedo a la invisibilidad/a ser olvidado: Busca una reacción.
- Miedo a los cambios/transiciones: Quejarse de una lesión puede disminuir la velocidad o incluso detener una transición.
- Ansiedad por separación, especialmente cuando una enfermedad o lesión está destinada a cambiar el entorno; por ejemplo, el niño puede ser enviado a casa desde la escuela.
- Disociación: El niño no está seguro de si está herido grave o no.
- Necesidad abrumadora de mantener a los padres cerca y también de fomentar la crianza.
- Necesidad abrumadora de sentirse amado/importante, especialmente si se da un alto nivel de intervención médica.
- Miedo a ver sangre. Esto puede ser muy desencadenante y es posible que no siempre sepamos la razón que hay detrás de ello.
- Edad emocional: Por ejemplo, el niño puede responder a un rasguño menor como un niño mucho más pequeño.

Verificación de la realidad

Reconocer la causa de la hipocondría puede ayudarnos a moderar la exasperación que sentimos, pero es muy difícil cuidar y educar cuando sabemos que nuestro hijo está bien y simplemente está «fingiendo». Ésta es una de esas ocasiones en las que los padres terapéuticos deben ser bastante directos sobre lo que creen que está sucediendo. Nuestros niños comienzan a confiar en nuestra interpretación de los eventos para comenzar a internalizar su propia respuesta, tal como lo hacen los bebés y los niños pequeños. El problema es que puedes parecer duro o indiferente. Lo importante a recordar aquí, sin embargo, es la coherencia del mensaje para el niño. Hazle saber cuándo sabes que están fingiendo o malinterpretando las señales de su cuerpo, pero también bríndale un poco de ayuda para que pueda satisfacer esa posible necesidad no satisfecha desde el principio.

Recuerda, es muy común que los niños traumatizados se quejen de enfermedades imaginarias. Sin embargo, cuando realmente se han lesionado, pueden no decir o no mostrar nada.

Estrategias preventivas

- La buena comunicación con la escuela es esencial. Si tienes un hijo que regularmente va a la enfermería o que incluso lo envían a casa, entonces haz saber a la escuela qué es y qué no es real. Aunque la escuela tiene el deber de cuidar a los niños, los visitantes frecuentes a la enfermería por lo general son rápidamente detectados por la escuela.
- No estés siempre inmediatamente disponible para tratar los problemas que surjan si sabes que tu hijo está seguro y tú sabes fehacientemente que la «enfermedad» no es genuina. De manera discreta, responde, por ejemplo, que es posible que no puedas ir directamente a la escuela para recoger al niño. (El personal siempre se sorprendía de lo milagrosamente que mejoraban mis hijos a medida que se acercaba la hora del almuerzo).
- Pon a disposición algunas «cremas mágicas» o «pastillas mágicas» a las que los niños puedan acceder. Naturalmente, estas pueden ser simples vitaminas y crema hidratante. Si las usan para «automedicarse», se puede evitar un incidente a gran escala. Existe la ventaja adicional de que pueden llevárselas a la escuela y usarlas allí también.
- Alerta a otros para que proporcionen una respuesta apropiada. A veces, una pequeña queja puede aumentar aún más si se encuentra con un enfoque brusco y sin sentido, completamente

carente de crianza. En otras ocasiones, ese enfoque puede ser eficaz. ¡Se trata de conocer a tu hijo y de que tu hijo entienda que tú lo conoces!

Estrategias durante el problema

- Un poco de crianza puede recorrer un largo camino. Si un niño está gimiendo y quejándose, es útil preguntarle: «¿Qué necesitas que haga?». Uno de mis hijos siempre decía: «Dame un besito para que me cure».
- Intenta «darle un besito para que se cure». Es sorprendente la frecuencia con la que esto es lo que realmente necesitan todos nuestros hijos.
- Trata de identificar si esto es lo que busca el niño y entiéndelo como una oportunidad para la crianza. También puede tratar de mantenerte cerca. Ésta no es una necesidad inadmisible, así que simplemente dile al niño: «Me pregunto si te dolía la barriga porque necesitabas que me quedara contigo».
- La alegría puede ser muy útil. Cuando tu hijo se queja, verifica rápidamente si finge o no, y luego di algo como: «Apuesto a que mejorarás antes de que te crezca otra pierna» o «¡Creo que tenemos que ir a la tienda y comprar más orejas!».
- Utiliza la «crema mágica» para promover una cierta crianza. Esto puede ser una verdadera experiencia de unión. Sin embargo, es importante conseguir el equilibrio correcto. Queremos que nuestros hijos crezcan con capacidad de recuperación, así que mientras le extiendes la crema podrías decirle algo así como: «No creo que esto sea muy serio, pero creo que necesitabas un poco de amor».

Estrategias posteriores

- Menciona la necesidad: A veces, los niños que han tenido un inicio traumático encuentran realmente difícil saber cuándo están realmente heridos, o cuándo es «sólo algo pequeño». Si un niño ha afirmado que está enfermo o lo ha fingido y tú crees que es un engaño y te enfadas, simplemente apúntalo para experimentarlo. Es poco probable que te engañe de nuevo. Hazle saber al niño que sabes que no era real, pero que puede que él lo haya sentido como real.

- Si el fingimiento ha sido muy bien pensado y ha implicado una gran cantidad de inconvenientes, puedes usar las consecuencias naturales para «pagar el tiempo adeudado». Es probable que esto sólo tenga algún efecto si la consecuencia es significativa para el niño, no para ti. Sin embargo, antes de embarcarte en este curso de acción, pregúntate si realmente crees que el niño ha tenido necesidad de crianza.

- Alerta a otras personas que haya involucradas sobre el alcance real de la lesión o de la enfermedad. No pueden aprender si desconocen la situación.

Nota: Cuando mi hija Rosie Rudey salió (orgullosamente) de la escuela en una silla de ruedas después de «tropezar en el pasillo», simplemente le dije «levántate», cosa que hizo. Y ya en casa, la invité a jugar a rayuela conmigo, y demostró gran entusiasmo en el juego. La escuela se sorprendió de su milagrosa recuperación.

HISTORIA DE VIDA (véase *parte 1, capítulo 3, ¡Sé sincero!*)

HOSTILIDAD *(sentimiento de los padres hacia el niño)* (véase *parte 1, capítulo 7*)

HOSTILIDAD *(del niño)* (véanse *Desafiar, Rechazo, Groserías*)

HUIR (véase también *Desafiar*)

Qué puedes esperar
- El niño puede escaparse, no regresar a casa a la hora esperada o marcharse abiertamente. Los padres pueden ser capaces de adivinar dónde está el niño o pueden estar completamente perdi-

dos respecto al paradero del niño. El niño puede faltar unos minutos, horas o días.

Por qué puede suceder esto

- Necesidad de sentir que tienen el control: Ausentarse puede ser la mejor manera de obtener un control temporal sobre una situación o sobre sus propios sentimientos.
- Falta de razonamiento de causa y efecto.
- Desregulación/impulsividad: Actuación al calor del momento.
- Vergüenza: Evitación.
- Sentimientos de hostilidad hacia los padres.
- Deseo de romper un apego de formación (con los padres).
- Miedo o anticipación temerosa de una respuesta negativa de los padres.
- Atracción por actividades en grupo con compañeros.
- Confianza bloqueada: No pueden confiar en que los cuidadores satisfagan sus necesidades.
- Lealtad a los padres biológicos/excuidadores (regresando allí).

Estrategias preventivas

- Piensa en la colocación de la habitación del niño. ¿Es fácil para el niño pasar desapercibido?
- Revisa tus límites y reglas. ¿Han cambiado a medida que el niño ha crecido? ¿Son apropiadas para su edad? Piensa en la edad emocional del niño en particular. ¿Es la reminiscencia de la fuga de un niño pequeño que se evade?
- Aumenta la visibilidad y la supervisión minimizando las salidas de casa y las entradas (para que puedas controlar las idas y venidas). Haz que la entrada/salida principal emita un ruido cuando alguien pase mediante el uso de alfombrillas con timbre o alarmas de algún tipo.
- ¡Asegúrate de tener siempre el último número de móvil del niño!
- Identifica a un amigo u otro padre terapéutico que pueda ejercer de «buscador».

Estrategias durante el problema

- Pregúntate: ¿cuál era el estado mental del niño antes de que se fuera? ¿Está en peligro? ¿Es propenso a autolesionarse o a dañar a otros? Si es así, ponte en contacto con los servicios de emergencia.
- A menudo no es útil salir de la casa inmediatamente e ir a buscar al niño. Mis hijos acechaban con frecuencia en los arbustos cercanos y enseguida aprendí que cuanto más me veían, mejor se escondían. En su lugar, me aseguré de que pudieran verme ocuparme de mis asuntos y de que pareciera tranquila y relajada.
- Asegúrate de tener una buena visibilidad del área circundante inmediata. Cuanta más acción y drama vean, más probable es que se alejen aún más.
- Usa aplicaciones y *software* telefónico que rastreen el teléfono del niño, como Find My Friends. Esto puede ayudarte a saber dónde está el niño.
- A veces no hay mucho que puedas hacer una vez que ya has informado a quienes necesitan ser alertados. Tómate un tiempo para tomarte una taza de té o dedícate un momento de tranquilidad para respirar profundamente y aclarar los pensamientos, de manera que puedas pensar racionalmente en el incidente y planificar el regreso del niño.
- Reflexiona sobre los desencadenantes inmediatos que causaron que el niño se fuera si puedes identificarlos. Así tendrás algunas frases y acciones para usar más tarde o para poner en un mensaje para el niño; por ejemplo, «Creo que te enfadaste mucho cuando te dije que no podías salir más tarde».
- Mantén un diálogo abierto a través de mensajes de texto si el niño tiene un teléfono. No un flujo constante de mensajes, sino simples recordatorios acerca de lo que estás haciendo y de que estás pensando en él. Adopta un tono cálido y empático, ¡aunque esto puede resultar algo difícil de hacer! Es útil usar palabras empáticas en textos o en mensajes a través de otras personas que puedan estar en contacto con el niño. («Sé que estás muy enfa-

dado. Espero que pronto te sientas bien»). Evita frases como «Estoy muy preocupado por ti» y afirmaciones similares, ya que esto puede dificultar el regreso del niño debido a los sentimientos de vergüenza. Estas frases también pueden intensificar los sentimientos de poder y, por lo tanto, aumentar el tiempo de ausencia.

Estrategias posteriores

- No sucumbas a la tentación de entablar una larga conversación cuando el niño regrese sobre «por qué» ha hecho lo que ha hecho. Recíbelo con empatía y franqueza («Me alegro mucho de que hayas vuelto, parece que tienes un poco de frío», etc.). Sé que esto es muy difícil cuando estás preocupado y enfadado, pero usar este enfoque hace que sea menos probable que se fugue nuevamente. Más importante aún, si lo hacen, esta actitud les ayudará a regresar más fácilmente.

- Dile al «buscador» que puede buscar discretamente al niño en lugares conocidos sin alertar al niño sobre el hecho de que lo está buscando. Mi amigo a menudo tropezaba con mi hija «accidentalmente» y la ayudaba a regresar sin invocar la vergüenza: («¡Oh, qué bueno verte aquí! Acabo de llevarle a tu madre unos pasteles riquísimos. ¿Quieres que te acompañe?»).

- Cuando el niño regrese, ofrécele algo de comer o de beber. Esto tiene el efecto inmediato de ayudar a reducir sus niveles de estrés y elimina la barrera del miedo/vergüenza.

- Utiliza algunas estrategias de reflexión y «nombra la necesidad» para pensar por qué se ha escapado tu hijo. En particular, trata de relacionarlo con un momento de su vida en el que sufriera restricciones y no pudiera hacer nada al respecto. Esto puede llevar a una abrumadora obligación de abandonar el hogar, especialmente durante la adolescencia.

- Utiliza las consecuencias naturales cuando sea apropiado, por ejemplo, puedes retrasarte en hacer algo que le gustaría que hicieras, porque has estado ocupado buscándolo. Sin embargo, ten cuidado con eso, ya que puede desencadenar fácilmente un nuevo episodio de fuga.

- Al día siguiente, o durante el período de «reparación» de vuestra relación, descubre *casualmente* a dónde fue el niño, hablando con él sobre a dónde fue. Esto puede ayudar enormemente en futuros episodios de fuga, ya que nuestros hijos tienden a repetir patrones.
- Lee *Rosie Rudey and the Very Annoying Parent* (Naish y Jefferies, 2016) con tu hijo, ya que es un cuento sobre cómo huir para mantener el control.

I

IGNORAR (véanse *Control de comportamientos, Desafiar, Tardanza*)

INCAPACIDAD DE ESTAR SOLO (véanse *Ansiedad, Hablar sin sentido, Ansiedad por separación*)

INCAPACIDAD DE TOMAR DECISIONES/ELECCIONES (véanse *Dificultades para elegir*)

INGRATITUD (véanse también *Destruir, Rechazo, Maldad, Obsesiones, Sabotear, parte 1, capítulo 1*)

Qué puedes esperar
- El niño desprecia los regalos.
- El niño no aprecia el tiempo dedicado, el esfuerzo o los regalos.
- El niño no da las gracias.
- El niño no aprecia las mejoras en el estilo de vida, las vacaciones, etc.
- El niño estropea o rompe artículos, incluso cuando los ha pedido él mismo (*véase* Dañar).

Por qué puede suceder esto
- El niño no se siente agradecido y considera que no tiene nada por qué estar agradecido, o es incapaz de sentir gratitud.
- La gratitud no es apropiada.
- Compulsión inconsciente de romper una formación de vínculo (con los padres).
- Se siente cómodo estando equivocado/autosabotaje: El modelo de trabajo interno del niño entra en conflicto con sus sentimientos acerca de lo que «vale».

- Sentimiento de ser desleal a los padres biológicos/excuidadores.
- Necesidad de sentir que tiene el control y es poderoso.
- Falta de empatía: Incapacidad de pensar en el efecto que esto tiene en los demás.
- Desregulación: Actúa al calor del momento.
- Vergüenza: Siente que no se lo merece.
- Confianza bloqueada, especialmente si cree que el ítem/tiempo inclusivo se eliminará o es condicional.
- Sentimientos de hostilidad u odio momentáneo hacia los padres.
- Miedo a la invisibilidad/a ser olvidado: Busca una reacción.
- Recrea un ambiente familiar: La gratitud puede ser un concepto desconocido.
- Miedo a los cambios/transiciones, especialmente relacionado con viajes sorpresa y cambios en la rutina.
- Miedo a llamar la atención sobre sí mismo.
- Edad emocional: Puede no haber alcanzado la edad emocional para demostrar gratitud.

Verificación de la realidad

Imagina tu vida ahora. Todas las personas que están a tu alrededor, tus pequeñas rutinas, tus mascotas, tu trabajo y todo lo que hace que tú seas quien eres. De repente, alguien viene a tu casa para trasladarte, sin advertencia o preparación, a otra ciudad muy lejana. Te quitan el teléfono y el dinero. Tienes que vivir con alguien que no conoces y no puedes contactar con tus amigos. Además, tienes que cuidar a hijos de otros y no puedes ver a los tuyos. Suplicas y suplicas a cualquiera que te escuche que te permita volver a casa. Extrañas a tu pareja, a tus hijos, a tus mascotas, tu cama. Nadie puede ayudarte. Ni siquiera estás totalmente segura de dónde vives.

Dos días después, se espera que comiences un nuevo trabajo. Allí todos son extraños y las reglas han cambiado. Todo lo que creías saber acerca de tu trabajo te resulta inútil y ahora te das cuenta de que debes comenzar desde cero. Te da vueltas la cabeza.

No puedes concentrarte. Te sientes enferma y te preocupas por dónde está tu familia y cómo se pueden sentir por tu desaparición. Tu nuevo jefe está enfadado contigo porque no haces tu trabajo.

Regresas a la nueva casa, pensando y preocupándote por lo que puedes hacer. Cuando entras por la puerta, la persona que todos dicen que es tu «nueva pareja» está parada ahí. Ha hecho la cena. Te dice que es una cena encantadora y ha pasado mucho tiempo preparándola. Ni siquiera puedes mirarla. Huele asquerosa y te sientes enferma. No te gusta esa persona y no entiendes por qué no puedes volver a tu casa. Dices que no tienes hambre.

Él te dice: «¡Eres una ingrata!».

Estrategias preventivas

- Nuestros hijos a menudo no tienen nada por lo que estar agradecidos. Si crees que sí, necesitas verlo nuevamente desde su perspectiva y considerar su conocimiento, comprensión, historia de trauma y edad emocional. La primera etapa para sentirte mejor acerca de la falta de gratitud es entender si tus expectativas son realistas.
- Intenta modelar el agradecimiento, di: «Oh, estoy muy agradecida de que alguien haya inventado la lavadora. De lo contrario, aún estaría lavando la ropa a mano, y no tendría tiempo para sentarme y jugar contigo». O: «Estoy muy agradecida de tener este abrigo en un día tan frío como hoy. Apuesto a que sería difícil estar afuera si no tuviera el abrigo».
- Da las «gracias» como parte natural de la conversación, pero no insistas en que el niño las dé. Los niños suelen repetir, habitualmente, lo que oyen. Recuerda darle las gracias al niño por las cosas pequeñas y las tareas completadas.
- No predispongas al niño para que falle. Si has planeado una sorpresa o un evento que sabes que le va a gustar al niño, siéntete satisfecha de saberlo y piensa en maneras en que te sentirás recompensada si al niño le gusta la sorpresa.

Estrategias durante el problema

- Si un niño no da las gracias, es útil que otra persona modele las gracias. Por ejemplo, le das un regalo al niño, el niño acepta el regalo y no dice nada. La otra persona dice: «Si X pudiera, probablemente diría: "Gracias por este regalo. Me encantará jugar con él"». A veces, nuestros hijos no saben qué decir.
- Cuando un niño recibe algo de un amigo o pariente, o tal vez ha estado en una fiesta, no les des mucha importancia al decirle al niño que dé las gracias a la persona. En su lugar, simplemente di al alcance del oído del niño: «X ha tenido un momento realmente encantador, muchas gracias». Esto suele ser suficiente.
- ¡Sé consciente de tus desencadenantes! Si el niño sabe que decir gracias es «importante» para ti, tienes garantizada una larga espera. Es mejor desconectarse y seguir adelante, haciéndole saber al niño que sabes que está satisfecho con X y que está seguro de que encontrará una manera de demostrarlo en algún momento.
- Inventar una pequeña canción feliz con las palabras «de nada» puede ayudar a difundir la tensión. ¡Algunos padres terapéuticos usan la canción de la película de Disney *Varana* con gran efecto!

Estrategias posteriores

- No sucumbas a la tentación de retirarle un regalo o un artículo debido a la falta de agradecimiento, ya que cuando nuestros hijos se sienten indignos de las cosas bonitas, sabotearán para que su sentimiento de indignidad se refuerce. Di algo así como: «Me pregunto si sientes que no te merecías X. Es difícil sentirte agradecido por algo que crees que no mereces. Sé que te mereces X porque... (pon ejemplos concretos de aspectos positivos)».

INMADUREZ (véase también *parte 1, capítulo 1*)

Qué puedes esperar

- El niño funciona a una edad más temprana que su edad cronológica parte del tiempo o todo el tiempo.

- Las necesidades y demandas emocionales del niño no son coherentes con su edad y supuesta comprensión. Por ejemplo, el niño puede:
  - Ser incapaz de alimentarse.
  - Estar demasiado unido a chupetes y biberones.
  - Aprender mucho más tarde a ir solo al lavabo *(véanse* Problemas para defecar adecuadamente, Orinar).
  - Tiene un patrón de sueño similar al de un bebé o de un niño pequeño.
  - Ha retrasado el habla o utiliza una «voz de bebé».
  - Elige amigos que son más pequeños que él *(véase* Amistades).

Por qué puede suceder esto

- El desarrollo cerebral se ve afectado por traumas, abusos o similares en la vida temprana.
- Retraso en el desarrollo.
- Trastorno del espectro alcohólico fetal *(véase* parte 1, capítulo 2).
- Duelo y pérdida: El niño está afligido y es incapaz de avanzar hacia un nivel emocional más alto.
- Miedo al abandono o al hambre.
- La edad emocional es significativamente menor que la edad cronológica.
- Necesidad abrumadora de crianza/necesidades tempranas insatisfechas.
- Salud mental y problemas físicos subyacentes.
- Problemas sensoriales.
- Respuesta al miedo: El niño está en lucha/huida durante mucho tiempo, dejando menos espacio para el crecimiento.
- Miedo a la invisibilidad/a ser olvidado: Busca una reacción.
- Miedo a los padres/cuidadores y a otros adultos.
- Necesidad de tratar de predecir el entorno, especialmente cuando la rutina y los límites no han sido claros.
- Ansiedad por separación.

Verificación de la realidad

Si estás criando a un niño que tiene un trauma del desarrollo, es casi seguro que el niño esté funcionando en una etapa más temprana, al menos a nivel emocional. A menudo, nuestros hijos también presentan retrasos en el desarrollo, pero a medida que aumenta su resistencia y forman vínculos de apego seguros, generalmente se recuperan, aunque pueden permanecer físicamente pequeños si hay problemas médicos subyacentes. Respecto a mis propios hijos, con todos sus diferentes niveles de trauma, resiliencia y diferentes estilos de apego, observamos los cambios registrados en la tabla a continuación. Puedes ver que la edad emocional, aunque a menudo es una edad menor que la cronológica, sigue una tendencia ascendente general.

	En la ubicación		Año 8		Año 15		Año 18	
Rosie	EC 8	EE 5	EC 16 \	EE 13	EC 23	EE 23	EC 26	EE 26
Katie	EC 6	EE 2	EC 14	EE 10	EC 21	EE 16	EC 24	EE 20
William	EC 3,5	EE 6 meses	EC 11	EE 6*	EC 18	EE 13	EC 22	EE 17
Sophie	EC 2,5	EE 1	EC 10	EE 7	EC 17	EE 14	EC 21	EE 18
Charley	EC 7 meses	EE 3 meses	EC 8	EE 5	EC 15	EE 11	EC 19	EE 15

EC: Edad cronológica. EE: Edad emocional.
* William no creció en absoluto durante cuatro años y aún usaba ropa de 6 a 7 años cuando tenía 11. A menudo, he visto que los niños con una edad muy joven en el funcionamiento emocional son mucho más pequeños físicamente, crecen más lentamente y algunas veces parecen tener cronológicamente la misma edad emocional.

Estrategias útiles

- ¡La estrategia principal para usar con un niño traumatizado que muestra una necesidad emocional más joven es seguir adelante! Lo más probable es que tu hijo no haya podido superar la etapa de desarrollo que exhibe en sus comportamientos emocionales. Por ejemplo, si el niño quiere un biberón y está muy apegado a él durante mucho tiempo, eso es un indicador de falta de nutrición temprana. Es posible que el niño no haya tenido un uso suficiente del biberón o del pecho en su primera infancia.

- Considera la etapa emocional más joven como una oportunidad para interactuar con el niño a un nivel más joven. Theraplay® (un tipo de terapia) puede ser extremadamente útil para relacionarse con niños en su edad emocional (véase Rodwell y Norris, 2017).

- Pasa tiempo observando a tu hijo y luego observa los hitos del desarrollo. Mira dónde crees que encaja el niño. Es posible que en algunas áreas tu hijo esté funcionando en su edad de desarrollo, pero en otras esté funcionando a una edad mucho más temprana. Eso no significa que tu hijo sea capaz de hacerlo y simplemente esté fingiendo.

- Cuando el niño grita y hace ruido por la noche, piensa en un bebé que llora por las noches y cómo podrías responderle. Ésa es una manera realmente útil para romper los patrones negativos de comportamiento. Por ejemplo, no irías a la habitación de un bebé o de un niño pequeño llorando y tratarías de razonar con él que es tarde y que tiene que dormirse. En su lugar, puedes ofrecerle tranquilidad, un abrazo y un poco de leche tibia.

- Indica en voz alta qué necesidad emocional está satisfaciendo: «¡Oh, veo que hoy tengo a mi bebé Emma! Vamos a arropar al bebé». Luego utiliza la diversión para convertirlo en un juego.

- Si el niño a menudo habla como un bebé y le resulta difícil responder de manera empática debido a sentimientos de irritación, intenta explorarlo con el niño. Cuando Katie, de 11 años, todavía hablaba como un bebé, a veces me resultaba muy difícil no reprenderla, así que un día simplemente dije: «Ya sabes, cuando hablas como un bebé, me cuesta mucho entenderte. Creo que a veces hablas como un bebé porque ésa era la voz que usabas cuando eras una niña pequeña y necesitas conseguir que los adultos sean amables contigo. Podré responderte mejor y entenderte mejor si usas la voz de niña grande que eres. ¡La que usas cuando les hablas a los perros!». Después de esta conversación, pude usar palabras de activación cuando escuché que hablaba nuevamente como un bebé. Desapareció en dos semanas.

- Cuando un niño parece incapaz de jugar solo y de divertirse, es poco probable que haya desarrollado las habilidades para jugar con juguetes apropiados para su edad. Intenta introducir actividades para más jóvenes y reconsidera los juegos que podrías jugar con un niño pequeño, como soplar burbujas y cantar rimas infantiles.

- Cuando hay problemas alimentarios, es posible que debas volver a alimentar al niño como si fuera un bebé. Nuevamente, ésta es una oportunidad importante para invertir el tiempo perdido si el niño no vivió contigo durante los primeros meses o años.

- ¡Desarrolla un corazón fuerte! Es posible que descubras que a medida que disminuyen tus expectativas y aumentas el apoyo parental, puede formarse una cola de personas esperando para decirte cómo «necesita aprender» el niño. Ésa es una buena oportunidad para compartir recursos sobre la crianza terapéutica y los efectos del trauma. La Asociación Nacional de Padres Terapéuticos puede ayudarte con recursos al respecto.

IRA (véanse *Agredir*, *Discusión*, *Problemas de sueño*, parte 1, capítulo 1)

J

JACTARSE (véanse también *Mentir, Reacción exagerada*)

Qué puedes esperar
- Exagera los pequeños logros.
- Crea un escenario donde el niño es el «héroe».
- Se hace cumplidos a sí mismo.
- Se muestra excesivamente orgulloso.
- Finge que ha ganado un reconocimiento especial o un premio.

Por qué puede suceder esto
- Miedo a la invisibilidad: Jactarse aumenta la visibilidad y la estatura percibida.
- Necesidad de sentir y demostrar poder.
- Necesidad de controlar el entorno inmediato y las opiniones de los demás.
- Necesidad de influir en la visión principal del cuidador/padre del niño, especialmente cuando se siente vulnerable.
- Falta de razonamiento de causa y efecto: El niño generalmente no puede vincular el hecho de que lo que está diciendo se verificará.
- Edad emocional de «pensamiento mágico», muy similar a las fantasías de un niño más pequeño.
- Lealtad a los padres biológicos/cuidadores anteriores, especialmente en relación con las afirmaciones sobre sus vidas pasadas.

Estrategias preventivas
- Ten en cuenta que el frágil sentido del yo de nuestros hijos puede estar fragmentado, por lo que algunas de las afirmaciones que hacen pueden creérselas.

225

- Ten cuidado de no reaccionar de manera exagerada ante el reclamo y meterte en un escenario de «mentiras reveladas». Esto sólo aumentará los sentimientos de impotencia del niño y no disminuirá sus reclamos.
- Mantén muy buenos niveles de comunicación con la escuela y con las demás personas que cuidan de tu hijo. De esta manera siempre tendrás clara la veracidad de las reclamaciones.
- Hazle saber a tu hijo que verificas las cosas. Si tiene algún control de impulso sobre esto, con el tiempo reducirá la jactancia.
- Permítele actividades que aumenten el sentido de autoestima y de poder del niño. Esto puede ser algo tan simple como que elija la comida una vez a la semana.

Estrategias durante el problema

- Cuando el niño comienza a jactarse de algo que sabe que es muy exagerado, debes responder con una respuesta neutral como «Eso es interesante» o «Ése es un punto de vista interesante». Esto permite al niño saber que has escuchado lo que está diciendo, pero que no le estás dando ninguna credibilidad real a la historia. También puedes decir: «Cuéntame más».
- Para preservar la fragilidad del ego del niño, puedes hacer comentarios neutrales positivos si lo deseas, como: «Siempre supe que eras inteligente, debido a la forma en que… (pones el ejemplo)». Entonces zanja o cambia el tema. Ten en cuenta, sin embargo, que es importante que el niño no se quede con la impresión de que cree que se jacta.
- Como tú eres la «base segura inapelable», es muy importante que el niño sepa que lo «sabes todo». Entonces, si, por ejemplo, el niño afirma que ha sido «el primero en ortografía» y tú sabes que esto no puede ser así, dile: «Me alegra que hayas decidido que lo estás haciendo tan bien. Esperaré la confirmación del profesor porque aún no me ha informado de esto».
- La alegría puede funcionar muy bien para la jactancia. Por ejemplo, el niño dice: «¡Le he salvado la vida a Matthew!». El padre

dice: «¡Eso es increíble! ¡Muéstrame cómo lo has hecho!». Da pie a la interacción lúdica.

- Puedes crear una palabra de activación, como hacemos con las preguntas sin sentido, para alertar al niño sobre el hecho de que sabes que esa jactancia no se basa en la realidad. Esto ayuda a construir sinapsis donde la jactancia es «automática». Por ejemplo, «¡Mi maestra dice que me va a promocionar para los Juegos Olímpicos!». Padre: «Bueno, siempre supe que eras una patata inteligente». ¡Patata es la palabra clave que se usa en todos los episodios de jactancia!

Estrategias posteriores

- Puedes nombrar la necesidad detrás de la jactancia, especialmente cuando se trata de un comportamiento arraigado a largo plazo: «Me pregunto si decir estas cosas te hace sentir grande y fuerte».
- *Charley Chatty y el Wiggly Worry Worm* (Naish y Jefferies, 2016) ayuda a los padres a identificar los sentimientos de ansiedad asociados a los comportamientos de jactancia.
- Sé claro acerca de los niveles de comunicación y sobre que no crees sus alardes. Podrías decir: «Entiendo que creas que le has salvado la vida a Matthew, pero creo que no ha sido una historia tan grande como la que cuentas».
- Dale al niño logros alternativos para sentirse orgulloso; por ejemplo, «Sé que realmente no llegaste a ser el mejor en ortografía, pero creo que has hecho cosas mucho mejores... (pon un ejemplo de la bondad o la empatía mostrada y que ha ayudado a superar la adversidad)».
- Deja claro que tu admiración y aprecio por el niño no están relacionados con sus logros ni dependen de ellos.

L

LITERALIDAD (véanse *Bromas y burlas, parte 1, capítulo 1*)

MASTICAR (véanse también *Ausencias, Dañar*)

Qué puedes esperar
- El niño mastica la ropa (generalmente los puños y los escotes).
- El niño mastica juguetes u otros artículos.

Por qué puede suceder esto
- Problemas sensoriales: El niño necesita algo que masticar.
- Crianza temprana perdida: El niño puede necesitar algo en la boca.
- Disociación: El niño a menudo no es consciente de lo que está haciendo.
- Ansiedad, especialmente ansiedad por separación.

Estrategias preventivas
- Sé consciente de la edad de desarrollo (emocional) del niño. Piensa si este comportamiento se parece al de un niño más pequeño. Considera si necesitas reintroducir chupetes o biberones para satisfacer una necesidad de crianza o una necesidad sensorial insatisfecha anterior.
- Usa artículos masticables o productos similares, como protectores de puños que se extiendan sobre las mangas de las prendas. Los artículos masticables se pueden comprar en eBay o en sitios similares, buscando ayudas para el autismo y el procesamiento sensorial. Los artículos masticables vienen en forma de collares y muñequeras y proporcionan una sensación de masticación más gratificante para el niño.

- Proporciónale un pedazo de tela con tu aroma o perfume. Cuando está metido en la manga del niño, el olor puede reducir la masticación o hacer que el niño mastique la tela.
- Algunos padres han encontrado que el masaje alrededor de la cara, la boca y el cuello reduce la masticación cuando se debe a problemas sensoriales.

Estrategias durante el problema

- Puedes proporcionarle «juguetes sensoriales» si te das cuenta de que tu hijo está masticando. Una vez más, éstos se encuentran generalmente junto con los artículos de ayuda al autismo. Si le das uno de estos a tu hijo cuando lo ves masticar, éste puede interrumpir el comportamiento.
- Cámbiales el nombre a los agujeros hechos al masticar y llámalos «agujeros de preocupación» para nombrar correctamente la causa del comportamiento.
- Interrumpe la masticación proporcionando un refrigerio crujiente, como palitos de pan, ya que esto proporciona estimulación oral.
- Usa la distracción como una manera efectiva de interrumpir la masticación.
- Trata de que tu hijo sepa lo que está haciendo, especialmente si está viendo la televisión o parece estar «excluido». Di: «Puedo ver que estás masticando tu jersey. Me pregunto si estás preocupado por algo».

Estrategias posteriores

- Aunque es muy frustrante cuando nuestros hijos entran por la puerta con un jersey recién masticado, evita preguntarles por qué o expresar tu exasperación por el jersey roto. En su lugar, di algo como: «Vaya, veo que hoy has tenido muchas preocupaciones».
- Observad los agujeros juntos y especulad cuál puede ser la preocupación detrás de ellos.

- Utiliza «nombrar la necesidad» para ayudar al niño a desarrollar conciencia sobre cuándo mastica y cuál es la causa. Podrías especular sobre qué tenía el niño a su alrededor para jugar cuando era pequeño, especialmente si hubo negligencia temprana y el niño se quedaba solo durante largos períodos de tiempo.
- Asegúrate de que el niño esté al tanto de las oportunidades de masticación alternativas, pero ten en cuenta que «en el momento» puede ser que no pueda acceder a estas alternativas.
- A medida que el niño crezca, enséñale a coser. De esta manera, el niño aprende a reparar el daño y puede ayudar a crear conciencia. (¡No esperes que la costura sea muy buena!).

MENTIR (véanse también *Jactarse, Encanto, Falsas acusaciones, Reacción exagerada, Triangulación*)

Qué puedes esperar
- El niño dice una mentira descarada cuando la verdad es muy obvia.
- El niño miente habitualmente sobre asuntos sin importancia.
- El niño se niega a decir la verdad en cualquier circunstancia y se atiene rígidamente a una historia falsa, incluso cuando se presenta con hechos o pruebas contradictorias.

Por qué puede suceder esto
- Evitación de la vergüenza abrumadora y tóxica.
- Miedo abrumador o anticipación temerosa de una respuesta negativa de los padres.
- Falta de razonamiento de causa y efecto: El niño es incapaz de pensar en forma lógica el curso de los eventos o de ver la situación desde el punto de vista de los demás.
- Se siente cómodo estando equivocado; puede parecerle que no obtiene beneficios de «hacer lo correcto» o de «ser mejor persona».
- Edad emocional: El niño puede estar simplemente en una etapa de desarrollo emocional mucho más temprana.

- Confianza bloqueada: El niño no puede confiar en que el adulto hará lo que dice que hará.
- Desregulación: Actúa al calor del momento.
- Necesidad de sentir que tiene el control y que es poderoso controlando la información.
- Sentimientos de hostilidad u odio momentáneo hacia los padres.
- Miedo a la invisibilidad/a ser olvidado: Busca una reacción.
- Recrea un ambiente familiar: Mentir puede ser muy familiar y el niño puede tener ciertos problemas para distinguir entre realidad y ficción.
- Falta de empatía, especialmente con el futuro yo y con la comprensión de las consecuencias de la acción.
- Falta de remordimiento: El niño no puede acceder a los sentimientos de remordimiento por su comportamiento.
- Disociación: El niño puede creer lo que está diciendo.
- Necesidad abrumadora de mantener al padre cerca: Mantener un largo diálogo sobre si un niño hizo algo involucra al padre en una larga discusión.
- Necesidad abrumadora de sentirse amado/importante.

Verificación de la realidad

Los niños traumatizados mienten como si sus vidas dependieran de ello, porque el sentimiento abrumador de vergüenza tóxica es demasiado difícil de soportar. Yo lo llamo decir una «mentira loca». Esto es cuando el niño claramente se ha comido la chocolatina, se puede ver el chocolate alrededor de su boca, todavía sostiene el envoltorio y, sin embargo, te mira directamente a los ojos y te dice que nunca han visto esa chocolatina. Recuerda, no lo hace para molestarte. Simplemente es un mecanismo temprano basado en la supervivencia, por lo que es instintivo.

A veces, los padres y los cuidadores realmente luchan contra la idea de que el niño «se salga con la suya» o «gane». Si a menudo sientes que vas a tener esa reacción, intenta hacer una pausa momentánea y pensar: «Me pregunto qué estará pensando el niño en este momento». El resultado importante es asegurarse de que el niño sepa que tú sabes que está mintiendo, o que al menos te estás esforzando para comprender la realidad. Así es como «ganamos», al mostrarle al niño que no estamos atrapados y que no nos uniremos a su farsa. Con esa respuesta, la mentira definitivamente disminuye con el tiempo, pero nuestra respuesta debe ser:

- Segura.
- Clara.
- No amenazadora.
- Una declaración de hechos, no de emociones.

Estrategias útiles

- Definitivamente, no hay margen para insistir en que el niño te diga la verdad, ya que a menudo no tiene claro qué es o qué significa la verdad. Si te pones frente al niño para exigirle una explicación, es probable que el niño tenga altos niveles de cortisol y esté en modo de huida o lucha. Necesitas dar un paso atrás si quieres resolver la mentira (*véase* parte 1, capítulo 6).
- Nuestros hijos a menudo tienen miedo de nuestra reacción (a veces están asustados, o incluso aterrorizados), así que una vez que les has dicho que sabes la verdad y has decidido que la consecuencia es X, ¡pueden tener menos miedo y, a veces, incluso admitir la mentira!
- Yo tiendo a enfrentarme a la mentira de cara, no corrigiendo o discutiendo, sino simplemente afirmando cuál es la verdad y diciendo que me disculparé más tarde si se demuestra que estoy equivocada. Este método tiene la ventaja adicional de permitirnos desconectarnos y continuar con otros problemas. También mantiene bajos los niveles de estrés.
- Cuando el niño está congelado y es incapaz de admitir lo que ha sucedido, debemos reducir su temor a lo que pueda suceder, ya que es demasiado abrumador. Por ejemplo, tu hijo llega a casa de la escuela. Sabes que ha tenido un día muy malo y que tiene

muchos problemas. Preguntas cómo le ha ido la jornada y te responde que todo ha sido maravilloso. Yo simplemente le haría saber al niño que sé que hoy las cosas le han ido mal en la escuela. Luego, cuando lo niegue, yo sencillamente diría: «Eso es interesante. Bueno, estoy segura de que puedes arreglarlo. Sabes dónde estoy si me necesitas», desconectaría y seguiría con mis cosas. El cerebro del niño se descongela a medida que disminuye el miedo a las consecuencias, y luego puede acceder a pensamientos superiores. ¡Incluso puedes conseguir una explicación o una conversación al respecto!

- Los comentarios empáticos que conducen a una declaración de consecuencias naturales pueden ser muy efectivos con la mentira: «Puedo ver que realmente estás esforzándote para decirme que te has comido el chocolate. Debes de sentir mucho miedo al pensar que yo podría enfadarme mucho si me dices la verdad. Bueno, te voy a ayudar con esos sentimientos de miedo. Sé que te has comido el chocolate y debido a eso hoy no habrá más chocolate».

- Es mejor seguir tu instinto y parecer seguro que dudar y mostrar vacilaciones. Si te crees una mentira de tu hijo, eso puede hacer que se sienta inseguro. Si dices que sabes que ha mentido, pero también le dices claramente que si descubres que está diciendo la verdad entonces te disculparás por tu equivocación, eso permite a todos seguir adelante.

Nota: Cuando eran muy pequeños, les dije a mis hijos que cuando mentían les salía una pequeña mancha azul en la lengua. Solo los adultos podían verla. ¡Incluso cuando ya no se lo creían, hacían un movimiento involuntario cerrando la boca cuando me mentían! Durante 17 años con cinco hijos, seguí mis instintos en cuanto a las mentiras. Siempre utilicé: «Me disculparé más tarde si descubrimos que es verdad». Tuve que disculparme una vez. ¡Si hubiera creído en todas las protestas y afirmaciones de inocencia, habría habido muchos miles de momentos inseguros!

MIEDO/RESPUESTA DE MIEDO (véase *parte 1, capítulo 1*)

MOFARSE (véase *bromas y burlas*)

MOJAR LA CAMA (véanse también *Habitación sucia, Orinar*)

Qué puedes esperar
- El niño moja la cama y te alerta.
- El niño moja la cama y parece no darse cuenta.
- El niño moja la cama y se da cuenta, pero sigue permaneciendo en la cama.
- El niño moja la cama, es consciente y esconde la ropa de cama.

Por qué puede suceder esto
- Respuesta ante el miedo: El niño puede hacerse pipí por miedo o puede tener miedo de pedir ir al baño o puede que ir al baño le asuste.
- El niño puede disfrutar de la sensación de calor de la orina.
- Problemas sensoriales: El niño puede carecer de sensibilidad y desconocer los impulsos habituales.
- Inmadurez/edad emocional: El niño se encuentra en una etapa de desarrollo mucho más temprana que la cronológica.
- Problemas relacionados con el trauma, particularmente en relación con la negligencia o el abuso sexual.
- Recompensa al niño con una reacción (desencadenante para el padre).
- Recrea un ambiente familiar: Puede ser normal, más allá del comportamiento arraigado. El olor a orina es un olor familiar en la infancia. Esto es subconsciente.
- Se siente cómodo estando equivocado: El modelo de trabajo interior del niño hace que se sienta cómodo al ser visto como «sucio» o «maloliente».
- Problemas médicos, particularmente en relación con la sensación y el control de la vejiga.

- Necesidad de sentir que tiene el control y es poderoso: El niño al menos tiene el control máximo sobre las funciones corporales.
- Falta de razonamiento de causa y efecto: Es poco probable que el niño vincule el pensamiento «Mojaré la cama» con «Estaré mojado».
- Miedo a la invisibilidad/a ser olvidado: Busca una reacción.
- Miedo al padre/cuidador u otros adultos.
- Miedo a los cambios/transiciones.
- Ansiedad por la separación.
- Disociación, especialmente cuando parece que el niño no es consciente (*véase también* Ausencias).
- Necesidad abrumadora de mantener al progenitor cerca, buscando una reacción de crianza, especialmente porque al mojar la cama es casi seguro que gana una interacción con el progenitor, cualquiera sea la forma que tome la interacción.

Verificación de la realidad

Es realmente importante alejarse de la idea de que lo está haciendo «por ti» o que todo se trata de control. No tiene nada que ver con lo cerca que está el baño. Éste no es un problema lógico, es un problema muy profundo, emocional y basado en el trauma que requerirá toda tu tolerancia, comprensión y paciencia. A menudo, los padres de niños traumatizados pasan años abordando este problema desde una perspectiva médica (yo misma lo hice). Lamentablemente, la respuesta casi nunca es tan sencilla.

Algunos niños describen la sensación de hacerse pipí o de mojar la cama como «sentir un cálido abrazo». Es un claro recordatorio de que la sensación de la orina caliente puede haber sido la única sensación reconfortante que algunos de nuestros niños experimentaron en situaciones muy negligentes.

Estrategias útiles

- Si tu hijo parece no darse cuenta de que está mojado, intenta estudiar la terapia de integración sensorial.

- Si usa pañales nocturnos, intenta ponerle debajo calzoncillos normales para que el niño sienta la sensación de humedad si crees que puedes hacerlo.
- Haz que mantenga una rutina regular de ir al baño que esté vinculada a las comidas, las bebidas, etc.
- Es posible que desees examinar estrategias estándares, sólo porque los profesionales de apoyo esperarán que las haya probado; por ejemplo, limitar los líquidos una hora antes de ir a la cama y levantar al niño para ir al baño. Estos métodos tienen un éxito muy limitado con niños traumatizados. No le limites estrictamente los líquidos, pero es una buena idea evitarlos una hora antes de que se acueste. .
- Es probable que te des cuenta de que ha mojado la cama ya sea por la mañana o cuando estés levantando al niño para ir al baño. Es un problema virtualmente imposible de interrumpir justo antes de que suceda.
- Proporciónale una linterna para que el niño la use para ir al baño.
- Es esencial que limites el estrés que esto te causa, de lo contrario, puedes entrar rápidamente en una lucha de poder que no puedes ganar. Estos problemas suelen durar tiempo, pero se resuelven. Considera minimizar el impacto en ti, en el niño y en el hogar.
- No te preocupes si debes ponerle pañales nocturnos mucho más allá de la edad cronológica del niño.
- Verifica cuidadosamente las reacciones de tu hijo al salir de su habitación para ir al baño. Piensa en reintroducir un orinal en la habitación si crees que el miedo es un factor que contribuye.
- Si cada noche moja la cama a pesar del hecho de que estás levantando al niño para ir al baño, deja de levantarlo y haz un plan futuro para volver a intentarlo. Si pensamos en nuestros bebés y niños pequeños, normalmente por la noche les cambiamos los pañales, pero no los llevamos al inodoro.
- Aléjate conscientemente de las consecuencias punitivas sin crianza. He leído muchas historias de horror de padres desespe-

rados y agotados haciendo que sus hijos laven las sábanas en el baño. Es muy poco probable que esto resuelva el comportamiento, simplemente aumentará la vergüenza y dañará la relación.

- A medida que los niños crecen, es importante ayudarlos a que lidien con las consecuencias por sí mismos. Esto no debe hacerse de una manera vergonzosa. De hecho, hay que mostrarles cómo cambiar la ropa de cama y cómo usar la lavadora. Ofrécele ayuda. Es posible que tengan que lidiar con este problema como adultos jóvenes, por lo que necesitan poder manejarlo.

- A veces el niño permanece acostado en la cama después de haberse orinado, porque ésa puede haber sido la única experiencia que tuvo de sentir calor si vivió en hogares negligentes o físicamente abusivos. Puedes nombrar la necesidad en torno a esto y explorarla con el niño.

Nota: Mi hijo mojó la cama todas las noches durante 14 años. Fue uno de los desafíos más implacables y frustrantes a los que nos enfrentamos. Un verdadero paso adelante fue cuando nos dimos cuenta de que estaba recreando el entorno familiar de su niñez y de que carecía por completo de conciencia sobre las sensaciones. Esto nos ayudó a dejar de sentirnos enfadados como padres y a enfrentarnos a la situación desde la empatía.

MORDER (véase también *Agredir*)

Qué puedes esperar
- El niño muerde a los adultos o a otros niños.

Por qué puede suceder esto
- Necesidad de tener el control: El niño puede morder o amenazar con morder para recuperar o conseguir el control.
- Respuesta al miedo, especialmente si el niño se siente acorralado.

- Problemas sensoriales: Si el niño está sobrecargado de información sensorial, especialmente durante las transiciones, esto puede llevar a morder, sobre todo en niños que tienen problemas para masticar y articular.
- Incapacidad para vincular causa y efecto/impulsividad: Aunque haya discusiones y explicaciones acerca de morder, el niño no puede relacionar el resultado final con la acción inicial.
- Desregulación, ira, actúa al calor del momento.
- Vergüenza: Mordiendo, desvía la atención de un incidente que le provoca vergüenza.
- Sentimientos de hostilidad u odio momentáneo hacia el padre u otra persona.
- Miedo a la invisibilidad: El niño puede ser agresivo con otro niño para recordarle al padre que está allí.
- Recrear un ambiente familiar: Morder puede haber sido un hecho común en la vida anterior del niño.

Estrategias preventivas

- Usa «pulseras para masticar» u objetos similares y pídele al niño que muerda la pulsera cuando vea que puede estar a punto de morder. Cuando morder está relacionado con una necesidad sensorial, el impulso de morder debe ser aliviado y redirigido. (*Véase* Masticar para más información acerca del tema).
- Piensa en la edad emocional del niño y considera lo que podrías poner en práctica con un niño más pequeño.
- Busca señales de advertencia (si las hay), como una frustración creciente. Usa técnicas de distracción y juegos para interceptarla.
- Ten en cuenta los factores desencadenantes, como las transiciones, el final de las actividades, el intercambio de juguetes.
- Dile al niño que los niveles altos de azúcar pueden causar que tenga ganas de morder, por lo que tendrá que limitar las golosinas si continúa mordiendo. Esto puede ser muy efectivo cuando el niño tiene cierto control sobre los mordiscos.

Estrategias durante el problema

- Morder puede suceder muy rápidamente. Si el niño muerde y no suelta, sostener la parte posterior de la cabeza del niño en su lugar puede evitar lesiones graves. Esta acción (normalmente) hace que el niño libere la mordedura instintivamente. Puedes acceder a una formación al respecto en cursos de reducción de la tensión.
- Si el niño A ha mordido al niño B, primero debes mostrar tu atención positiva y tu empatía al niño B.
- Nuestro instinto puede ser gritar «¡No!», seguido rápidamente por algunas palabras claras y firmes. Esto está muy bien. Es una de esas ocasiones en que se necesita un recordatorio inmediato de los límites.
- Si el niño ya ha mordido, o si crees que es probable que vuelva a morder, mantén al niño cerca de ti.
- El comentario empático se dirigirá principalmente hacia la víctima (o uno mismo), pero puedes agregar: «Creo que no querías que X tuviera tu juguete». Condenamos la acción, no al niño.

Estrategias posteriores

- Una de las mejores maneras de manejar el hecho de morder es prevenirlo. Sabemos que nuestros hijos tienen dificultades para relacionar la causa y el efecto, pero el uso de consecuencias naturales aquí puede realmente ayudarlos a controlar este comportamiento.
- El niño necesita ayuda para «mostrarse arrepentido». Podrías dedicar un rato muy largo y aburrido para frotar el área de la mordedura con crema o sostener una gasa durante un tiempo considerable.
- Si teníais que salir, pero el niño te ha mordido el brazo, dile que es posible que tu brazo no esté lo suficientemente fuerte como para conducir o cargar tu maleta.
- Con un niño más pequeño, podrías especular que en realidad son los dientes los que tienen la culpa. Esto es particularmente

útil cuando realmente quieres evitar la vergüenza. Puedes alentar al niño a que se lave los dientes para quitarles todos los «mordiscos» y así evitar que esto suceda de nuevo. Esto puede volverse muy aburrido para el niño y puede ayudar a construir inhibidores. (Ten en cuenta que no les limpiamos los dientes al niño por ellos ni lo hacemos de manera abusiva o severa).

- Ten cuidado de evitar el uso de consecuencias punitivas y castigos que no estén vinculados a la acción. Recuerda que a menudo estos comportamientos provienen del miedo y debemos reducir el miedo para obtener el control de los comportamientos.

MOVERSE LENTAMENTE (véanse *Desafiar, Tardanza*)

N

NAVIDAD (véanse *Cumpleaños, Navidad y otras celebraciones, Rechazo, Sabotear, Transiciones, Ingratitud*)

NO ESCUCHA (véanse *Comportamiento de control, Desafiar*)

NO SE LEVANTA DE LA CAMA (véase *Tardanza*)

OBSESIONES (véanse también *Amistades, Sabotear, Ingratitud*)

Qué puedes esperar

- El niño insiste obsesivamente con tener un objeto deseado, luego lo descarta de manera inmediata o pierde el interés en la adquisición.
- El niño se obsesiona con un evento, una fiesta o algo similar, que ocurrirá al cabo de mucho tiempo.
- El niño se obsesiona con objetos inanimados.
- El niño desarrolla rutinas obsesivas que se parecen al trastorno obsesivo compulsivo.

Por qué puede suceder esto

- El modelo de trabajo interno, la sensación de vacío/maldad, obliga al niño a buscar siempre distracciones para «llenar el agujero».
- Las rutinas ritualistas y obsesivas le dan al niño una sensación de seguridad y protección sobre su entorno inmediato. Esto puede ser especialmente evidente cuando los niños han experimentado un caos significativo, falta de rutina y exposición al peligro, por lo que desarrollan hábitos de «seguridad».
- Problemas sensoriales, especialmente relacionados con el apego a objetos inanimados, como las gomas elásticas, que recompensan al niño con sentimientos cuando las estiran y las sueltan.
- Falta de razonamiento de causa y efecto, específicamente relacionado con las mascotas y la necesidad de cuidarlas.
- Búsqueda de crianza: El niño puede sentir que un elemento deseado proporcionará una experiencia de crianza o que de alguna manera «probará» el amor de los padres.

- Necesidad de sentir que tiene el control y es poderoso, a veces para ver si el adulto puede ser manipulado para darle el objeto al niño.
- Miedo a la invisibilidad/a ser olvidado: Esto le da al niño un enfoque para hablar detalladamente del objeto deseado y trabajar para recibirlo.
- Recrea un ambiente familiar: Pudo haber en su infancia un patrón temprano de recibir objetos materiales en lugar de tiempo o crianza.
- Falta de empatía, especialmente con el yo futuro y el impacto que el objeto de su deseo puede tener en su vida.
- Falta de remordimiento, especialmente cuando el objeto deseado es un reemplazo para un elemento roto idéntico (*véase* Sabotear, Ingratitud).
- Necesidad abrumadora de sentirse importante y amado, validado por el artículo deseado.
- Edad emocional: El niño puede estar funcionando a una edad más temprana y no entender realmente las verdaderas implicaciones de recibir el objeto por el que está obsesionado.
- Inmadurez: Los rituales y las rutinas pueden ser reminiscencias del pensamiento de una edad más temprana.

Verificación de la realidad

Las obsesiones suelen ocurrir porque nuestros hijos luchan por estar quietos y «cómodos en su propia piel». Cuando están quietos, el trauma, la ansiedad y el vacío parecen más grandes y les hacen sentir incómodos, impulsándolos a la acción para encontrar una distracción. Una analogía que utilizo para las obsesiones es la siguiente:

El cebo del monstruo

Imagina que sea lo que sea lo que asusta al niño, tiene la forma de un Monstruo del Trauma. Cuando el niño aprende a sentirse seguro, mete al Monstruo del Trauma en un armario y cierra la puerta. Sin embargo, puede escucharlo constantemente golpeando la puerta. Sabe que tarde o temprano él saldrá y lo buscará nuevamente, así que el niño comienza a buscar algo para distraer al Monstruo del Trauma. Puede escuchar golpes en la puerta cuando está quieto. Podría hacer mucho ruido para mantenerse ocupado y así no escuchará al Monstruo del Trauma. El niño se fija en una cosa (el cebo del monstruo) que está seguro de que mantendrá ocupado al Monstruo del Trauma de una vez por todas.

Siguen y siguen sobre esta única cosa. Esto mantiene al niño muy ocupado, por lo que no puede escuchar todo el ruido que hace el Monstruo del Trauma. El niño debe asegurarse de obtener el cebo del monstruo a toda costa. No se le ocurre nada más. Se gana el premio. Esto será una cosa maravillosa que lo distraerá. Puede ser un nuevo juego, una mascota o incluso un nuevo amigo. El niño ahora ni siquiera puede escuchar al Monstruo del Trauma, y parece que el cebo del monstruo lo ha conseguido. Lamentablemente, la puerta se rompe de repente y el Monstruo del Trauma se libera. Con pánico, el niño lanza al Monstruo su cebo de monstruo ganado con esfuerzo. Lo consume todo y proporciona un cebo muy bueno para mantener ocupado al Monstruo del Trauma durante un rato. Luego, una vez que el Monstruo del Trauma se ha terminado el cebo, el niño se da cuenta de que el trauma todavía está muy vivo y pateando. Necesita un cebo de monstruo más grande… y así comenzamos de nuevo.

Muchos de los padres con los que trabajamos descubren que las obsesiones son muy comunes, especialmente cuando un niño anhela algo obsesivamente, dedicando cada pensamiento de vigilia a obtener el objeto, pero parece que luego lo ignora o lo rompe poco después, o avanza rápidamente hacia la siguiente obsesión. En torno a las obsesiones se desarrolla una interesante danza entre padres e hijos, como lo demuestra la siguiente figura.

Queremos hacer felices a nuestros hijos, y cuando ha habido un trauma infantil, puede ser muy tentador caer en la creencia de que dar al niño este elemento realmente resolverá un problema al menos temporalmente, ¡o detendrá el ruido de las preguntas constantes! Nuestros hijos pueden agotarnos y, por supuesto, queremos darles golosinas. Con las obsesiones, tenemos que ser muy cuidadosos con su significado y resolver los problemas subyacentes.

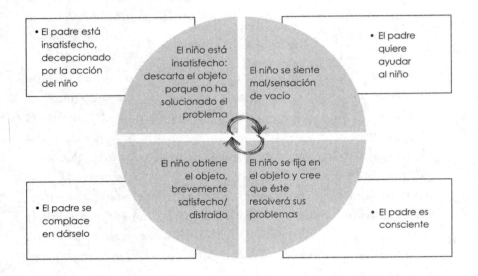

Estrategias útiles para la obsesión por obtener un artículo

- Piensa en el trauma subyacente, la fuerza motriz de la obsesión. Por lo general, es una distracción, así que concéntrate en el «Monstruo del Trauma» y no en el «cebo del monstruo».
- Si el niño logra obtener el artículo deseado, casi siempre es un anticlímax. «Nombra la necesidad» y explora la brecha que el niño está tratando de llenar con la nueva obsesión. Incluso puedes usar la historia de *El cebo del monstruo* de antes.
- Prepárate para la decepción (*véase* Sabotear). Es posible que te sientas realmente entusiasmado por conseguir algo para el niño cuando parece que es lo único que crees que lo «arreglará». Luego, cuando el niño desecha el objeto rápidamente, debido a su falta de efectividad para distraerlo de los sentimientos basados en el trauma, esto puede ser muy doloroso.
- Enfréntate a la obsesión: «Sé que realmente crees que tener el nuevo juego es lo único que te hará feliz, pero me pregunto si

necesitas el juego para que no te preocupes más por cosas que te asustan».

- ¡Di no! No tengas miedo de decir simplemente que has decidido que el niño no necesita ese artículo y que no participarás en ninguna otra discusión al respecto.
- No sucumbas a la tentación de poner ejemplos de por qué el niño no manejará bien el foco de su obsesión. Decir cosas como: «No tendrás un hámster porque no lo cuidarás adecuadamente» es otra manera de decir: «¿Te gustaría tener la oportunidad de tener una larga discusión?». Es mejor decir: «He decidido que todavía no estás preparado para tener un hámster, pero pensaré en ello de nuevo dentro tres meses». Y entonces no lo discutas (para estrategias, *véase* Quejas).
- Usa una variación de la tabla de recompensas de los padres *(véase* Groserías) y hazle saber al niño que cada vez que escuches la palabra (el nombre del objeto que lo obsesiona), te autorrecompensarás con un euro. Mantén una cuenta visible. Esto cambia la dinámica y elimina el desencadenante. El dinero no viene del niño. Es sólo tu pequeño regalo para ti mismo.
- También puede ocurrir que el hecho de mostrar curiosidad sobre la necesidad que el niño está tratando de satisfacer puede darte algunas respuestas sorprendentes.

Estrategias útiles para las obsesiones con los rituales y los procedimientos

- La distracción es la primera técnica a utilizar. Úsala tan pronto como veas un ritual que comienza a desarrollarse.
- Dile al niño lo que crees que está sucediendo: «Me pregunto si sientes que necesitas verificar que la puerta esté cerrada con llave quince veces porque te preocupa que entre alguien».
- Comparte con el niño explicaciones relativas al control. Si el niño está obsesionado con tener el control del volumen de la radio a un límite establecido (Sophie Spikey todavía tiene que tenerlo a 5 o 10, ya que así hay más «orden»), podrías decirle:

«Entiendo que tener todo configurado de manera muy estricta y justa te hace sentir más seguro, porque así hay un cierto orden».

- Considera si es un problema grave. ¿A qué nivel se está ejecutando la obsesión? Si está dañando al niño u a otras personas de alguna manera, o está comenzando a impactar en la vida familiar, puede ser el momento de abordarlo. Si no es así, entonces aléjate y considera si puedes dejar que siga su curso.

Estrategias útiles para la obsesión con los cumpleaños o eventos especiales que ocurrirán en el futuro

- Indica que crees que el niño puede estar secretamente preocupado de que tú te olvidarás del evento.
- Planifica con el niño lo que sucederá ese día y márcalo en un calendario visible, para que quede claro que no te olvidarás.
- Si el niño continúa obsesionado, simplemente señala el calendario. También puedes distraerlo con tareas de planificación.
- Haz comentarios empáticos para explorar las ansiedades en torno a la obsesión: «Me pregunto si hablas tanto de X porque estás preocupado por lo que podría pasar. Tal vez te preocupa que lo olvide porque eso puede haber sucedido antes».

Nota: William se puso gomas elásticas en la muñeca desde los 3 hasta los 11 años de edad. Si perdía la goma elástica, sufría un colapso hasta encontrar una nueva. Todas tenían nombres y todas eran sus amigas. Una goma elástica iba a todas partes con él. No intervenimos y sólo guardamos una caja de repuesto en caso de accidentes o pérdidas. La usó para ayudarse a sí mismo a mantenerse regulado. Más tarde, me di cuenta de que en las circunstancias negligentes en las que vivió durante los primeros dos años de vida, las gomas elásticas probablemente fueron juguetes fascinantes y sus únicos «amigos».

ORINAR (véanse también *Enuresis, Habitación sucia, Problemas para defecar adecuadamente*)

Qué puedes esperar

- El niño se orina encima y parece ser consciente de ello.
- El niño se orina encima y es consciente, pero se no se preocupa de ello.
- El niño manifiesta su intención de hacerse pipí y luego lo hace *(véanse también* Comportamiento de control, Desafiar).
- El niño orina en diferentes áreas de la casa o en el exterior *(véase también* Habitación sucia).
- No se ha enseñado al niño a ir al baño o sufre una regresión *(véase también* Inmadurez).

Por qué puede suceder esto

- Problemas sensoriales: El niño puede carecer de sensibilidad y desconocer los impulsos habituales.
- Inmadurez y edad emocional: El niño está simplemente en una etapa de desarrollo mucho más joven que la cronológica.
- Problemas relacionados con el trauma, particularmente en torno a la negligencia y el abuso sexual.
- Recompensa al niño con una reacción: Desencadenante para el padre.
- Recrea un ambiente familiar (pudo ser un comportamiento normal en el pasado). El olor a orina es un olor infantil familiar. Esto es inconsciente.
- Se siente cómodo estando equivocado: El modelo de trabajo interno del niño significa que se siente cómodo al ser visto como «sucio» o «maloliente».
- Problemas médicos, particularmente en relación con la sensación y el control de la vejiga.
- Respuesta ante el miedo: El niño puede orinarse encima por miedo o puede tener miedo de ir al lavabo o de pedir ir al baño.
- Confianza bloqueada: El niño no puede confiar lo suficiente en los demás para «dejar ir el pipí».
- Necesidad de sentir que tiene el control y es poderoso: El niño al menos tiene el control máximo sobre las funciones corporales.

- Falta de razonamiento de causa y efecto: Es poco probable que el niño vincule «Me haré pipí encima» con «Estaré mojado».
- Sentimientos de hostilidad u odio momentáneo hacia los padres, especialmente cuando el niño anuncia su intención de hacerse pipí encima.
- Miedo a la invisibilidad/a ser olvidado: Busca una reacción.
- Miedo a los padres/cuidadores y a otros adultos.
- Miedo a los cambios/transiciones.
- Ansiedad por separación.
- Miedo a llamar la atención; por ejemplo, tener miedo de pedir ir al baño.
- Disociación, especialmente cuando parece que el niño no es consciente (*véase también* Ausencias).
- Necesidad abrumadora de mantener a los padres cerca, especialmente para involucrarlos en el cuidado personal.

Verificación de la realidad

Si piensas: «A él simplemente no le importa» o «Ella lo hizo a propósito», necesitas replantear tu pensamiento. No es algo personal. Puede tratarse de que quiere mantener el control, pero no se trata de «hacérnoslo a nosotros» como padres. A menudo se debe al hecho de que nuestros hijos tienen muy pocas cosas en su vida que puedan controlar. Cuando hay historias de vida temprana centradas en el maltrato y la negligencia, los patrones de comportamiento arraigados con respecto a hacerse sus necesidades encima pueden tardar años en eliminarse. La clave aquí es encontrar estrategias que eliminen la presión tanto sobre el niño como sobre nosotros mismos. Desecha todas las expectativas de los demás y las sugerencias y comparaciones inútiles, tales como: «Ya debería hacer pipí en el lavabo». No es un problema lógico que se pueda superar fácilmente utilizando técnicas de crianza estándar.

A menudo hay traumas emocionales asociados que discurren en paralelo y orinarse encima es simplemente una expresión de la turbulencia interna. Algunos niños describen la sensación de hacerse pipí encima o en la cama como «sentir un cálido abrazo». Es un claro recordatorio de que la sensación de la orina caliente puede haber sido la única sensación reconfortante que algunos de nuestros niños experimentaron en situaciones muy negligentes.

Estrategias preventivas

- Cuando tienes un hijo que manifiesta una intención deliberada de hacerse pipí encima y luego lo hace, puedes estar bastante seguro de que trata principalmente de evaluar tu reacción e invertir en la interacción (búsqueda de apego). Es probable que encuentres las respuestas en los apartados Desafiar o Comportamiento de control más útiles para este tipo de problema.

- Cuando el niño parece que no es consciente de las sensaciones de sentirse mojado, intenta buscar en la terapia de integración sensorial.

- Si usa pañales, intenta ponerle la ropa interior normal debajo para que el niño sienta la sensación de humedad, pero ten en cuenta que los problemas sensoriales pueden confundir sus reacciones.

- Como padre terapéutico, dispondrás una rutina estricta. Integra el «momento de ir al lavabo» en esa rutina. Piensa igual que lo harías para un niño muy pequeño en las primeras etapas para enseñarle a ir al baño. Por ejemplo, el niño puede ir al baño antes de las comidas, o justo antes de la hora de la televisión.

- Si un niño se orina en diferentes partes de la casa, especialmente en el dormitorio, intenta proporcionarle un orinal para que pueda hacer pipí en él. Esto puede ser particularmente útil cuando el niño se resiste a «dejar ir» sus fluidos corporales. Sarah Dillon (una terapeuta del apego y que fue hija de acogida) describe esto como «pipí triste» y «pipí feliz». El pipí feliz se va por el retrete y el pipí triste se queda en el orinal. Puedes propiciar una charla en torno al «pipí triste».

- No tengas miedo de revisar regularmente tus creencias sobre la etapa en que se encuentra el niño. Por ejemplo, el niño puede tener cinco años y llegar a ti con pañales, con una etiqueta de «no sabe ir al baño». Sin embargo, encontramos que a menudo los padres simplemente avanzan y ven lo que sucede. Una sugerencia simple, sin presión, sobre ropa interior nueva puede ser muy útil. De manera similar, las transiciones a menudo activan la regresión, por lo que es muy normal que un niño que acaba de mudarse sufra regresión. Es importante permitir que el niño regrese y comience de cero si es necesario. Cuando se produce una nueva ubicación del niño, yo normalmente recomiendo un período mínimo de seis meses, incluso antes de intentar enseñar a controlar los esfínteres y otros temas relacionados.

- Si asistís a un evento en el que es probable que haya altos niveles de desregulación y entusiasmo, considera la posibilidad de ponerle pañales sólo para ese evento. Esto evita el aumento de la vergüenza. Es probable que los estresantes recordatorios sobre «usar el baño» invoquen sentimientos de vergüenza y aumenten las posibilidades de un accidente.

- Puede parecer obvio, pero asegúrate de que la escuela tenga ropa de repuesto, tantos conjuntos como sea necesario, incluida la equipación de educación física. Puede ser una vergüenza para el niño tener que usar el suministro de ropa de repuesto de la escuela.

Estrategias durante el problema

- Piensa en tu reacción. Si acabas de descubrir un nuevo charco de pipí en el suelo, o si el niño se ha hecho pipí encima por décima vez ese día, respira profundamente antes de responder.

- Cuando le enseñes a ir al baño, evita preguntarle si necesita ir al baño, ya que a menudo no lo sabrá debido a problemas sensoriales. En lugar de eso, simplemente di: «Ahora es hora de ir al baño».

- Cuando haya una falta de conciencia, asegúrate de señalar con sensibilidad lo que ha sucedido, tal vez con una palabra clave que el niño sepa qué significa: «Has tenido un accidente». Solíamos decir: «Parece que necesitas ayuda».

- Cuando encuentres un charco de orina, explícale en voz alta lo que has encontrado sin invocar la vergüenza. Podrías decir: «Oh, veo que hay un poco de pipí aquí». En lugar de «¿Has hecho esto?». Preguntarle al niño si lo ha hecho es simplemente invitarlo a decir una mentira para tapar su vergüenza.
- Preguntarse en voz alta puede ayudar en diferentes situaciones:
  - «Me pregunto si te has hecho pipí porque pensabas que te había olvidado».
  - «Me pregunto si has hecho pipí en el rincón de tu habitación porque no querías usar el orinal del "pipí triste"».
  - «Me pregunto si te has hecho pipí encima porque estás muy preocupado por ver a X hoy».

Estrategias posteriores

- Una reacción instintiva podría ser decirle al niño que lo limpie. Los padres se estresan mucho al respecto. El olor es penetrante y desagradable. Esto puede convertirse en un desencadenante para algunos padres (a mí me pasaba), y luego debes tener mucho cuidado de reaccionar exageradamente. Cuando le decimos a un niño que tiene que limpiarlo, es como decirle a un niño de dos años que sus funciones corporales te resultan desagradables, por lo tanto, son repugnantes. Esto puede reforzar la opinión del niño de sí mismo de que es «malo». Sin embargo, la estrategia de crianza terapéutica sobre las consecuencias naturales, vinculando causa y efecto, puede usarse para que el niño ayude a limpiarlo. Esto se hace mejor de una manera que implique crianza: «Vaya, veo que hay un poco de pipí aquí. Ayúdame a limpiarlo con esto. Hagámoslo juntos y deprisa, así luego podremos ir a... (Nosotros solíamos tener a mano una mezcla de bicarbonato de soda y vinagre, que era bastante eficaz). Esto le evita al niño la vergüenza tóxica y también le permite «corregirlo». Nuestros hijos a menudo quieren encontrar una manera de corregirlo.
- Cuando estés utilizando el orinal para el «pipí triste», ayuda al niño a vaciarlo en el inodoro, tal vez facilitando algún comenta-

rio sobre la tristeza. «Nombrar la necesidad» es útil en este caso. «Me pregunto si el orinal está tan lleno porque ayer estuviste triste por…».

Nota: Puede que te resulte reconfortante recordar que los problemas relacionados con el pipí casi siempre se resuelven con el tiempo. Puede ser extremadamente difícil mantenerse enfocado en un futuro positivo mientras te preocupa por cuándo terminará. Sé amable contigo mismo y permítete tomar medidas que ayuden a prevenir el mal olor, como suelos laminados o de linóleo con alfombras lavables, pañales cuando sea necesario para aliviar el estrés y alejarse del «espectáculo» de los padres competitivos en torno a estas cuestiones.

Recursos adicionales
ERIC: Es una organización benéfica que brinda apoyo a los padres que tienen niños con problemas intestinales y de vejiga: www.eric.org.uk

OLVIDAR (véase *Problemas de memoria*)

P

PALABROTAS (véanse también *Agredir, Grosería*)

Qué puedes esperar
- El niño dice palabrotas cuando habla.
- El niño usa las palabrotas para intentar sorprender a los demás.
- El niño dice palabrotas de manera agresiva o insultante.
- El niño dice palabrotas como parte de la conversación cotidiana.

Por qué puede suceder esto
- Necesidad de sentir que tiene el control y es poderoso: decir palabrotas puede ser una manera de tratar de mantener a las personas alejadas o un esfuerzo por controlarlas.
- Desregulación: Actúa al calor del momento.
- Falta de razonamiento de causa y efecto: El niño no puede recordar o aceptar que decir palabrotas no es tolerable.
- Respuesta al miedo: El niño puede decir palabrotas como respuesta refleja cuando tiene miedo.
- Sentimientos de hostilidad u odio de manera momentánea hacia los padres.
- Miedo a la invisibilidad/a ser olvidado: Busca una reacción.
- Recrea un ambiente familiar: El lenguaje soez puede ser muy familiar para el niño.
- Evitar la vergüenza: Si hay un incidente y el niño dice palabrotas, eso puede hacer que el enfoque de los padres se desvíe del incidente y pase al lenguaje soez.
- Compulsión inconsciente de romper una formación de vínculo (con los padres).
- Atracción por las actividades del grupo de iguales: Imita acciones y reacciones de iguales.

- Falta de remordimientos.
- Miedo a los padres/cuidadores y a otros adultos: Necesita mantenerlos a distancia.
- Edad emocional: El niño puede estar funcionando a una edad más temprana y estar experimentando con las palabrotas.

Estrategias preventivas

- Invéntate una palabra. «Fierda» está bastante bien, por ejemplo, «¡Vaya *fierda* de día!». Dila accidentalmente, que parezca que se te ha escapado y que decirla te ha puesto nervioso, discúlpate y pídele al niño que no la diga bajo ninguna circunstancia. Esto le dará una palabrota de reemplazo, que es más fácil de manejar ya que no tiene el poder de molestar a los demás.
- ¡No reacciones! A veces nuestros hijos dicen palabrotas porque les resultan un lenguaje familiar. Poco a poco, a medida que dejan de escucharlas en su entorno inmediato dejan de decirlas naturalmente. ¡La única manera de garantizar que sigan diciendo palabrotas es que te vean horrorizarte cuando lo hacen!
- Piensa en la edad emocional de tu hijo. ¿Cuál sería tu respuesta si un niño mucho más pequeño dijera palabrotas?
- Usa la tabla de recompensas de los padres (*véase* Grosería). Ponte una estrella cada vez que tu hijo diga una palabrota.

Estrategias durante el problema

- Demuéstrale al niño que las palabrotas no tienen poder sobre ti y que no te provocan una reacción emocional. Dile algo como: «Debe de resultarte realmente difícil guardar dentro de ti todas esas palabrotas. Vamos a sacarlas todas». ¡Asegúrate de que no haya ningún espectador delicado cuando las «saque todas»!
- Di: «Bueno, al menos no has dicho "fierda". ¡Menos mal!».
- Usa consecuencias naturales, haz que el niño se lave los dientes: «¡Oh no! Esas palabrotas se pegan a tus dientes, así que tendrás que lavártelos a fondo para que estés sano y bien». Todo se detiene hasta que se lave los dientes. El niño pronto se aburre mu-

cho de tener que lavarse los dientes cada vez que dice una palabrota. Pero hay que hacerlo de una manera cuidadosa. Ten en cuenta que bajo ninguna circunstancia debes forzar al niño a que lo haga o hacérselo tú, pero puede ayudar si lo invitas como parte del vínculo de crianza.

- Dale una respuesta empática en la que las palabrotas sean un poco como una cortina de humo y la emoción que se exprese sea lo más importante: «Me doy cuenta de que estás realmente enfadado y molesto por eso, ya que normalmente no necesita usar palabrotas». A veces es apropiado ignorar las malas palabras.
- Dale al niño la oportunidad de decirlo de la manera correcta. Di: «¿Lo intentamos de nuevo? Porque no creo que te haya salido como querías». Esto le da al niño la oportunidad de probar una manera diferente sin invocar la vergüenza.
- Usa la alegría para malinterpretarlo deliberadamente. Por ejemplo, el niño dice: «Esta casa es una mierda». Y tú respondes: «Sí, es maravillosa, ¿verdad? Sobre todo, me gustan los pomos brillantes de las puertas».
- Simplemente adopta una expresión confusa, no digas nada y espera. ¡Esto puede ser muy efectivo mientras no demuestres una expresión amenazadora!
- Dale al niño la oportunidad de «descansar» antes de continuar con la conversación. «Parece que necesitas un descanso antes de seguir contándome el problema. No entiendo lo que dices cuando mezclas palabras confusas con las cosas importantes».

Estrategias posteriores
- Si tu hijo ha dicho palabrotas sin darse cuenta de que ha sido grosero, después del incidente es importante revisar las palabras reales y tener claro qué es y qué no es aceptable.
- «Nombra la necesidad» de ver de dónde provienen estas palabras: «A veces, cuando los niños se sienten asustados, utilizan palabras desagradables para tratar de mantener a las personas alejadas de ellos. ¿Tal vez has escuchado algunas de estas palabras?

- Después del evento, puede ser el momento de decir simplemente: «Aquí no decimos esas palabras porque hace que todos nos sintamos muy tristes». De esta manera, estableces expectativas claras para el futuro en un momento en que el evento aún está fresco en la mente de todos.

PERDER COSAS (véase *Problemas de memoria y desorganización*)

PERÍODO DE LUNA DE MIEL (véase también *Encanto, parte 1, capítulo 1*)

Qué puedes esperar
- El niño se traslada a casa de una nueva familia y parece ser extremadamente obediente.
- Los comportamientos presentados por el niño parecen muy diferentes a sus comportamientos históricos.
- El niño parece tener muchos intereses en común con los cuidadores/padres.
- El niño se presenta como encantador y a menudo es descrito como una «delicia».

Por qué puede suceder esto
- Miedo a los padres/cuidadores y a otros adultos.
- Miedo o anticipación temerosa de una respuesta negativa de los padres.
- Necesidad de sentirse seguro: Mide las personalidades y las acciones de los demás antes de relajarse y adoptar patrones de comportamiento «normales».
- Necesidad de sentir que tiene el control y es poderoso: Desarrolla la mejor manera de retener el control o de lograr la crianza para mantenerse con vida.
- Vergüenza: Crea instintivamente una nueva imagen pública para evitar revelar el «yo vergonzoso».

- Miedo a la invisibilidad/a ser olvidado: Busca una reacción.
- Recrea un ambiente familiar: Nuestros niños estimulan el entorno para reproducir el que han perdido.
- Necesidad de intentar predecir el entorno.
- Miedo a los cambios/transiciones.
- Ansiedad por separación: Miedo al abandono.
- Necesidad abrumadora de mantener a los padres cerca, necesita observar lo que el adulto está haciendo en todo momento para sentirse seguro.
- Necesidad abrumadora de sentirse amado/importante.
- Edad emocional: Puede estar funcionando a una edad mucho más temprana y necesita satisfacer esas necesidades de crianza temprana.

Verificación de la realidad

Es posible que escuches a otros referirse a los primeros días de la ubicación de un niño contigo como al «período de luna de miel». Esto designa el período de tiempo en que el niño demuestra su mejor comportamiento y se esfuerza por encajar. Para un niño traumatizado, este período generalmente dura entre dos semanas y seis meses, aunque es posible que no tenga un período de luna de miel. Eso es bueno. Eso significa que es el «niño real» desde el principio.

Siempre he creído que el término «luna de miel» para esta fase es engañoso. En la vida real, siempre lo he considerado como la «fase previa al inicio del espectáculo».

En la «fase previa al inicio del espectáculo», el niño acude a ti y se siente inseguro, teme lo peor y te teme a ti. Su único objetivo es asegurarse de que no le hagas daño y que satisfagas sus necesidades básicas. Para lograrlo, en primer lugar, se orienta a que te dediques a él y lo mantengas seguro. De una manera completamente instintiva, bien puede ser amable, encantador y fascinante. Se asegura de que veas que no representa una amenaza para ti, adoptando pasatiempos e intereses que puedan reflejar los tuyos, o haciendo algo que tú le has comentado que te gustaría que hiciera.

Una vez hayas comprado las entradas, te hayas dedicado al niño y estés sentado en la primera fila, el espectáculo puede comenzar. Sólo entonces, cuando el niño siente que has invertido mucho tiempo y esfuerzo en «comprar la entrada», puede mostrar con seguridad sus verdaderos comportamientos internos y sus temores. La mayoría no pedimos que nos devuelvan el importe de la entrada, sino que pasamos mucho tiempo tratando de encontrar al niño que llegó a nuestra casa en aquel primer momento. Ese niño no existe. Ese niño llevaba una máscara. Esa máscara lo ha mantenido con vida. Tienes el privilegio de que ahora se sienta lo suficientemente seguro como para quitársela.

Mi hija tardó seis años en dejar de sonreír, comportarse de manera aquiescente y, en general, superar esa fase previa al inicio del espectáculo. Cuando tenía 13 años, Katie apagó con cuidado su sonrisa falsa y su encanto fingido y me llamó «puta de mierda». Le sonreí y le dije: «Gracias por mostrarme tu verdadero yo». Entonces pude comenzar el verdadero trabajo.

Estrategias útiles

- Deja claro al niño que lo aceptas tal como es.
- Cuando sospeches que el niño está fingiendo interés en una actividad o pasatiempo para mantenerse a salvo, en los primeros días puede ser beneficioso permitirle hacerlo y, al mismo tiempo, informarle de que está bien tener diferentes intereses.
- Hazte preguntas en voz alta para ayudar al niño a ver qué ves tú a través de sus comportamientos y para que vea que lo aprecias de todos modos. Por ejemplo, «Me pregunto si querías ayudarme con la colada porque estabas preocupado de que no me gustaras. Es encantador contar con tu ayuda, y me gustarás igual si decides que quieres hacer algo más interesante».
- Dale espacio al niño. Es posible que quiera mantenerte cerca para asegurarse de que sabe dónde estás, pero si quiere estar solo, dale tiempo para que se adapte. Es agotador estar «representando un espectáculo» todo el tiempo.

- Cuando veas destellos del niño «real», recíbelos con los brazos abiertos. Si se presentan como enfados o ataques de ira, simplemente di algo así como «Gracias por mostrarme que estás enojado (o triste) por eso. Estoy aquí para ayudarte a manejar esos sentimientos».

PARLOTEO/PREGUNTAS CONSTANTES (véase *Hablar sin sentido*)

PATEAR (véase *Agredir*)

PIPÍ (véase *Orinar*)

PROBLEMAS A LA HORA DE BAÑARSE *(o ducharse)* (véase también *Desafiar*)

Qué puedes esperar
- El niño se niega a bañarse o a ducharse.
- El niño finge bañarse o ducharse, pero no lo hace.
- El niño se pone muy desafiante a la hora del baño.
- El niño parece temer bañarse.
- El niño hace ruidos extraños o crea mucho desorden en la ducha/baño.

Por qué puede suceder esto
- Miedo a la invisibilidad: El niño no puede ser visto cuando está en la ducha/baño.
- Ansiedad por separación: En el caso de que el baño o la ducha sea un momento en que el niño se queda solo.
- Incapacidad para manejar las transiciones, especialmente porque la hora del baño puede llevar a la hora de acostarse.
- Desregulación: Actúa al calor del momento.
- Miedo o anticipación temerosa de la interacción negativa.
- Miedo al abandono.

- Recompensa al niño con una reacción (un desencadenante para el padre).
- El baño puede ser un lugar donde le ocurrieron eventos traumáticos en el pasado.
- Necesita tener el control y sentirse poderoso.
- Modelo de trabajo interior (autosabotaje): El niño no desea sentirse limpio.
- Edad emocional, especialmente si hace mucho ruido y juega como un niño más pequeño que su edad.
- Falta de razonamiento de causa y efecto.
- Recrea un ambiente familiar, especialmente cuando hay una respuesta de miedo y si anteriormente han ocurrido situaciones traumáticas.
- Confianza bloqueada: El tiempo del baño o ducha es un momento vulnerable para el niño.

Estrategias preventivas

- Replantea tu pensamiento. ¿Qué puedes controlar? ¿Qué no es posible controlar?
- ¿Esto es algo que pasa frecuentemente? ¿Es un simple caso de cambiar el horario del baño?
- Mantén la hora del baño exactamente a la misma hora cada día. Asegúrate de que las actividades no excedan el tiempo.
- Instaurar un *gadget* sólo para el momento del baño puede hacer maravillas. Pueden ser unos altavoces Bluetooth, las luces LED que cambien de color, sales de baño de colores o su bebida favorita.
- Estructura la rutina para que siempre suceda algo agradable después del baño. Tal vez un programa de televisión favorito, una comida para llevar a la semana o un cuento. Si la hora del baño es seguida de la hora de acostarse, esto se convierte en una doble transición, ¡así que espérate una doble resistencia!
- Establece alarmas. Pueden ser canciones divertidas o alegres, relevantes para la actividad. ¡Tener una alarma que informe al

niño de que es hora de un cambio de actividad es mucho menos conflictivo que si se lo dice un padre!

- Llevar a un niño a nadar a la piscina o a un parque acuático es una buena manera de asegurarse de que realmente se bañe. Considera constituirlo en una rutina semanal. Es muy útil si tienes un niño mayor que se baña en casa, pero no parece estar realmente limpio.

Estrategias durante el problema

- Evita meterte en una espiral ascendente de control. Recuerda una «tarea urgente» que debes hacer en otro lugar para darte tiempo para pensar. También puedes usar la «estrategia del teléfono» de la parte 1, capítulo 5.
- ¿Qué está diciendo/haciendo realmente el niño? A veces simplemente se está adaptando mientras empieza el baño o cuando se dirige a bañarse, aunque diga que no se quiere bañar.
- Con un niño mayor que tiene privacidad para bañarse/ducharse, pregúntate en voz alta sobre el miedo a la invisibilidad del niño mientras está en el baño/ducha, y tranquilízalo con una actividad que prepares para él mientras está en el baño.
- Es común que nuestros hijos hagan ruidos cuando están en el baño o en la ducha. Esto es para recordarnos dónde están. A veces, es sólo un comportamiento de edad emocional más joven, similar al niño que juega con el agua. Asegúrate de comentar los ruidos que escuchas para disminuir su miedo a la invisibilidad y a tu «desaparición». Con el tiempo, esto disminuye el ruido. Proporcionarle juguetes diseñados para niños pequeños puede ayudar.
- Con niños mayores, puedes relacionar directamente el tiempo de wifi con la hora del baño. Por ejemplo, dos minutos en la ducha/baño = cinco minutos de wifi/Internet. ¡Asegúrate de poner siempre un límite superior!

Estrategias posteriores

- Continúa con el tratamiento posterior a la hora del baño. Lo ideal sería que fuese un tiempo de crianza.
- Menciona la necesidad, cuando sea apropiado, acerca de cuándo el momento del baño puede haber sido aterrador.
- Elogia el hecho de que bañarse es algo muy sencillo. No queremos que el niño se forme la idea de que el simple hecho de darse un baño sea algo notable; por el contrario, necesitamos normalizarlo.
- Cuando las tensiones a la hora del baño son cotidianas y agotadoras para todos, considera incorporar a tu rutina uno o dos días a la semana en los que no haya baño. Sin embargo, es importante no reemplazar ese intervalo de tiempo con algo más gratificante, ya que esto aumentará la resistencia de tu hijo.

PROBLEMAS A LA HORA DE IRSE A LA CAMA

Qué puedes esperar

- El niño se niega a irse a la cama.
- El niño se levanta repetidamente.
- El niño se muestra muy desafiante a la hora de acostarse.
- El niño parece temer quedarse solo.
- El niño intensifica los golpes y las agresiones y generalmente está desregulado.

Por qué puede suceder esto

- Ansiedad por separación: La hora de acostarse significa que habrá una separación prolongada.
- Miedo a la invisibilidad: Cuando el niño está en la cama, a veces teme que desaparezcas o que te olvides de él si se duerme.
- Miedo a estar solo (con pensamientos traumáticos).
- No puede gestionar los cambios o las transiciones.
- Recompensa al niño con una reacción (desencadenante para el padre).

- Necesita sentir que controla y es poderoso, ya que en el pasado pueden haberle ocurrido cosas aterradoras.
- Recrea un ambiente familiar: La hora de acostarse puede haber sido inexistente.
- Temor a los padres o cuidadores u otros adultos: Si se duerme, el niño no puede saber si están o no en su habitación.
- Aburrimiento, especialmente cuando los altos niveles de cortisol dificultan el sueño.
- Miedo al abandono.

Estrategias preventivas

- Una rutina fuerte es una estrategia preventiva muy importante. La hora de dormir puede establecerse en diferentes momentos durante el fin de semana y de lunes a viernes, pero debe cumplirse.
- Ten en cuenta los factores ambientales. Si esperas una hora de acostarse sin incidentes en los días de Navidad, en los cumpleaños, o en cualquier otra ocasión similar, ¡te decepcionarás!
- ¡El mensaje coherente para el niño debe ser que la hora de irse a la cama significa irse a la cama! Esto suena obvio, pero si le permites al niño salir de la habitación y vagar continuamente, entonces esto se hace habitual, se convierte en la nueva norma.
- El uso de técnicas de atención plena y meditación con el niño una vez que está en su habitación como parte de la rutina ha ayudado a muchos padres terapéuticos a disfrutar de una velada relajada. Hay sesiones gratuitas a la hora de acostarse, incluida la regulación de la respiración, disponibles en Internet.
- Piensa cuidadosamente en los cuentos para dormir. Las historias tranquilizadoras que le recuerdan al niño que está seguro, que es amado y que piensas en él se convierten en pensamientos tranquilizadores al final del día. Nuestra serie de libros para niños se escribió con esto en mente (consulta Naish y Jefferies, 2016, 2017). También me gusta *The Invisible String* (Karst, 2000), que es particularmente apropiado para nuestros hijos.

- Los niveles de melatonina, que mejoran el sueño, pueden aumentarse mediante la introducción estratégica de la leche y los plátanos en la dieta del niño. También hay marcas de leche disponibles (Lullaby Milk, por ejemplo) que aumentan el nivel de melatonina en su leche. Plátanos hervidos durante unos diez minutos y espolvoreados con un poco de canela y batidos con un poco de leche tibia es una deliciosa bebida para la hora de acostarse, ya que posee altos niveles de melatonina natural.
- Usar aceite de lavanda en el baño del niño, o usar un difusor con ese aroma, también promueve la sensación de relajación.

Estrategias durante el problema

- Cuando un niño está enfadado y se resiste a la hora de acostarse, acariciarlo y cantarle suavemente realmente puede ayudar a que se regule. Esto es algo que hacemos automáticamente con los niños más pequeños y los bebés. Nuestros hijos pueden haberse perdido ese ritual de cariño. Acariciarles la cara y los hombros en particular aumenta las ondas delta, lo que ayuda a dormir.
- Cuando un niño tiene miedo de todos los pensamientos traumáticos que se acumulan una vez que se queda solo en la habitación, es útil quedarse con él hasta que se duerma. Sé que esto es un trabajo duro, pero, de nuevo, tenemos que pensar en qué etapa emocional y de desarrollo se encuentra el niño. Si en el pasado, cuando era un bebé, no lo ayudaron a calmarse y a dormirse, entonces necesita aprenderlo ahora. Por lo tanto, es volver a lo básico. A la larga valdrá la pena.
- Cuando vayas a salir de la habitación, es una buena idea hacerlo por etapas. Puedes pasar la primera semana justo al lado del niño. La semana siguiente puedes sentarte tranquilamente cerca. Cuando hice esto con mi hija, fui acercándome gradualmente cada vez más a la puerta durante un período de dos semanas. Entonces dejé mis zapatos asomando por la puerta y salí.
- ¡Usar un monitor de vigilancia bidireccional para bebés también es útil si puedes soportarlo! Al principio y de manera limitada en

el tiempo, mantén un hilo de comunicación y seguridad en funcionamiento. También puedes usarlo sin sonido, sólo para que el niño pueda verte y tú puedas verlo a él.

- Trata de evitar usar la televisión o un teléfono o una tableta para ayudar al niño a dormir (a menos que emita ejercicios de mediación o algo similar). Esto es más probable que le estimule en exceso y genere más problemas más adelante.
- La música, especialmente la música clásica a un volumen bajo, puede ayudar al niño a sentirse menos solo.
- Yo grabé cintas y CD para mis hijos, en las que les cantaba y leía cuentos. Los reproducía en bucle para ayudarlos a calmarse.
- También puedes proporcionarle una linterna para que el niño la use para leer o para mirar fotografías. Esto tiene la ventaja adicional de tranquilizarlos cuando pueden iluminar los lugares oscuros.
- Si el niño sale de la habitación, debes devolverlo a su interior y quedarte con él hasta que se haya tranquilizado. No hay una solución rápida para esto. No ejercemos de «superniñeras» ni los dejamos gritar.

Estrategias posteriores

- Puedes evaluar la ansiedad o el miedo que tiene el niño alrededor de la hora de acostarse por el método de «nombrar la necesidad». Es mejor hacerlo durante el día, y no cerca de la hora de acostarse.
- Si la hora de acostarse es difícil todos los días, asegúrate de introducir la ayuda de otro padre terapéutico o amigo empático para que te apoye en esta tarea. Asegúrate de instaurar descansos cerebrales regulares (respiros) para que puedas enfrentarte a ese desafío.
- Habla positivamente sobre el día en el que podría ser posible una «fiesta de pijamas», una vez que sea más fácil de manejar para todos.

PROBLEMAS ALIMENTARIOS (véanse también *Desafiar,*
Comportamiento de control, Problemas con la comida,
Problemas escolares, parte 1, capítulo 1)

Qué puedes esperar
- El niño no sabe cuándo está saciado.
- El niño puede enfermarse por comer en exceso.
- El niño se queja de que tiene hambre, incluso después de una comida abundante.
- El niño roba grandes cantidades de alimentos, a menudo altos en azúcar.
- El niño coge la comida y la acumula, a menudo dejando que se pudra.
- El niño estropea la comida, evitando deliberadamente que otros puedan consumirla.
- El niño no puede compartir su comida (*véase* Problemas con la comida).

Por qué puede suceder esto
- Problemas sensoriales *(véase* parte 1, capítulo 1, Interocepción): Es posible que el niño no pueda sentir cuándo tiene hambre y cuándo está saciado.
- Los altos niveles de cortisol conducen a la necesidad de una alta ingesta de azúcar para regularse.
- Nutrición temprana perdida, lo que lleva al niño a sentirse «vacío por dentro».
- Necesidad de sentir que tiene el control, especialmente cuando hay problemas históricos de negligencia y el niño necesita poder controlar su acceso a los alimentos. Esto también se relaciona con estropear alimentos destinados a otros o con compartir alimentos.
- Falta de razonamiento de causa y efecto: Es incapaz de pensar en las consecuencias del robo de alimentos o cómo podría sentirse si come de más.

- Desregulación: Actúa al calor del momento, busca comida para su comodidad/regulación.
- Recrea un ambiente familiar: Patrones de alimentación familiares.
- Falta de empatía por su futuro yo, por ejemplo, cómo puede sentirse al comer en exceso.
- Falta de remordimiento: Por lo general, al niño no le preocupan los efectos de sus acciones, por ejemplo, cuando estropea la comida de otros.
- Necesidad de intentar predecir el entorno, especialmente en relación con el acaparamiento.
- Disociación: El niño puede estar desconectado de las sensaciones corporales y no ser consciente de que come.
- Edad emocional: El niño puede estar buscando crianza, especialmente en relación con los alimentos para bebés, la leche, etc. (*véase* Inmadurez).

Estrategias preventivas

- Ten en cuenta que muchos de nuestros niños tienen niveles altos de cortisol, por lo que debemos ser conscientes de eso. Utiliza ejercicios rítmicos y refrigerios regulares para ayudar a controlar los niveles de cortisol.
- Considera ofrecerle una caja que contenga tentempiés o golosinas con la que el niño pueda ayudarse a sí mismo. Normalmente nuestros hijos se lo comen todo en los primeros cinco minutos, pero gradualmente aprenden a racionarse un poco. Ésta es una buena práctica para ellos. Tener refrigerios asignados sólo para ellos, que estén bajo su control, también ayuda a reducir la ansiedad en torno al acceso a los alimentos. ¡Una vez que se ha acabado, se ha acabado! No sucumbas a la tentación de reponer la caja de tentempiés durante el día, y asegúrate siempre de que tenga la misma cantidad cada mañana.
- La rutina es absolutamente fundamental en relación con la comida. La hora de la comida debe ser muy regular, igual que la

merienda y la cena, siempre a horas fijas. De esta manera, podemos ayudar a nuestros hijos a anticipar el hambre y también a disipar las ansiedades por la provisión de alimentos, y evitar una escalada en el comportamiento cuando el niño tiene hambre sin darse cuenta.

- Si tienes un hijo que estropea la comida de los demás (por ejemplo, mordiendo todas las manzanas que haya), no puedes dejar la comida a la vista. Esto es frustrante. El uso de cajas de tentempiés individuales asignadas a cada niño puede ayudar, pero es posible que tengas que pensar con mucho cuidado dónde las almacenas en caso de que a uno de los niños empiece a comerse el contenido de las demás cajas.

- Si tu hijo roba alimentos, una buena estrategia preventiva es reducir en gran medida la cantidad de alimentos que se conservan en casa. Las cajas de refrigerios pueden ayudar a reducir el robo de alimentos, ya que el niño tiene «permiso» para comer cuando lo desee.

- Ten un lugar seguro donde puedas guardar los alimentos y sepas que el niño no tiene acceso a ellos. Cuando tenía cinco adolescentes en casa, tuve que cerrar la nevera, pero los niños tenían acceso a otros alimentos.

- Piensa en lo consciente que es tu hijo en relación a consumir alimentos. Recuerdo que una vez vi a uno de mis hijos coger algo, ¡morderlo y devolverlo a su sitio! Cuando le llamé la atención, él no sabía qué había hecho aquello.

Estrategias durante el problema

- Si tienes un hijo que se queja constantemente de que tiene hambre, es muy útil responder de manera empática: «Puedo ver que tienes hambre. Eso puede hacer que estés un poco preocupado o gruñón. Te daré la merienda en diez minutos, yo también tengo un poco de hambre». Evita decir: «¡No puedes tener hambre!», porque el niño probablemente no sabe si tiene o no.

- «Tengo hambre» a veces significa «Me siento vacío». Puedes responder: «Me pregunto si ese sentimiento de vacío es porque necesitas un abrazo».

- Si descubres que tu hijo ha robado alimentos, debes responder empáticamente, no emocionalmente. ¡Eso no es fácil! Indícale que sabes que ha cogido X y explícale que no habrá más para más adelante. Por ejemplo, «¡Oh, veo que te has comido algunas galletas! Ésas te gustan, ¿verdad? Recordaré poner un par en tu caja de tentempiés. Pero es una pena, porque ahora ya no queda tiempo para que comas más tentempiés, así que luego comerás algo un poco menos interesante».

- Cuando un niño coge alimentos para acumularlos, «nombrar la necesidad» puede ser muy útil. Por ejemplo, «Me pregunto si has cogido toda esta comida porque cuando eras pequeño no tuviste la oportunidad de asegurarte de que siempre tendrías comida. Bueno, aquí tienes una caja de tentempiés que siempre puedes usar. Puedo ver que no te comes la comida que coges, sino que la escondes por si acaso. Sé que es difícil para ti sentir que ya no necesitas esconder comida. Creo que tu pequeña parte del cerebro del bebé está a cargo, así que te ayudaré con eso».

- Si el niño almacena comida compulsivamente, puedes localizar dónde la oculta y retirarla. Asegúrate de dejar una pieza de comida. Si las eliminas todas, es probable que aumentes su compulsión de acumulación.

- Cuando el niño haya comido mucho y aún quiera comer más, pon tu mano y la de él sobre su estómago. Pídele que describa cómo nota la barriga con la mano. Usa palabras como «llena» y «dura». De esta manera, puedes ayudar al niño a comenzar a experimentar sensaciones de plenitud utilizando un camino sensorial diferente.

Estrategias posteriores

- Mira lo que su hijo realmente hace con la comida que coge. Si la está acaparando, entonces puede estar relacionado con problemas de negligencia temprana. El niño no quiere hacerlo, pero la coge automáticamente «por si acaso». Puede ser una estrategia de supervivencia programada en el cerebro que se desvanecerá con el tiempo. En estos casos, es más fácil mantener un ojo puesto en el «lugar de acaparamiento» y recuperar los alimentos cuando sea posible.

- Asegúrate de hacerle saber al niño que sabes lo que está pasando. A veces es tentador no decir nada para «mantener la paz». Esto sólo retrasa la inevitable confrontación y es probable que invoque niveles tóxicos de vergüenza. Dile con claridad que lo sabes. No esperes ni requiera a que el niño «admita» lo que ha sucedido.

- Usa las consecuencias naturales para lidiar con el robo. Si roba algo, no lo reemplaces. Si un niño ha cogido y se ha comido cinco chocolatinas, lamentablemente no hay chocolatinas disponibles para ese niño en particular. Puedes ofrecerle una alternativa que sea mucho menos atractiva. ¡Esto debe hacerse de una manera «triste y empática», no sarcástica ni castigadora! Por ejemplo, «Lamento que hoy no tengas chocolatina, ya que lamentablemente ya te las has comido todas. Aunque a cambio tengo un plátano».

- Evita tratar de tener una discusión racional acerca de robar o acumular alimentos. Como ésta es una acción instintiva relacionada con las estrategias de supervivencia temprana, es difícil para el niño obtener el control a través de discusiones racionales y explicaciones sobre el robo.

- No sucumbas a la tentación de usar la comida como castigo. Si un niño acaba de comerse un paquete completo de galletas, no le digas que no puede cenar. Usar los alimentos como un mecanismo de control o castigo aumentará enormemente cualquier problema que tenga con los alimentos. Cuanto más controlador te vuelvas en respuesta a los problemas de tu hijo, más probabilidades hay de que desarrolle trastornos alimentarios más graves.

- Sé consciente y claro sobre el vínculo entre la comida y la crianza. Aunque éste es uno de los desafíos más exasperantes que enfrentamos, también es uno de los signos más probables de la evolución de los apegos
- Lee libros como *Love Me, Feed Me* (Rowell, 2012) para una mejor comprensión, y *Rosie Rudey and the Enormous Chocolate Mountain* (Naish y Jefferies, 2017) para obtener ayuda directa para identificar la necesidad detrás del comportamiento.

PROBLEMAS AL IR A LA COMPRA (véanse *Comportamiento de control, Escaparse, Gritar y chillar*)

PROBLEMAS CON LA COLADA (véanse *Desafiar, Ropa sucia, Habitación sucia, Sabotear*)

PROBLEMAS CON LA COMIDA (véanse también *Comportamiento de control, Desafiar, Problemas alimentarios, Problemas escolares, parte 1, capítulo 1*)

Qué puedes esperar
- El niño es quisquilloso con las comidas/alimentos ofrecidos.
- El niño come muy despacio.
- El niño come muy rápido.
- Hay tensión y discusiones cuando debe compartir la comida.
- El niño se niega a comer o a menudo rechaza las comidas ofrecidas.
- El niño no puede quedarse quieto en la mesa/se agacha, se levanta y así sucesivamente.
- El niño es muy particular en cuanto a los alimentos que se tocan en el plato, o los colores de los diferentes alimentos, etc.
- El niño monta mucho follón a la hora de comer.

Por qué puede suceder esto

- Es posible que el niño no haya sido destetado adecuadamente y que se haya perdido etapas clave. Esto es particularmente relevante cuando el niño favorece sólo uno o dos tipos de alimentos.
- Compulsión inconsciente de romper un vínculo de formación (con los padres), especialmente en relación con rechazar los alimentos ofrecidos (crianza).
- Problemas sensoriales, especialmente relacionados con el calor/frío, el sabor picante, el color y la textura.
- Niveles altos de cortisol: Dificultan que el niño se siente quieto y haga una cosa.
- Edad emocional o de desarrollo, especialmente en relación con ser capaz de alimentarse, evitar el desorden, etc.
- Necesidad de sentir que tiene el control y es poderoso, especialmente en relación con tener opciones, cuando en su pasado éstas no existían. Esto también se relaciona con los niños «quisquillosos», que son muy particulares, por ejemplo, sobre la disposición de los alimentos en su plato.
- Lealtad a los padres biológicos o excuidadores: Rehusar los alimentos es un poderoso rechazo de la atención y la crianza.
- Recrea un ambiente familiar: La comida puede ser desconocida para él y el niño puede no tener experiencia con comidas estructuradas.
- Sentimientos de hostilidad u odio momentáneo hacia los padres.
- Miedo a la invisibilidad/a ser olvidado: Busca una reacción, especialmente cuando la alimentación lenta asegura que la atención se mantiene en el niño.
- Necesidad abrumadora de mantener a los padres cerca.
- Necesidad abrumadora de sentirse amado, importante y protagonista.

Estrategias preventivas

- Considera comenzar todo el proceso de destete desde cero si crees que esto puede ser la causa de que el niño rechace la mayoría de los alimentos. Es posible que debas complementar la leche sola con suplementos vitamínicos, etc., así que consulta a un profesional de la salud. Asegúrate de que el elemento nutriente esté fuertemente presente al usar esta estrategia, es decir, alimenta al niño con biberones o cucharas siempre que sea posible, en lugar de dejar que el niño se alimente solo. Relaciona esto con la edad emocional del niño.

- Mantén las comidas iguales. Incorpóralas a la rutina de la casa, asegurándote de que las comidas sean predecibles en cuando al horario y al contenido.
- Asigna a cada niño su propio juego de vajilla y cubertería. Cuando están sobre la mesa, esto asegura al niño su lugar en la mesa. El mensaje es: «Obtendrás comida».
- Usa la psicología inversa. Si tienes un hijo que se niega a beber, ponle la bebida de todas maneras y dile: «Trata de no beberte eso, así puedo guardarlo para más tarde».
- Sé consciente de la relación entre la alimentación y la crianza. Es duro cuando los niños rehúsan nuestra comida porque rechazan nuestra crianza y, por lo tanto, sentimos como si nos rechazaran a nosotros. Es importante ser consciente de esto como un posible desencadenante.
- Cubre la mesa con un mantel de vinilo resistente al calor para reducir sus ansiedades por el desastre y el daño.
- Si el niño come muy rápido, por la comida en la mesa en porciones pequeñas, agregando la segunda y la tercera porción después de una pausa adecuada.
- No pongas platos para compartir; por ejemplo, en las fiestas de cumpleaños. Esto es demasiado desencadenante para nuestros hijos, que contarán frenéticamente todos los bocadillos que hay en la bandeja y al mismo tiempo observarán a la competencia. En su lugar, cuando haya una celebración, pon la misma comida sabrosa en el plato de cada niño, luego añade el postre o el trozo de pastel. ¡Asegúrate de que todos tengan la misma cantidad!

- Cuando un niño come muy desordenadamente, intenta dar un paso hacia atrás inconsciente y observa qué hace el niño. Trata de establecer cuál ha sido su desarrollo. ¿Cuánta práctica ha tenido con el cuchillo y el tenedor? ¿Necesita retroceder una etapa y debes introducir de nuevo el babero o ayudar al niño a aprender a mejorar la coordinación?
- Además, con la alimentación desordenada a menudo hay problemas sensoriales a considerar. Algunos padres terapéuticos han evaluado a sus hijos y han descubierto que éstos no pueden determinar dónde se encuentra la comida en su boca. Para ayudarles, puedes hacer que participen en un juego que consiste en comer un dulce muy pequeño, como una gominola, y ver quién puede mantenerlo en la boca durante más tiempo. Luego pueden mover la gominola a lugares específicos de la boca. Para ver una mejora en esto habrá que esperar algunas semanas.
- Maneja los tamaños de las porciones con cuidado. En Problemas alimentarios se describe lo difícil que es cuando nuestros hijos no parecen tener sensaciones de hambre y plenitud. Por eso debemos ser su «sensor».
- Puedes tratar de involucrar al niño en la planificación del menú. Algunos padres han tenido un éxito limitado con esto. En nuestra casa fue un desastre, ¡lo que llevó a los niños a disfrutar de un intenso debate sobre la elección de las comidas!
- ¡Sé el «rey o la reina» de la casa! ¡No necesitas cocinar cinco comidas diferentes para cinco niños diferentes! Si bien podemos tratar de adaptarnos a las elecciones individuales durante la semana, es importante que nuestros hijos nos vean como padres que tiene confianza y control. Si nos inclinamos constantemente ante la última moda alimentaria de la semana, estamos socavando esa seguridad.
- Si tienes un niño que es muy quisquilloso y particular sobre el contacto con la comida, los colores y el desorden, ¡esto es un indicador de la necesidad de introducir un juego desordenado! Puedes hacerlo de manera bastante espontánea, tal vez inventan-

do un juego que implique manipular comida, hornear algo y que la harina y otros ingredientes, por ejemplo, estén presentes en el desorden. A medida que el niño aprende y experimenta algún desorden alrededor de la comida y lo asocia con diversión y alegría, la ansiedad que experimenta disminuirá.

Estrategias durante el problema

- Cuando un niño come muy lentamente, simplemente sigue adelante, dejando claro que él puede tardar todo el tiempo que quiera, pero que tú continuarás haciendo las cosas en el plazo habitual. Si el niño come despacio debido a que desea ejercer el control sobre el resto de la familia, esto lo elimina como recompensa.

- Utiliza un rollo grande de papel para cubrir la mesa para que pueda dibujar en ella cuando tenga problemas de atención o por estar sentado.

- Si el niño te utiliza como desencadenante, entonces colócate de manera que no pueda ver lo que estás haciendo, tanto si él está comiendo o bebiendo como si no. Recuerda, el niño puede estar observándote en busca de una respuesta, y esa respuesta podría estar reforzando los comportamientos negativos. Debes actuar de manera que te asegures de mostrar una cara de «no me molesta».

- En la mayoría de las situaciones relacionadas con las comidas puedes hacer comentarios empáticos. Por ejemplo, «Parece que no quieres la cena que he hecho. Sé que tienes hambre. Debe de ser muy difícil decir no a la comida cuando tienes hambre. Me pregunto si crees que (el cuidador anterior) se enfadará si comes nuestra comida».

- Con un niño que se muestra quisquilloso a la hora de comer no te sientas tentado a saltar directamente a los postres dulces porque «necesita comer algo». Si te preocupa el desarrollo del niño, asegúrate de que lo pesen regularmente. Me resultó mucho más fácil decir «Hoy te quedas sin postre» (cuando casi todo el contenido de la cena principal todavía estaba en el plato) cuando estaba segura de que estaban ganando peso. Más tarde descubrí lo aficionados eran mis hijos a pedir prestado de las fiambreras de otros niños…

- En el caso de que a tu hijo no le guste que los diferentes alimentos se toquen en el plato, debes cortar eso de raíz cuanto antes. Es razonablemente sencillo minimizarlo y decirle al niño que puede mover las cosas en su plato si lo desea. Sé que algunos padres compran platos con secciones separadas para usar con niños que tienen conductas muy arraigadas y que simplemente no comen. Yo solía usar bandejas de horno cuando hacia pastel de carne o lasaña, platos en los que la comida se toca toda y acaba toda mezclada. ¡Una vez puse toda la comida en una licuadora e hice «sopa»!

- Pregúntate en voz alta: «Me pregunto si crees que si comes un solo copo de maíz cada vez retrasarás así el momento de ir a la escuela».

Estrategias posteriores
- Cuando hayas decidido «seguir avanzando», es importante llevar esto a cabo. Dile al niño: «Puedo ver que necesitas más tiempo para terminar tu comida, así que avísame cuando hayas terminado». Luego levántate de la mesa y dedícate a una tarea en otro lugar de la casa. Esto ayuda a resolver los desafíos en los que los niños comen lentamente de manera deliberada, y la «vuelta para comprobar» también tranquiliza al verdadero consumidor lento.

PROBLEMAS CON LAS REDES SOCIALES *(incluidos los teléfonos móviles)* (véanse también *Amistades, Obsesiones, Comportamiento sexualizado)*

Qué puedes esperar
- El niño es adicto a las redes sociales.
- El niño comparte información inapropiada en Internet.

- El niño visita sitios web inapropiados.
- El niño busca contacto con personas con las que no debe estar en contacto a través de las redes sociales.
- El niño se cansa mucho, usando el teléfono y el ordenador por la noche.

Por qué puede suceder esto

- Gratificación inmediata: Como nuestros hijos a menudo carecen de control de los impulsos, las recompensas y la atracción de las redes sociales son muy poderosas.
- Necesidad de sentir que tiene el control y es poderoso, especialmente en relación con la creación de una versión alternativa de ellos mismos en Internet y también porque quieren asegurarse de saber todo lo que está sucediendo en todo momento.
- Falta de razonamiento de causa y efecto: El niño no puede procesar los efectos de sus acciones en Internet.
- Adicción a las redes sociales.
- Compulsión inconsciente de romper una formación de vínculo (con los padres): El niño puede estar emocionalmente ausente cuando está en línea.
- Atracción por las actividades en grupo de iguales.
- Aburrimiento, especialmente si el niño tiene dificultades para mantener amistades cara a cara en la vida real. Las «amistades» *online* pueden ser más fáciles de mantener.
- Necesidad abrumadora de sentirse amado/importante: La gratificación instantánea y el reconocimiento están disponibles a través de las redes sociales.
- Edad emocional: El niño desconoce o ignora los riesgos.
- Lealtad a los padres biológicos/excuidadores: Trata de contactarlos a través de las redes sociales.
- El desarrollo del cerebro se ve afectado por un trauma en la vida temprana o similar.

Verificación de la realidad

Las redes sociales son un hecho de la vida moderna. Es muy difícil evitar que los niños y los jóvenes utilicen Facebook, Snapchat y otras plataformas similares. Incluso cuando los padres y cuidadores están muy atentos y restringen su uso, nuestros hijos tienen talento para obtener acceso desde los teléfonos y los dispositivos de otros. Nuestro desafío es complejo ya que nuestros hijos a menudo funcionan en una edad emocional mucho más joven y simplemente no son capaces de manejar las complejidades y peligros de las redes sociales.

Evitar completamente que los niños participen en las redes sociales podría conducir a la exclusión social entre sus compañeros. Nuestra tarea es extremadamente compleja al tratar de ayudar a nuestros niños a explorar los aspectos positivos de las redes sociales y mantenerlos a salvo, especialmente al considerar sus necesidades adicionales. Los niños que han experimentado traumas pasados y tienen baja autoestima pueden ser más vulnerables a los peligros asociados con Internet.

Estrategias para minimizar el riesgo

- ¡Establece límites firmes! Yo siempre tenía bajo control las tabletas, los teléfonos, etc., y sólo les permitía usarlos cuando yo quería que los niños los usaran. Naturalmente, esto tenía un horario asignado en nuestra rutina establecida.
- Comprende lo que hacen los niños y los jóvenes cuando están en línea. La mejor manera de hacerlo es que te familiarices con ello. Si no estás seguro de cómo funcionan las redes sociales, pídele a un miembro de tu familia que te lo muestre o apúntate a un curso. La ignorancia no puede ser usada como excusa.
- Déjale claro al niño que no se permiten teléfonos, tabletas ni ordenadores en las habitaciones. De lo contrario tú no puedes ver qué están haciendo y existe un riesgo significativo y muy elevado. El niño también se aísla más y pasa menos tiempo en el entorno familiar.

- Establece un diálogo regular y abierto con el niño sobre cómo pretendes mantenerlo seguro en Internet y cuáles son las reglas internas sobre el uso de Internet y tus expectativas.
- Piensa en el tipo de teléfono o tableta que necesita tu hijo. Muchas plataformas de redes sociales no son adecuadas para niños menores de 14 años. Algunos de nuestros niños son mucho más jóvenes cronológica y emocionalmente. Todos mis hijos tenían teléfonos básicos sin acceso a Internet con los que empezar, y luego vimos cómo iba a partir de allí, aumentando gradualmente su acceso a medida que sentí que eran capaces de manejarlo.
- Asegúrate de que el niño entienda cómo usar la configuración de privacidad para «ocultar» su perfil en las búsquedas y bloquear los contactos no deseados. Ten en cuenta que algunas aplicaciones de redes sociales proporcionan informes en tiempo real sobre dónde se encuentra la persona y qué está haciendo.
- Asegúrate de que la pantalla del ordenador está orientada hacia afuera y ubicada en la sala de estar o en un área que otros puedan verla con facilidad.
- Trata de comprender lo que hace el niño en Internet involucrándote en sus sesiones, y pídele que te guíe para comprender las redes sociales e Internet. ¡No tengas miedo de pedirle ayuda a tu hijo para entender las nuevas aplicaciones y el lenguaje utilizado, ya que pueden saber mucho más que tú!
- Ten en cuenta que es muy probable que las personas que han actuado de manera inapropiada con el niño en el pasado se dirijan y accedan a ellos a través de redes sociales como Facebook. Si todas las partes acuerdan que un niño puede tener una cuenta en las redes sociales (y tiene la madurez cronológica y de desarrollo suficiente), configura la cuenta tú mismo o pídele a un amigo de confianza que lo haga. De esta manera, te asegurarás de que tienes las contraseñas y puedes acceder a la información si fuera necesario.
- Utiliza controles de bloqueo y filtrado en los ordenadores a los que puedas acceder fácilmente y que proporcionen a los padres

información sobre los sitios que se visitan, etc. Los controles parentales también se pueden configurar en las tabletas y en los teléfonos, pero para ello deberás participar en la etapa de configuración del dispositivo.

- Asegúrate de que tu propio ordenador esté protegido con una contraseña segura y de no dejarlo en un área accesible. Nuestros niños pueden ser extremadamente rápidos para anotar contraseñas y códigos. Luego pueden iniciar sesión como si fueran tú y realizar compras. Es muy útil cambiar la configuración para que se requiera una capa adicional de seguridad, como Touch ID.

Estrategias para gestionar las obsesiones de los niños con las redes sociales

- ¡Recuerda que estás a cargo de la wifi! Esto es muy poderoso. Ahora es posible comprar un bloqueador de wifi que restringe la cantidad de tiempo que un niño o joven puede permanecer en Internet, y también limita el tipo de sitios que pueden visitar a través de la wifi. Sin embargo, esto no afectará al uso a través de un plan de datos telefónicos.
- Impón la regla de que todos los teléfonos, tabletas y ordenadores no están permitidos en las habitaciones. Cuando el niño se acueste, la «estación de carga» debe estar ubicada en la sala, y ése es el único lugar donde se pueden cargar. Si observas que el niño se ha llevado el teléfono a la cama, puedes ir a la habitación y retirárselo, o esperar hasta que el niño se haya quedado dormido y retirárselo entonces. La consecuencia natural de que esto ocurra es que no quieres que se cansen, por lo que el teléfono no le será devuelto hasta el día siguiente. Yo solía decir: «Déjame ayudarte a dejar de sentirte tan cansado. Creo que ayer te olvidaste de la regla sobre la ausencia de teléfonos en las habitaciones, por lo que debes de estar muy cansado. Cuidaré del teléfono y te lo devolveré más tarde/mañana». También les decía, «Lo siento, no me di cuenta de que no podías administrar el tiempo en tu tableta. Te ayudaré con eso en el futuro». La consecuencia natural está ahí.

- Asegúrate de que el niño sea responsable de su propio teléfono/tableta. Si se rompe, que siga roto. Puedes ayudar al niño a ahorrar o a trabajar para conseguir uno nuevo, pero resiste a la tentación de reemplazarlo de inmediato. Esto no ayuda a nuestros hijos a aprender la relación entre causa y efecto.
- No sucumbas a la tentación, bajo ninguna circunstancia, de firmar un contrato a tu nombre para el teléfono del niño. Esto termina invariablemente en un desastre y tiene muchas implicaciones de gran alcance. Si el niño se ha llevado su teléfono a la cama y tú decides apagar el wifi, es poco probable que el niño se preocupe si tiene datos ilimitados. Si el niño es responsable de pagar sus propios datos en un plan restringido, esto significa que tiene menos dinero disponible para opciones menos saludables como los cigarrillos y el alcohol.
- Mantén un control sobre el comportamiento de tu hijo después de haber estado navegando por Internet. Si de repente se vuelve reservado y no quiere decir qué hace, no tengas miedo de monitorizarlo si es posible. Como norma, deberías poder revisar cualquier mensaje para que tengas la tranquilidad de que no sufren el riesgo de contactar con un depredador sexual o con otra persona peligrosa de su pasado. El sitio web de NSPCC (The National Society for the Prevention of Cruelty to Children) tiene información actualizada sobre los riesgos de Internet y sobre cómo mantener a tu hijo seguro y cómo reconocer los riesgos.
- Haz un buen uso de los recursos *online* (a continuación) y de libros apropiados como *Your Brain on Porn* (Wilson, 2015) y *Bubble Wrapped Children* (Oakwater, 2012).

Recursos adicionales

Parents Protect: Para obtener información actualizada y los mejores consejos para mantener a tus hijos seguros *online*: www.parents-protect.org

XXXAware: Este sitio brinda instrucciones paso a paso sobre cómo configurar los controles parentales en diversos proveedores de banda ancha y dispositivos de tecnología y es muy fácil de usar. Es una ventanilla única para los controles parentales: www.xxxaware.co.uk

NSPCC: este sitio brinda una descripción general del comportamiento sexual normal y anormal, qué buscar y qué hacer al respecto, con enlaces que brindan información sobre temas tales como el acoso personal y la pornografía *online*: www.nspcc.org.uk/preventing-abu

PROBLEMAS DE MEMORIA Y DESORGANIZACIÓN (véanse también *Ausencias, Tardanza, Habitación sucia*)

Qué puedes esperar
- El niño se olvida las cosas, los libros, etc.
- El niño está desorganizado, llega tarde y se lleva a la escuela cosas equivocadas.
- El niño a menudo pierde cosas.
- El niño parece generalmente olvidadizo, descuidado y despreocupado por las consecuencias de esto.
- El niño se olvida de grandes eventos como las vacaciones.
- El niño olvida toda una sección del trabajo aprendido.

Por qué puede suceder esto
- El desarrollo cerebral se vio afectado por un trauma en la vida temprana o similar, por ejemplo, dispraxia, especialmente en relación con la torpeza y la desorganización.
- Pensamiento compartimentado: El cerebro del niño almacena las cosas de tal manera que no son fácilmente accesibles.
- Problemas sensoriales, especialmente en relación con sentirse abrumado y perder la concentración.
- Falta de razonamiento de causa y efecto: El niño es incapaz de reconocer o pensar sobre el efecto que tendrá perder las cosas.
- Se siente cómodo estando equivocado/autosabotaje: El niño espera ser culpado o haberse metido «en problemas».

- Edad emocional: El niño puede estar funcionando a una edad mucho más joven.
- Recrea un entorno familiar: Los elementos materiales pueden tener poco interés o valor para él.
- Miedo a la invisibilidad/a ser olvidado: Busca una reacción o una ayuda para encontrar un artículo perdido.
- Falta de empatía, sobre todo con su futuro yo: El niño no tiene idea del impacto de la desorganización o de perder las cosas.
- Disociación.
- Necesidad abrumadora de mantener a los padres cerca.

Verificación de la realidad

Hay una gran cantidad de información e investigación sobre cómo el trauma afecta a la memoria. Dos de los recursos más útiles son el sitio web de Bruce Perry http://childtrauma.org y el libro *The Body Keeps the Score,* de Bessel van der Kolk (2015). Los problemas de memoria son muy comunes en nuestros hijos. Cuando están traumatizados y tienen altos niveles de cortisol, el cerebro simplemente prioriza la supervivencia sobre los quehaceres domésticos. Sin embargo, a medida que los niveles de adrenalina y cortisol disminuyen a lo largo de los años, y la rutina y la previsibilidad los hacen sentir más seguros, comenzamos a ver mejoras notables. Esto ayuda a los padres y a los cuidadores si saben que el niño realmente no puede contribuir. Trata de no preocuparte demasiado, ya que yo he comprobado que esto mejora definitivamente a medida que crecen. La falta de memoria tiene un impacto directo en la organización y en la pérdida de objetos, por lo que es una prioridad media-alta a la que hacer frente.

Yo descubrí que los recuerdos de los niños parecían estar «compartimentados», por lo que sólo tenían que lidiar con lo que sus cerebros les permitían manejar al mismo tiempo. Por ejemplo, llevé a mis hijos a París. Tres meses después, Rosie tuvo que hacer un proyecto sobre París en la escuela, pero no tenía ningún recuerdo de nuestra visita a la capital de Francia. Le mostré un vídeo y lo recordó vagamente. Tres meses después recordó haber ido. La hipervigilancia fue un factor que contribuyó a que mis hijos no recordaran lo que habían aprendido en la escuela. Piénsalo así: si vieras a un hombre entrando en la habitación con un cuchillo, no recordarías cómo se llamaba la dama que estaba detrás de él. Es así como el cerebro prioriza la supervivencia.

Estrategias útiles

¿Qué estoy haciendo?

Ahora	Siguiente	Luego
baño	lavarse las manos	cena

- La rutina y la estructura son excelentes maneras de ayudar a tu hijo a mejorar su memoria. Si la vida es predecible y organizada, es menos difícil para el niño olvidar dónde se supone que debe estar y qué sucederá después.
- Utiliza muchas ayudas de memoria. Puedes obtener gráficos, esquemas y organizadores a los que se les pueden añadir imágenes. Si haces una búsqueda en Internet «ayudas para el autismo» o «recursos para el autismo» se encuentran fácilmente.
- Ten en cuenta que tu hijo puede sentirse tan frustrado como tú por perder siempre las cosas y ser desorganizado. Si sientes empatía hacia el niño por eso, también puedes descubrir que te sientes mejor al respecto.
- El uso de un suplemento de omega 3 puede ayudar realmente a nuestros niños a mejorar la función de su memoria. A veces, los niños se resisten a tomar los suplementos en forma de píldoras,

especialmente el suplemento a base de pescado, por lo que puedes incluirlo en su dieta si es posible, o usar un suplemento vegetariano, que se puede disfrazar en los alimentos con bastante facilidad.

- La paciencia es clave. ¡La dificultad es que los padres terapéuticos tienen que tener mucha paciencia y mucha tolerancia la mayor parte del tiempo! Si esto es un desencadenante para ti, intenta volver a asignar una de las tareas que sabes que puede ser difícil. Por ejemplo, nosotros solíamos tener la «hora de revisar las mochilas» al final de cada día escolar. Esto normalmente hacía que aparecieran misteriosamente objetos perdidos y propiedades de otros. Puede ser una tarea que decidas asignar a otra persona, o hacerlo todos a la vez alrededor de la mesa. La tentación es «no mirar» para evitar la exasperación y el posible conflicto, pero ten cuidado, eso probablemente sólo te traerá problemas. ¡Tener una noche del viernes libre está bien!
- Informa a la escuela sobre los problemas de memoria de tu hijo y acuerda estrategias con los profesores para que no confíen en que el niño recuerde. Solíamos dar a la escuela equipos de gimnasia de repuesto y hacer la entrega en mano para evitar que los artículos se extraviasen.

PROBLEMAS ESCOLARES (véanse también *Deberes*, *Problemas de memoria y desorganización*, *Transiciones*, *Triangulación*)

Qué puedes esperar

- La escuela parece tener una visión diferente del niño a la que tienes tú *(véase también* Triangulación*)*.
- El niño se resiste a ir a la escuela y parece abrumado.
- Las expectativas de la escuela no coinciden con las habilidades de tu hijo, y hay desacuerdo sobre temas disciplinarios *(véase también* Deberes*)*.
- El comportamiento del niño es significativamente peor en la escuela, lo que lleva a una posible exclusión.

- A menudo sientes que la escuela te critica y culpa, especialmente en relación con la alimentación, los comportamientos agresivos y a los problemas de incontinencia del niño.
- El niño tiene miedo a ir a la escuela y parece estar bloqueado y no puede aprender, o está funcionando muy por debajo de las expectativas (*véanse también* Inmadurez, Problemas de memoria y desorganización).

Por qué puede suceder esto

- Falta de conocimiento por parte de la escuela sobre los efectos del trauma y del apego.
- Miedo o anticipación temerosa de una respuesta negativa de los adultos, lo que lleva a la triangulación.
- Miedo a manejar, cambios/transiciones o incapacidad para hacerlo.
- Necesidad de sentir que tiene el control y es poderoso.
- Necesidad de tratar de predecir el entorno, esto a veces puede ser difícil en el entorno escolar.
- Falta de razonamiento de causa y efecto, en especial cuando las consecuencias están demasiado lejos en el futuro.
- Desregulación: Se siente abrumado por la sobrecarga de información sensorial que conduce a posibles estallidos de agresión. Además, los altos niveles de cortisol dificultan que el niño se siente quieto y se concentre.
- Sentimientos de hostilidad u odio momentáneo hacia el maestro, especialmente cuando el niño está ansioso por tener a otro adulto «bajo control» y lo experimenta como una amenaza para la autoridad de los padres.
- Miedo a la invisibilidad/a ser olvidado en una clase con otros niños.
- Edad emocional: El niño es colocado en una clase según su edad cronológica.
- Hipervigilancia: El niño trata de recordar dónde están todos y lo que hacen, por lo que no tiene capacidad para seguir aprendiendo.

- Ansiedad por separación: Puede exacerbarse por el uso no cualificado del tiempo muerto en la escuela.
- Miedo a llamar la atención sobre sí mismo por pedir ayuda en clase.
- Disociación: El entorno del aula puede ser demasiado abrumador *(véase* Problemas de memoria y desorganización).
- «¡Si no podemos aprender todos a cantar con la misma hoja donde está escrita la canción, no debemos sorprendernos cuando nuestros hijos sean los que dirijan toda la orquesta!».
- Necesidad abrumadora de mantener a los padres cerca.
- Le gusta estar equivocado: El modelo de trabajo interno negativo del niño significa que las tablas de recompensa estándar de la escuela y sistemas similares generalmente no son efectivos.
- Problemas sensoriales: El niño puede estar desbordado de información que no puede separar y entender.

Verificación de la realidad

Una de las preguntas que me hacen con más frecuencia es: «¿Cómo trato con la escuela de mi hijo?». Muchos padres terapéuticos se sienten frustrados, socavados y desempoderados por un profesorado bienintencionado que se adhiere firmemente a métodos probados y fiables que parecen funcionar bien con niños con vínculo de apego seguro. Son nuestros hijos quienes permanecen en la «zona oscura» de la tabla de comportamientos, y son los que no pueden quedarse quietos e interrumpen la clase. Sabemos que la crianza estándar no funciona para nuestros hijos, por lo que, de la misma manera, los métodos de enseñanza estándar tampoco funcionarán.

Trabajo mucho con las escuelas, y existen muchos cursos de capacitación y libros excelentes que ayudan a las escuelas a adoptar un enfoque más amigable con el apego. Uno de los servicios más importantes que podemos hacer por nuestros hijos es identificar una escuela consciente de los problemas que pueden mostrar ellos. Es esencial no sólo que la escuela entienda los efectos del trauma y lo que intentan hacer los padres terapéuticos, sino que el padre terapéutico sea proactivo para garantizar que la información se comparta de manera efectiva.

Estrategias en torno a la comunicación

- La comunicación es absolutamente fundamental y decisiva. La responsabilidad debe ser compartida equitativamente entre los padres y la escuela. Esta comunicación no puede depender de que el niño lleve mensajes en una libreta, o que los transmita de otra manera. La comunicación directa, preferiblemente cara a cara en el momento de recoger y dejar al niño, es la mejor manera de evitar malentendidos. También es mejor para el niño que sea transferida de manera segura. En su defecto, las llamadas telefónicas directas o los correos electrónicos funcionan bien.
- Si crees que la escuela puede haber cometido un error, es más útil adoptar una postura neutral con el niño hasta que conozcas los hechos. Utiliza frases como, «No sé qué pasó, pero tengo confianza en ti para que lo resuelvas. Si necesitas ayuda, avísame». Luego, ponte en contacto con la escuela para averiguar qué sucedió desde su perspectiva.
- Proporciona recursos útiles a los que la escuela pueda referirse para explicar por qué tu hijo necesita un enfoque diferente. En el sitio web de la Asociación Nacional de Padres Terapéuticos hay una carta para las escuelas que los miembros pueden imprimir. Remite la escuela a la legislación actual y a las pautas de NICE (Instituto Nacional de Excelencia en la Salud y la Atención), que recomiendan la práctica del apego. También consulta los libros y sitios web recomendados al final de este libro.
- Asegúrate de asistir absolutamente a todas las reuniones con los maestros. La escuela de mis hijos tenía una extraña convención por la cual los niños eran los responsables de convocar las citas. ¡Claramente era una coincidencia que los maestros que habían quedado fuera de la lista de citas fueran los que tenían la información más importante para mí! Pero yo siempre me aseguraba de ver a cualquier maestro que hubiera desaparecido de la lista.

Eran maestros que solían esperar que me hubiera recuperado de «mi reciente hospitalización» o que me decían cuánto lamentaban haberse enterado de la «pérdida de nuestro perro». Naturalmente, nada de eso había sucedido, pero Charley Chatty había encontrado una excelente estrategia nueva para evitar que viera a sus maestros.

Estrategias para manejar los estilos de gestión conflictivos y la disciplina

- ¡Es realmente importante que la escuela se quede en la escuela! Simplemente no sabemos exactamente qué pasa allí y, a veces, nuestros hijos están preparados para fallar. Si nos alineamos completamente con la escuela, nuestros niños ya no tienen una base segura y pueden sentirse solos. Esto puede deteriorarse muy rápidamente. Sin embargo, no significa que también socavemos deliberadamente la escuela. Una postura neutral puede ser útil en todo momento.
- Descubrí, una vez que mis hijos crecieron, que muchos, muchos incidentes habían sido creados por la escuela al manejar mal las ansiedades de mis hijos y al tener una completa falta de comprensión sobre el trastorno de apego. Una vez le dije a un maestro: «No te pido que vengas aquí para que les digas que ordenen sus habitaciones, así que no me pidas que los castigue por algo que ha sucedió pasado en la escuela». Esto es particularmente relevante si se le ha dicho al niño que habrá una consecuencia, pero la escuela no lo ha cumplido. No depende de ti, como padre, poner esa consecuencia en su lugar. Eso podría dañar vuestra relación si se descubre que se puso al niño en una posición insostenible.
- Muchas escuelas utilizan métodos de manejo de la conducta que son inútiles para nuestros niños. Los gráficos de recompensas son un problema particular. Deja claro a la escuela que este tipo de métodos basados en incentivos han demostrado ser ineficaces con los niños que han sufrido traumas del desarrollo. Puedes compartir libros con la escuela que traten específicamen-

te sobre temas de trauma y apego, como los de Louise Bomber (2011) y David Colley (2017).

- Necesitamos asegurar a nuestros hijos que nuestra visión de ellos no está definida por la tabla de recompensas del aula. Cuando uno de los maestros de mis hijos me dijo con expresión triste que, lamentablemente, William no había logrado «salir de la zona oscura» aquella semana, simplemente le dije a mi hijo: «Está bien. Sé que tienes un buen corazón y estarás bajo nuestro brillante sol todos los días».

- Para las estrategias en torno al niño que dice estar enfermo en la escuela, *véase* Hipocondría.

Estrategias para ayudar a tu hijo a resolver problemas en la escuela

- Refuerza tu creencia en la capacidad de tu hijo para resolver la situación cuando se mete en problemas en la escuela. «Sé que ahora mismo ves las cosas de una manera muy confusa, pero sé que tienes un buen corazón, como ayer, que fuiste tan amable con X. Estoy segura de que puedes arreglar esto también».

- Dile a tu hijo que sabes qué es lo que ha pasado. Con una buena comunicación, deberías mantenerte informado. Si han contactado contigo y te han informado de un incidente, dile al niño que lo sabes, sin darle una opinión sobre lo que crees que ha sucedido. Podrías decirle: «He oído que hoy has tenido un día difícil en la escuela». Entonces déjalo así. El niño puede reaccionar con enojo y protestar porque no ha pasado nada, en cuyo caso simplemente hazle saber que puedes ayudarlo si lo necesita. Evita emitir juicios de valor, ya que no puedes tener la certeza de lo que ha sucedido.

Estrategias en torno a la estructura y la rutina

- Matriculé a mis hijos en la escuela de un pueblo que estaba a 190 km de nuestra casa porque en las clases mantuvieron a la misma maestra durante tres años. Si bien esto puede parecer un poco extremo, los beneficios fueron enormes y forjamos una excelente relación con la escuela, que abrazó la información sobre las dificultades del apego y sobre el trauma del desarrollo. Mira cuidadosamente el tamaño de las clases y la estructura del centro docente cuando elijas una escuela.

- Normalmente, las escuelas tienen estructuras y rutinas bastante buenas, pero esto puede deteriorarse hacia el final de curso, o alrededor de las celebraciones especiales. Nuestros hijos realmente pueden luchar con esa falta de estructura. Más vale prevenir que curar, así que escribe formalmente a la dirección de la escuela diciéndole que es esencial que mantengan contigo una buena comunicación si va a haber un cambio de maestro o una interrupción en la rutina habitual. De esta manera, te darán la oportunidad de preparar a tu hijo. A veces, en momentos de máxima interrupción, asistía a la escuela con mis hijos para mantenerlos regulados.

- Si la escuela tiene ceremonias de graduación o similares, puedes considerar cuidadosamente si tu hijo puede asistir o si sólo asistirá a una parte del evento. Nuestros hijos a menudo han sufrido tantas pérdidas que una ceremonia como ésta realmente puede desequilibrarlos.

- Cuando las escuelas tienen días sin uniforme, ese evento puede ser realmente difícil de manejar para nuestros niños. Como a menudo se muestran hipervigilantes, nuestros niños se sienten en apuros cuando es el día de ir sin uniforme a la escuela. Esto se debe a que todos los niños tienen entonces un aspecto diferente y el niño ahora también debe tener en cuenta las diferentes apariencias. Tienen que asimilar más información. A veces mis hijos deciden usar el uniforme escolar durante el día sin uniforme. Si tu hijo manifiesta su deseo de hacerlo, simplemente di: «Entiendo que cuando las cosas parecen diferentes y cambian mucho, pueden hacer que te sientas muy inseguro. Si quieres ponerte el uniforme, puede que seas el único niño de la escuela que lo lleva puesto, pero eso está bien». De esta manera, estará preparado. También es posible que deseéis ensayar lo que puede responder a un comentario curioso. Cuando mis hijos hacían esto, solía decirles: «¡Es increíble! Has ido a la escuela con el uniforme escolar y sabías que tendrías un aspecto diferente a todos los demás. Se necesita verdadero coraje para hacerlo. ¡Estoy orgullosa de ti!».

Estrategias en torno a los almuerzos escolares

- Asegúrate de que la escuela entienda cómo nuestros niños a menudo no pueden interpretar las señales de dolor, hambre, temperatura corporal, etc. Si te aseguras de que esto esté por escrito, puede ayudar a aliviar los problemas cuando surgen si el maestro expresa preocupación, por ejemplo, de que tu hijo «siempre tiene hambre». Mi hijo solía comerse el almuerzo de camino a la escuela, o la mayor parte de él, y luego le decía a su confiada maestra lo hambriento que estaba. No trataba de ser conscientemente manipulador (*véase* Problemas alimentarios). Puede ser muy frustrante y los padres pueden sentirse culpados y juzgados, especialmente cuando un maestro amable envía a casa una guía para hacer y envolver almuerzos saludables.
- Asegúrate de entregar la fiambrera del niño directamente al punto de contacto (como a una monitora de comedor, por ejemplo). Si tu hijo también lleva un bocadillo en la mochila, al menos la escuela entiende que el niño ha llegado con una fiambrera completa y un bocadillo.
- Es menos probable que la escuela (y otras personas) planteen preocupaciones significativas en torno a las fiambreras y el hambre si pesan a tu hijo regularmente. Creo que eso es simplemente una buena práctica en general.

Nota: No te preocupe demasiado porque el niño vaya «retrasado» en la escuela. Casi todos nuestros hijos recuperan el tiempo perdido cuando sus cerebros han madurado y sus apegos son más seguros, con niveles de cortisol más bajos y menos ansiedad. En la adolescencia, cuatro de mis hijos simplemente no podían manejar la escuela además de todo lo demás. Simplemente dejamos de lado lo que no podíamos controlar e intenté apoyarlos lo mejor que pude. Tratar de controlar lo incontrolable nos hace sentir impotentes. Todos los niños continuaron su educación superior y se desempeñaron mucho mejor allí, en clases con menos alumnos, estudiando materias que les interesaban.

PROBLEMAS PARA DEFECAR ADECUADAMENTE (véanse también *Habitación sucia, Orinar*)

Qué puedes esperar
- El niño se hace caca y parece no darse cuenta.
- El niño se hace caca y es consciente, pero se despreocupa.
- El niño hace caca en diferentes zonas de la casa o en su cama.
- El niño esconde su caca en diferentes lugares.
- El niño se aguanta las ganas de hacer caca y sufre estreñimiento derivado.
- El niño tarda mucho en aprender a hacer caca solo, o se hace caca tras haber aprendido *(véase también* Inmadurez).
- El niño no tira de la cisterna ni se limpia bien.
- El niño juega con su caca.
- El niño se limpia la caca en las paredes y en los muebles.

Por qué puede suceder esto
- Necesidad de sentir que tiene el control y es poderoso: El niño tiene el control máximo sobre las funciones corporales. «Coger caca» puede ser el control definitivo para un niño cuando ha tenido muy poco en el pasado.
- Vergüenza: El niño puede experimentar vergüenza en relación con las funciones corporales, dependiendo de cómo se manejó cuando/si se le enseñó a ir al baño solo o si no le cambiaban los pañales cuando era necesario.

- Problemas sensoriales: El niño puede carecer de sensibilidad y desconocer los impulsos habituales.
- Miedo a las transiciones/pérdidas, especialmente en relación con aferrarse a la caca para evitar un cambio de actividad, o con evitar que mientras va al baño otro niño se ponga a jugar con sus juguetes.
- Incapacidad de abandonar una actividad: El niño puede no querer hacer caca para permitirse continuar con lo que está haciendo. Esto invariablemente conduce a que se la haga encima.
- Inmadurez/edad emocional: El niño se encuentra simplemente en una etapa de desarrollo mucho más temprana que la cronológica.
- Problemas relacionados con el trauma, particularmente en relación con la negligencia o el abuso sexual.
- Recompensa al niño con una reacción: Es un desencadenante para el padre.
- Recrea un ambiente familiar: Puede ser un comportamiento normal en el pasado. El niño puede haber jugado con caca. Puede que haya sido su único juguete.
- Se siente cómodo oliendo mal o estando sucio, el niño no tiene la sensación de que esto no es socialmente aceptable.
- Problemas médicos, particularmente en relación con las sensaciones. El niño puede desconocer las señales de advertencia habituales.
- Respuesta ante el miedo: El niño puede hacerse caca encima por miedo o tener miedo de pedir ir al baño.
- Confianza bloqueada: El niño no puede confiar lo suficiente en los demás para hacer caca, o para dejar que la caca se vaya por la taza del váter.
- Falta de razonamiento de causa y efecto: ¡Es poco probable que el niño vincule «Ocultaré mi caca» al hecho de que se encontrará la caca!
- Miedo a la invisibilidad/a ser olvidado: Busca una reacción.
- Miedo a los padres/cuidadores y a otros adultos.

- Miedo a los cambios/transiciones.
- Ansiedad por separación.
- Miedo a llamar la atención sobre uno mismo al pedir ir al baño.
- Disociación, especialmente cuando parece que el niño no es consciente (*véase también* Ausencias).
- Abrumadora necesidad de mantener a los padres cerca, especialmente para involucrarlos en el cuidado personal.

Verificación de la realidad

¡Éste es el tema (junto con hacerse pipí) que más nos preguntan en nuestro Grupo de Facebook de Padres Terapéuticos! Puede ser agotador, duradero y realmente difícil de manejar. En primer lugar, ten en cuenta que es casi seguro que se trata de un problema que se presenta como comportamiento, pero que tiene su raíz en el trauma, el miedo y el control. ¡Esto es algo que no puedes controlar! El niño no se hace caca para ejercer control sobre nosotros, sucede porque necesita sentir que tiene control sobre algo. A veces el niño simplemente siente que no puede «dejar ir» la caca. Cuando hay problemas relacionados con la negligencia y el hambre, esto puede exacerbar el problema:

> Siendo una niña que creció en un hogar de acogida, me aferraba a mi caca todo el tiempo. Me acostumbré a hacerlo. Después de todo, no sabía cuándo llegaría la siguiente comida, así que, ¿cómo podría dejar ir lo que tenía? No me di cuenta de que había hecho esto hasta que fui adulta.
>
> —Sarah Dillon, terapeuta del apego que fue hija en acogida

No es algo que se haga deliberadamente, así que como padres tenemos que ser conscientes de eso. Busca maneras de aliviar la presión que experimentas tú como la que siente el niño. Es posible que el niño haya tenido señales confusas sobre sus funciones corporales, y se sorprenda al descubrir que su caca no es un juguete, o que a tú no se deleitas en su existencia. Del mismo modo, puede experimentar altos niveles de vergüenza. Tal vez le gritaban que no ensuciara el pañal. Este tipo de vida cotidiana y las experiencias preverbales a menudo conducen a que el niño experimente una vergüenza abrumadora. Entonces es cuando encontramos la caca escondida en todo tipo de lugares extraños.

Estrategias preventivas/minimizadoras

- Pide información a una enfermera especialista que se ocupe de problemas intestinales. Las directrices del Instituto Nacional de Excelencia en la Salud y Atención (NICE) lo recomiendan. A veces, a los padres se les proporciona un estimulador del nervio sacro cuando se descubre que hay una falta de función sensorial debido al daño nervioso. Es posible que también necesites que se evalúe al niño para detectar problemas relacionados con el estreñimiento. Sin embargo, a menudo encontramos que no existe una explicación médica sencilla para los niños cuyos problemas de suciedad se basan en el trauma.
- Pon a un lado cualquier expectativa sobre el desarrollo de la edad cronológica. Si el niño tiene siete años y tiene doble incontinencia, entonces está funcionando claramente a una edad más temprana, especialmente cuando se han descartado los problemas de naturaleza médica.
- Estate preparado para empezar a enseñarle a que haga caca en el váter otra vez. Desde cero. A menudo, puede ser efectivo para ayudar a nuestros niños a comenzar a aprender sus señales corporales. Si abordas el problema exactamente como lo harías con un niño de dos años, no te equivocarás. Si el niño tiene cronológicamente dos años y tiene antecedentes de trauma, es probable que deba comenzar a ir al baño mucho más tarde. ¡Aléjate de la presión de los padres perfectos y de los consejos «útiles»!
- Cuando un niño se esté y aguantando las ganas de hacer caca para evitar cambiar de actividad, déjale claro que sabes lo que está haciendo y díselo. El niño puede no estar interpretando correctamente las señales de su cuerpo. Por ejemplo, «Me he dado

cuenta de que cuando juegas con el Lego y no quieres dejarlo, a veces te estremeces un poco, como si tu cuerpo estuviera tratando de contener la caca. Creo que ésa es la razón por la que tienes dolores de barriga. Para ayudarte, cada vez que me dé cuenta de que te pasa eso, mantendré seguros los juguetes para que nadie más te los pueda coger mientras vas al baño. De esa manera no tendrás dolor de barriga y los juguetes estarán a salvo».

- Cuando ha habido negligencia y el niño ha usado los excrementos como un juguete, recrea la sensación y la experiencia de una manera positiva. ¡Llámalo «el juego de la caca»! Yo solía usar chocolate en polvo, mantequilla y harina. Mientras ayudas al niño a jugar con eso modelando «cacas», esencialmente reduce la vergüenza que el niño está experimentando. ¡Naturalmente, durante esa actividad hay alegría! A algunas personas les preocupa que esto aumente la tendencia del niño a jugar con su caca real, pero he descubierto que disminuye y que el niño la reemplaza gradualmente. ¡Obviamente, sabe mejor!

- Mientras participáis en «el juego de la caca» puedes «nombrar la necesidad» un poco, diciendo: «Esto es muy parecido a la caca, ¿no es así? A veces, cuando los niños se quedan solos durante demasiado tiempo, se aburren mucho y juegan con su caca. Luego, más adelante, es muy difícil dejar de hacerlo. ¡Aunque esto es mucho más divertido!».

- Establece una rutina relacionada con el «tiempo de aseo». Con los bebés pequeños, los padres a menudo pueden anticipar los momentos en que sus bebés van a hacer caca, relacionándolos con las comidas y con el sueño. Toma nota con tu hijo y observa si puedes encontrar un buen momento para animarlo a visitar el baño. Cuando vaya al baño dile «Hora del baño». No le preguntes al niño si necesita ir, ya que probablemente no lo sepa.

- Crea un juego sobre la cantidad de caca que hace el niño. Muchos niños no vacían completamente sus intestinos correctamente ya que se apresuran a volver a hacer lo que estaban haciendo antes, o tienen miedo de perderse algo. Aunque generalmente no hacemos tablas de recompensas como tales, puede ser efectivo proporcionar golosinas de diferentes tamaños inmediatamente después de que el niño haya vaciado sus intestinos, dependiendo de la cantidad de caca.

- Si envías al niño al lavabo, allí está efectivamente solo. Recrea la manera en que se enseña a un niño pequeño a ir al baño y considera reintroducir un orinal. Puede usarlo en el lugar donde se encuentre, o puedes ir al baño con el niño. Si el niño tiene miedo de que lo «olvides» mientras está en el inodoro, debes pensar creativamente en cómo minimizarlo. Unos *walkie-talkies* infantiles pueden resultarte útiles, porque puedes conversar con él mientras hace caca.

- Algunos padres han descubierto que cambiar a sus hijos a una dieta sin gluten ha reducido drásticamente la suciedad.

- De manera similar, algunos padres informaron que descubrieron que su hijo tenía alergia a la proteína de la leche y eso les causaba diarrea y afectaba a la capacidad del niño para llegar al baño a tiempo.

Otras estrategias

- Encontrar otra vez a tu hijo cubierto de caca puede ser un desencadenante muy poderoso. Si necesitas un momento, aléjate con calma y dile que necesitas ir a por algo que te ayude a aclararte. Mientras estés lejos, respira profundo.

- Si se ha embadurnado con el excremento o ha jugado con él, intenta decirle al niño: «Si este excremento pudiera hablar, me pregunto qué diría». Esto puede darte una buena visión de en qué se basa el trauma.

- Si encuentras una caca escondida, dile al niño que la has encontrado, pero intenta reducir la vergüenza. Es posible que creas que el niño no se siente avergonzado por lo que ha hecho, pero si éste fuera el caso, ¿por qué ocultaría la caca?

- Me pareció muy útil comprar ropa interior desechable. Los pañales para nadar son útiles porque evitan que la caca pase a la ropa (generalmente), pero se puede ver rápidamente cuándo el niño se ha ensuciado.

- Accede a la ayuda y a los recursos actualizados a través del Centro de Información y Recursos de Enuresis (ERIC), una organización benéfica que brinda apoyo a los padres que tienen hijos con problemas de evacuación intestinal y vesical: www.eric.org.uk

Aquí hay algunas frases útiles para usar cuando se trata de problemas con la caca.

En lugar de	Di/haz
«¿Por qué te has vuelto a hacer caca?».	«Veo que has tenido un accidente. ¿Necesitas ayuda con eso?».
«¡Vale, vas a dejarlo todo bien limpio!».	«Déjame ayudarte a resolverlo, luego podrás darte una ducha».
«¿Qué está haciendo aquí esta caca?».	«Veo que hay una caca debajo de tu cama. Ven y ayúdame a arreglarlo. Pensemos a dónde tiene que ir».
«¡Nadie querrá jugar contigo porque hueles a caca!».	«Puedo oler que has tenido un accidente. Creo que a veces te resulta difícil oler que te ha pasado eso».
«¡Hay manchas de caca en tu ropa interior otra vez! Tendrás que lavarla».	Comprueba que no existe un problema médico relacionado con el estreñimiento. Si la caca se ha desprendido dentro del recto, es posible que el niño no tenga esta sensación. Nunca uses las consecuencias vergonzosas para tratar de abordar cualquier comportamiento con niños traumatizados, particularmente aquéllos relacionados con las funciones corporales. Sólo di: «Veo que has tenido un accidente. Mete tu ropa interior en la canasta de la ropa sucia. Aquí tienes ropa limpia».
«¿Quién limpiará toda esa caca de la pared?».	«Veo que te has limpiado la caca con la pared. Ven y ayúdame a limpiarla».
«¿Necesitas ir al váter?».	«Hora de ir al baño ahora».

Nota: Si estás tratando frenéticamente de quitarle los pañales a tu hijo antes de que empiece la escuela, recuerda que no está permitido que ni las guarderías ni las escuelas discriminen o perjudiquen a los niños con afecciones médicas, incluidas las dificultades de continencia. A tu hijo no se le puede impedir que comience la escuela sólo porque todavía usa pañales o se mancha.

PROBLEMAS PARA DORMIR (véase también *Golpear, Problemas a la hora de acostarse, Orinarse en la cama, Desafiar, Gritar y chillar*)

Qué puedes esperar

- El niño no puede/no está dispuesto a calmarse.
- El niño no puede dormir.
- El niño interrumpe a los demás por la noche.
- El niño se despierta muy temprano.
- El niño sale de la habitación por la noche.
- El niño tiene pesadillas/terrores nocturnos.
- El niño camina dormido o se mueve de otras maneras que pueden desconcertar.

Por qué puede suceder esto

- La edad emocional puede ser mucho más temprana y las expectativas de capacidad para calmarse y dormir demasiado altas.
- El niño tiene miedo de estar solo.
- El niño encuentra que los recuerdos traumáticos afloran cuando está tranquilo y sin distracciones.
- Respuesta al miedo: A menudo muy pronunciados, los niveles crecientes de cortisol y adrenalina hacen que sea muy difícil calmarse, lo que lleva al niño a moverse.
- *Flashbacks.*
- Miedo a la invisibilidad o al olvido en la cama o en silencio.
- Recrea un ambiente familiar del pasado.
- Temor a los padres/cuidadores y otros adultos y miedo de lo que puedan estar haciendo.
- Miedo al abandono.
- Miedo a morir/desaparecer durante el sueño.
- No puede gestionar los cambios/transiciones.
- Ansiedad por separación.
- Necesidad abrumadora de mantener a los padres cerca.
- Aburrimiento.
- Problemas sensoriales.

Estrategias para irse a dormir/permanecer dormido
(véase la sección Problemas a la hora de acostarse)

- Piensa en la presencia paterna. Si tu hijo se ha perdido la crianza temprana, es probable que se quede atrapado en una etapa emocional anterior. Piensa en lo que dice el comportamiento de tu hijo. ¿Es lo mismo que se podría esperar de un niño de seis meses? ¿De un niño de un año? Puede ser que la única manera en que tu hijo se sienta completamente seguro toda la noche sea estar cerca de su cuidador principal de la misma manera que lo hace un bebé con una rutina similar, y luego pasar por las etapas de desarrollo.

- Las mantas pesadas frecuentemente son muy útiles para los padres terapéuticos. Realmente pueden ayudar a promover la sensación de seguridad del niño y mejorar los niveles más profundos de sueño.

- La melatonina ayuda a inducir el sueño. Esto se puede encontrar en fuentes naturales como los plátanos y la leche, por lo que estos dos alimentos utilizados juntos como último refrigerio pueden ser realmente útiles. Algunos padres han descubierto que dos piezas de chocolate con leche, fundidas en leche tibia y luego bebidas justo antes de acostarse tienen el efecto de inducir el sueño en los niños.

- Acariciar la cara del niño, especialmente las mejillas, ayuda a aumentar intensamente las ondas delta en el cerebro, que inducen el sueño.

- Las carpas de tela que se colocan sobre la cama a menudo le dan al niño una mayor sensación de seguridad, lo que le permite dormir más fácilmente.

- El uso de comentarios empáticos con voz suave y calmada puede ser útil: «Pareces muy cansado, puedo ver que realmente quieres irte a dormir. Me pregunto qué puedo hacer para ayudarte».

- Algunos padres han invertido en un «Dreampad». Es una almohadilla que se coloca debajo de la almohada y vibra o reproduce sonidos relajantes que inducen el sueño. ¡Naturalmente, se debe tener cuidado al considerar la curiosidad y la capacidad de su hijo para desmontar mecanismos!

- Prepara al niño con estrategias de afrontamiento para que pueda sentirse mejor mientras están despiertos. Esto es útil si tienes un niño que se despierta y no sale de la habitación, pero hace ruido. Yo solía poner algunos artículos como un minireproductor de DVD o un juego favorito en la habitación de mi hija por la noche cuando me acostaba.
- Haz una grabación de ti leyendo cuentos o cantando. El niño puede escucharla para ayudarse a dormir o para calmarse si se despierta.
- Experimenta con luces nocturnas. Algunos padres encuentran que apagarlas tan pronto como el niño se va a dormir promueve un sueño más profundo y más largo; a otros padres les resulta útil tener luces nocturnas y música o un ruido de latidos del corazón, que se apagan automáticamente después de media hora, y luego, si el niño se despierta por la noche, puede encenderlos de nuevo de manera independiente.
- Reproduce historias audibles de relajación de la atención plena en el dormitorio o en el exterior para que se duerman escuchándolas.
- Intenta poner música clásica tranquila y a bajo volumen toda la noche. Esto puede ayudar a regular al niño.
- Si has estado utilizando la presencia parental durante mucho tiempo y el niño aún no se conforma, puede que sea hora de un cambio. Realiza un retiro gradual, en primer lugar, te sientas junto a la cama un par de noches, luego pones la silla más lejos hasta que finalmente dejas tus zapatillas asomando por la puerta. ¡Mi hija durmió bien durante más de dos años antes de darse cuenta de que yo no estaba y que sólo estaban mis zapatillas!
- Dale una linterna pequeña para que el niño pueda encenderla para que se sienta cómodo y pueda ir al baño con cierta seguridad.

Estrategias en caso de que el niño despierte a otros/ salga de la habitación/regrese a la cama

- Instala una alarma en la puerta para que puedas oír de inmediato cuándo sale el niño de la habitación por la noche. Esto al menos desalentará al niño a vagar por la casa. También puedes usar alarmas que simplemente envíen una señal a una luz para que te avise sin que el resto de la casa se despierte.

- Utilizar un monitor para bebés puede ayudar a tranquilizaros a ti y al niño, especialmente los intercomunicadores. Puede ayudar al niño a permanecer en la cama sin la necesidad física de ir a verlo.

- Cuando un niño haya salido de su habitación y te lo encuentres por la casa, simplemente di: «¡Oh, cielos, parece que estás perdido!». Luego guíalo de vuelta a la cama. Utiliza las estrategias de Problemas a la hora de irse a la cama para ayudarte con esto.

- Si tienes un hijo que despierta a otros niños, la única manera segura es usar la presencia parental para evitarlo. Sé que puede ser una perspectiva agotadora, pero una vez que hayas completado la rutina de la hora de dormir (y la meditación de atención plena se está reproduciendo de fondo), instálate cómodamente en una silla separada. Aprovecha el tiempo para tomarte una taza de té, para leer o mirar la tableta o escuchar música con auriculares. El hecho de estar físicamente presente puede hacer que los niños se sientan lo suficientemente tranquilos como para irse a dormir.

Estrategias para las pesadillas/terrores nocturnos/ caminar dormido

- El consejo general es no tocar al niño a menos que tengas la seguridad de que está despierto. Puede funcionar bien poner música suave cuando escuchas por primera vez al niño llorar o gritar. Sin tocarlo, siéntate donde pueda verte si se despierta. Deja que el niño haga lo que necesita y asegúrate de que esté a salvo. Puede ser aterrador verlo, pero debes mantener la tranquilidad y estar presente. Recuerda que el niño seguramente no recordará el evento.

- Parece obvio, pero asegúrate de que las puertas y las ventanas accesibles estén cerradas. ¡Una vez encontré a mi hijo de cinco años dormido y tratando de salir por la ventana! Además, como una táctica de seguridad, considera reintroducir las puertas de escalera.

- Cuando el niño comparte una habitación y con frecuencia grita durante largos períodos de tiempo, algunos padres han encontrado que envolverlos de manera segura en una manta y llevar al niño a la habitación de los padres o a una parte diferente de la casa puede resultar útil. Algunos padres han encontrado que salir a la calle y mirar la luna o las estrellas pueden ser de mucha utilizad si el niño se ha despertado por una pesadilla.

- Cuando un niño está haciendo movimientos peligrosos, como trepar al alféizar o intentar salir por la ventana, un comando firme puede ser efectivo. Yo solía decir en voz alta: «Vuelve a la cama, estoy aquí, estás a salvo». Eso parecía tranquilizarlo.

- Hacer que el niño toque algún objeto de la habitación o interactué de alguna manera también puede ayudar. Es posible que necesitemos ayudar al niño con esto si no estamos seguros de cuán dormidos o inconscientes están. Nosotros teníamos «estrellas» adhesivas en el techo y las contábamos en voz alta. Contar hacia atrás también puede ser calmante.

- Si crees que el niño se ha despertado de una pesadilla, entonces acariciarle el rostro o los hombros aumentará la sensación de calma y lo ayudará a volver a dormir.

- Supervisa a qué hora ocurre el terror nocturno cada noche, luego, durante tres o cuatro noches consecutivas, despierta al niño unos 30 minutos antes de que llegue el terror nocturno. Sólo necesitas decirle: «Estás a salvo, estoy aquí, ahora vuelve a dormir». Esto puede interrumpir la profundidad del sueño y detener el patrón de pesadillas o terrores nocturnos.

- Evita hacerle preguntas. Si el niño está saliendo por la puerta trasera, es posible que tengas que darle la vuelta. Esto es preferible a gritar: «¿A dónde vas?».
- Restringe las rutas de salida. Si te aseguras de que el único camino de salida esté bloqueado, esto puede reducir drásticamente el riesgo y ayudarlo a sentirse más seguro.

Estrategias en caso de que el niño se despierte demasiado temprano o enfadado

- Si tu hijo se comporta y piensa como un niño mucho más pequeño, debes pensar lateralmente. ¿Qué harías con un niño pequeño, digamos de dos años, que se despertara demasiado temprano? ¿Cómo le «enseñarías» que todavía no es «hora de despertarse»? Yo solía poner ciertos juguetes especiales y queridos en la habitación del niño después de que se hubiera dormido. A veces, añadía un plátano o una taza de leche (crianza y melatonina).
- ¡Piensa en la oxitocina! Si nuestros hijos se despiertan enfadados debido a los altos niveles de cortisol, esto puede abordarse de varias maneras. Después de largos períodos de inactividad, el nivel de cortisol del niño puede haberse elevado hasta un punto en el que están temerosos, ansiosos, enojados y, en general, llenos de energía. Comer un poco puede ayudar a reducir los niveles de cortisol, por lo que yo solía dejarles un plátano o una galleta por si se despertaban. Una amiga mía le permite a su perro (resistente y muy querido) que entre en la habitación de su hija cuando se despierta demasiado temprano y enfadada. Luego oye a su hija calmarse, hablarle al perro y acariciarlo. Esa actividad produce oxitocina. ¡Ten en cuenta, sin embargo, que necesitas tener confianza en que el niño trate al animal adecuadamente!
- Otra estrategia para el caso de que el niño se despierte enfadado (si no es demasiado temprano) es hacer que el niño se mueva. Olvida la rutina lenta, larga y prolongada de la mañana. Yo hacía que mis hijos subieran o bajaran las escaleras y que hicieran

mucha actividad a primera hora. Eso reduce sus niveles de cortisol.

- Haz comentarios empáticos para explicarle al niño lo que crees que está sintiendo y también para «nombrar la necesidad», «Puedo ver que hoy te sientes realmente confuso. Me pregunto si estar dormido y acostado todo ese tiempo te ha hecho acumular toda esa confusión o nerviosismo. Tal vez cuando desayunes se te pasará un poco».

- Cuando no tengas la seguridad de a qué comportamiento y actitudes te enfrentarás a la mañana siguiente, ¡prepara todo lo posible la noche anterior! No puedo decirte cuántas horas de estrés evité preparando equipaciones de educación física, almuerzos y mochilas escolares y metiéndolos en el automóvil la noche anterior. También acostumbraba a poner la mesa del desayuno y preparar casi todo para la mañana.

- Algunos relojes para niños pequeños de fácil visualización que muestran cuándo es el «momento de despertarse» pueden ser realmente útiles, pero no esperes resultados inmediatos y excelentes, aunque las alarmas en general, especialmente las novedosas con música alegre, pueden ser más efectivas y menos desencadenantes que la voz de los padres.

- A veces sólo debes permitir que el niño se acueste contigo y vuelva a dormir. Hay mucha negatividad en torno al colecho, sobre todo cuando ha habido maltrato, especialmente abuso sexual, por lo que es importante tomar precauciones sensatas. Es una cuestión de sopesar el tiempo temprano perdido en la crianza y en la vinculación, la importancia de esa proximidad, el tiempo de conexión con el padre y el riesgo. Nuestros niños a menudo se han perdido mucho, y despertarse temprano puede tratarse de la necesidad de estar cerca de ti. Nuevamente, piensa cómo responderías si fuera un despertar temprano de un niño de dos o tres años.

- Si el niño necesita regresar a su habitación, simplemente usa el mismo proceso de retiro para procesarlo. Después de algunas semanas de llevar al niño y retirarte lentamente, el niño puede comenzar a establecerse y divertirse con las cosas interesantes que le has dejado en la habitación hasta que su reloj muestre la hora de despertarse.

- Algunas familias tienen una cama hinchable que colocan junto a la cama de los padres o al lado de la del niño. Trata de no atacarte demasiado en los problemas de control en este caso. La crianza siempre triunfa sobre el control. También es muy importante que duermas, ya que no puedes ser un padre terapéutico si estás completamente agotado.

PROBLEMAS SENSORIALES (véanse *Golpear con la cabeza, Reacción exagerada, parte 1, capítulo 1*)

PROVOCAR (véase *Bromas y burlas*)

QUEDARSE EN LA CAMA (véanse *Desafiar, Retraso, Moverse lentamente*)

QUEJARSE (véanse también *Discutir, Hablar sin sentido*)

Qué puedes esperar

- El niño se queja de las expectativas cotidianas.
- El niño se queja de tener que completar tareas.
- El niño se queja de manera continua a un nivel bajo casi todo el tiempo.
- El niño se queja de problemas de salud menores o problemas de salud imaginarios *(véase también* Hipocondría).
- El niño obedece, pero a menudo afirma que las expectativas son injustas.
- El niño se queja de que los demás reciben un trato más favorable *(véase también* Rivalidad entre hermanos).

Por qué puede suceder esto

- Recrea un ambiente familiar: El niño puede haber vivido en un ambiente en que otros se quejaban todo el tiempo.
- Impulsividad: El niño no puede esperar «la próxima cosa».
- Miedo a la invisibilidad/a ser olvidado: Busca una reacción.
- Necesidad de tratar de predecir el entorno: El niño podría estar buscando información.
- Miedo a los cambios/transiciones: Quejarse puede ser usado como una táctica de demora.
- Ansiedad por separación.
- Necesidad abrumadora de mantener a los padres cerca.
- Necesidad abrumadora de sentirse amado/importante.

- Edad emocional: el niño puede estar funcionando a una edad más temprana y simplemente presentar las necesidades apropiadas para esa edad/etapa.

Estrategias preventivas

- Piensa cuidadosamente cómo respondes a sus quejas y lamentos. Si dices cosas como «¡Deja de quejarte!» le estás dando una recompensa al niño y estás reforzando su comportamiento.
- Proporciónale un cuaderno y un boli para que anote todas sus quejas. Incluso puedes llamarlo «libro de las quejas».
- Asigna un tiempo para escuchar cualquier queja. Conviértelo en una rutina diaria o semanal. De esa manera, cuando el niño se queje, puede recordarle que no lo haga hasta que llegue el «momento de las quejas».
- Recuerda que a menudo el niño no es consciente de lo que está diciendo. ¿Qué pasa si no contestas?
- Nuestra respuesta es la mejor estrategia preventiva, así que utiliza algunas de las siguientes estrategias para reducir las quejas y los lamentos.

Estrategias durante el problema

- Remite al niño al «libro de las quejas». Hazle saber que estarás encantada de leerlo más tarde. El niño rara vez escribirá en él, ya que utiliza una parte diferente de su cerebro. Esta estrategia es buena para ayudar al niño a ser más consciente y estar más concentrado en lo que realmente piensa y dice. Es importante no obligar al niño a escribir la queja, ya que no pretende ser un tipo de castigo.
- ¡No te distraigas y te detengas en la queja! Sigue avanzando con lo que estabas haciendo y diciendo anteriormente. No necesitas responder a las quejas. Simplemente puedes decir: «Vaya, eso es una vergüenza» y seguir adelante. También puedes usar frases como «Es un punto de vista interesante» o «Probablemente tengas razón», como hacemos cuando lidiamos con la

316

discusión. Una respuesta neutral y no atractiva puede ser muy efectiva.

- Responde con una sonrisa feliz y un comentario positivo: «¡Brillante! ¡Estoy tan feliz de que te quejes por eso! ¡Bien hecho!». Esto nuevamente ayuda al niño a detenerse y pensar sobre lo que está diciendo.

- Dale al niño lo que quiere de una manera «imaginaria». Reconoce el deseo y luego sé juguetona: «Entonces, ¿de verdad quieres galletas?». (El niño está de acuerdo). «¡Espero que te guste que te dé diez paquetes!». (El niño se siente un poco irritado, pero se involucra). «¡Qué bueno sería llenar todo el baño con galletas!». Por lo general, esto interrumpe el ciclo y el niño comienza a reírse o se une a la broma.

- Cuando un niño se está quejando y lloriqueando, puedes hacer comentarios empáticos, relacionados con lo que está haciendo que se queje: «Escucho lo que estás diciendo. Realmente quieres esas galletas». A veces esto puede empeorar las cosas, depende de cómo responda tu hijo. Yo hacía comentarios empáticos para reflexionar sobre la queja real: «Debe de ser difícil sentir que necesitas quejarte todo el tiempo para llamar mi atención. Me pregunto si estabas preocupado por si yo me había olvidado de ti».

- Ponte unos auriculares para desconectar. Cuando el lloriqueo se ha atrincherado bastante y estás luchando por conectarte, pon una cara feliz y dile: «Mis oídos necesitan descansar un poco de tantas quejas y lloriqueos para poder refrescarlos escuchando mi canción favorita». En ese momento aún puedes involucrar al niño (si quieres), y cantar o jugar con él, pero no puedes hacerles caso a las quejas. (Ten en cuenta que depende de ti si realmente te pones o no a escuchar música. Pero tu rostro se ve comprometido y feliz. Por lo tanto, el gimoteo pierde su objetivo principal [activar la interacción negativa] y disminuirá rápidamente). Muchos padres terapéuticos han obtenido muy buenos resultados con esta estrategia y, a menudo, informan que sólo necesitan coger los auriculares para que el niño deje de lloriquear. Esto es poderoso y positivo para nuestros hijos, ya que están conectados con lo que están diciendo y el efecto de ese comportamiento en los demás. Si hay otros adultos o niños que también se han alejado debido a las quejas, será más probable que vuelvan a participar.

- Juguetea para montar una escena divertida. Por ejemplo, el niño se queja de que alguien ha recibido la manzana más brillante. Yo me tiraba al suelo, fingía llorar y, en general, me reprendía por ser una madre tan terrible que era incapaz de fijarme en el brillo de las manzanas. ¡Eso también puede ser bastante catártico!

- Dile que puedes ver que se está regodeando en la autocompasión, que está montando una fiesta de las penas, pero que normalmente esas fiestas son para una sola persona. Hazle saber al niño que estarás disponible cuando termine de regodearse en sus penas. Puedes sentarlo a la mesa e incluso darle una bebida y un bocadillo y que siga quejándose, y tú continúa con tus ocupaciones. Pídele que te avise cuando haya terminado.

- Utiliza las consecuencias naturales; por ejemplo, «Me doy cuenta de que estás preocupado porque tu manzana no es lo suficientemente brillante. Veo que a menudo te quejas del aspecto de la comida, así que he pensado que tengo un buen trabajo para ti que hará que no tengas que preocuparte más. Simplemente llenaré el fregadero de agua para que puedas lavar toda la fruta.

- Mantente alerta sobre los temas recurrentes (ocultos con los lamentos generales), en caso de que deban abordarse de manera adecuada y estén ocultando problemas más serios.

Estrategias posteriores

- Cuando haya lagunas en los lamentos y las quejas, asegúrate de utilizar las estrategias explicadas en Rivalidad entre hermanos para mantener una lista de lo que es más injusto. Entonces puedes referirte a ésta cuando sea necesario.

- «Nombra la necesidad» para explorar lo que realmente está tratando de lograr tu hijo. ¿Se trata realmente de una soledad profunda? ¿Un miedo a que te olvides de él?

- Establece algunos límites sobre lo que harás y con lo que no te involucrarás. De esta manera, la próxima vez que suceda, puedes remitir al niño a esa declaración de límites. Incluso puede ser útil que las respuestas estén escritas en una pizarra, listas para que el niño las señale. Por ejemplo, «He pensado en lo que has dicho antes sobre las manzanas. Bueno, he decidido que como estoy a cargo de la comida y siempre verifico que sea lo suficientemente buena y correcta para que nos la comamos, no volveré a hablar de eso».

REACCIÓN EXAGERADA (véanse también *Jactarse, Mentir, Triangulación*)

Qué puedes esperar

- El niño salta o reacciona exageradamente a ruidos fuertes.
- El niño a menudo hace afirmaciones como «casi me muero» o afirma haber escapado por poco a una lesión grave.
- El niño se ríe de una manera maníaca (*véase* Gritar y chillar).
- El niño se tira al suelo o se lanza contra una pared si alguien pasa rozándolo.
- El niño grita de dolor, como si su vida estuviera en peligro, cuando se ha hecho una lesión muy leve.
- El niño actúa como si se acabara el mundo cuando se le dice «no» o se siente frustrado de alguna manera (*véase* Comportamiento de control).

Por qué puede suceder esto

- Problemas sensoriales: El niño puede experimentar el ruido y el tacto de manera diferente.
- El desarrollo cerebral se ha visto afectado por un trauma en la vida temprana o similar, lo que lleva a una brecha en la capacidad de experimentar la información sensorial relacionada con el dolor de manera adecuada. El niño puede ser ajeno a heridas reales, pero tener mucho miedo de que lo hayan lastimado cuando éste no es el caso. Puede depender de pistas visuales.
- Miedo a los padres/cuidadores y a otros adultos: El niño cree genuinamente que está en peligro o que será lastimado.
- Desregulación, especialmente en relación con la risa maníaca.

- Desencadenante para el padre: Si el niño sabe que la risa maníaca o lanzarse al suelo provoca reacciones en sus padres, es probable que dicho comportamiento aumente.
- Falta de razonamiento de causa y efecto: El niño puede ver una pequeña lesión y no puede relacionar esto con el resultado o el sentimiento real.
- Respuesta al miedo: En general, el niño puede tener niveles altos de cortisol y está programado para la lucha, la huida, la paralización o la rabia defensiva. Cuando ocurre un evento desencadenante, el niño responde instintivamente.
- Miedo a la invisibilidad/a ser olvidado: Busca una reacción, especialmente relacionada con la risa maníaca, o con las afirmaciones de que casi ha muerto.
- Disociación, especialmente en relación con el dolor o los ruidos repentinos y sorprendentes.

Estrategias útiles

- Continúa reaccionando ante el niño como si hubieras reaccionado «normalmente»; por ejemplo, pasas rozando al niño y éste se tira al suelo exclamando: «¡Ay! ¡Casi me tiras por las escaleras!» Podrías decirle: «Oh cielos, parece que te has caído. ¿Quieres que te eche una mano para levantarte?».
- Evita enfrentarte y decir cosas como: «¡Ni siquiera te toqué! ¿Por qué estás haciendo eso?» y similares. Esto sólo aumenta la respuesta del niño y es poco probable que resuelva algo.
- En el momento, a veces es útil simplemente indicar lo que está sucediendo, especialmente si te preocupa que el niño realmente crea que podrías haberlo lastimado. «¡Dios mío! Te has aplastado contra la pared por si te tocaba, pero mira lo lejos que estamos. Vamos a contar los pasos».
- Da una respuesta corta. Por ejemplo, cruzas la calle con seguridad y luego pasa un coche. El niño exclama: «¡Casi me muero!». Sonríe y di simplemente: «Uf, suerte que me tienes aquí para mantenerte a salvo».

- Cuando el niño reacciona exageradamente a una lesión leve, ten en cuenta que el miedo que está experimentando es muy real. Es posible que no sepa que un pequeño corte no provoca la muerte, especialmente si ha sufrido lesiones sangrantes en el pasado. Piensa en la forma en que podría responderle a un niño muy pequeño. Sin las explicaciones lógicas se necesita mucha tranquilidad.
- Haz comentarios empáticos: «Puedo ver que estás muy asustado de que puedas estar gravemente herido. Aunque no estás gravemente herido, todavía te da mucho miedo».
- Con la risa maníaca, puede ser útil preguntarse en voz alta: «Me pregunto si te estás riendo de esa manera porque estás preocupado de que pueda olvidarme de ti». Algunos padres se unen a la risa maníaca y se encuentran ellos mismos «incapaces de hablar» durante un corto período de tiempo. Esta es una estrategia útil si crees que el niño tiene cierto control sobre esta acción.
- Muchos de nuestros niños reaccionan de manera exagerada a los ruidos fuertes y parecen tener un reflejo de sobresalto excesivamente desarrollado. Este reflejo sólo cambia durante un período de tiempo muy largo, cuando ya no ocurren cosas espantosas y hay rutina y previsibilidad. Si ves que va a haber un ruido fuerte, avisa al niño. Esto al menos disminuye la respuesta de sobresalto.
- Con algunos niños que tienen una audición muy sensible, los padres y cuidadores pueden usar auriculares que reducen el ruido. Se ha encontrado que esto realmente ayuda a los niños a concentrarse, especialmente en entornos ocupados como la escuela.
- Lee *Charley Chatty and the Wiggly Worry Worm* (Naish y Jefferies, 2016) para explorar las reacciones exageradas.

RECHAZAR ALIMENTOS (véase *Problemas con la comida*)

RECHAZAR DARSE PRISA (véase *Tardanza*)

RECHAZAR PEDIR DISCULPAS (véase *parte 1, capítulo 5*)

RECHAZAR SEGUIR LAS INSTRUCCIONES (véase *Desafiar*)

RECHAZO *(a los padres)* (véanse también *Comportamiento de control, Desafiar, Groserías*)

Qué puedes esperar

- El niño dice cosas hirientes a los padres y los rechaza.
- El niño no pide ayuda a los padres.
- El niño evita pasar tiempo con los padres.
- El niño rechaza la moral y los valores de los padres.
- El niño ignora a los padres o finge que no puede oírlos *(véase Desafiar)*.

Por qué puede suceder esto

- Compulsión inconsciente para prevenir o romper una formación de vínculo.
- Sentimientos incómodos por ser desleal a los padres biológicos/excuidadores.
- Respuesta de miedo, que puede ser abrumador. El padre puede ser la fuente del miedo.
- Recrean un ambiente familiar: El niño anticipa el rechazo.
- Necesidad de sentir que tiene el control y es poderoso.
- Vergüenza.
- Miedo o anticipación temerosa de una respuesta negativa de los padres.
- Sentimiento de hostilidad u odio de manera momentánea hacia los padres.
- Miedo a la invisibilidad/a ser olvidado: Busca una reacción.
- Falta de empatía.
- Falta de remordimiento
- Miedo a los cambios/transiciones, especialmente si intenta controlar el final de una colocación.

- Necesidad abrumadora de mantener a los padres cerca: Participar en el rechazo puede lograrlo y puede mantener al niño en el centro de los pensamientos de los padres.
- Necesidad abrumadora de sentirse amado/importante: El niño no puede expresarlo, por lo que rechaza en lugar de arriesgarse a ser rechazado.
- Se siente cómodo estando equivocado/autosabotaje: El modelo de trabajo interno del niño le hace creer que no es «digno» de tener padres que lo cuiden.
- Edad emocional: El niño puede estar en una etapa emocional en la que normalmente puede buscar la independencia.

Verificación de la realidad

Es poco lo que se puede hacer preventivamente para evitar que el niño sienta la necesidad de demostrar rechazo hacia ti. Debemos tratar de reducir el rechazo a través de nuestras respuestas a dicho comportamiento. Podemos moderar nuestra respuesta emocional asegurándonos de que no estamos buscando una recompensa en el niño. Si buscamos una recompensa emocional en otro lugar, podemos mitigar algunos de los sentimientos de dolor y tristeza que aparecen cuando un niño tiene un comportamiento de rechazo hacia nosotros.

Cuando el niño rechaza nuestra moral y nuestros valores, puede hacerlo a través de la fuga o de la ausencia de él mismo para realinearse con otra familia (véase Huir). Es útil evitar patrones de pensamiento como «Después de todo lo que he hecho por él...» y «¡No puedo creer que elija esa forma de vida después de aprender una nueva forma!». Los niños que son acogidos y adoptados a menudo se sienten obligados a «probar» lo que les resulta familiar. Si pasaron su vida temprana en una casa donde los adultos bebían, en la que olía a cigarrillos, se gritaba y el abandono era algo común, entonces no te sorprendas si eso es lo que parece gravitar. No se trata de ti o de la manera en que lo has criado. Se trata de que el niño explora por sí mismo los dos mundos contrastados. Hará una elección, y por lo general elegirá el más cómodo, la vida más segura que le has mostrado. Ten cuidado de no reaccionar a su rechazo de tus valores con un rechazo de los suyos. Puedes estar acumulando dolor de corazón a largo plazo. Aquí hay algunas respuestas útiles a las afirmaciones que pueden ser hirientes.

El niño dice	Tú respondes
«Te odio».	«Debe de ser muy difícil sentir que odias a tu mamá/papá».
«Tú no eres mi mamá/papá».	«¡¿No lo soy?! ¡Oh, vaya! Y todo este tiempo he estado (nombra tareas que el niño necesita/quiere que hagas). ¡No lo sabía! Podría haber hecho… (nombra actividades con las que disfrutas)».
«No puedes decirme qué tengo que hacer, no eres mi mamá/papá».	«Lo siento, pero soy (relación legal o di "Lo más cerca que tienes de una mamá/papá") en este momento, así que voy a seguir queriéndote (o estar aquí para ti) sin importar qué, y asegurándome de mantenerte a salvo».
«Ojalá nunca hubiera venido a vivir aquí».	«Es muy triste que te sientas así. Estoy muy contento de que hayas venido a vivir con nosotros, pero sé que te sientes confundido al respecto».
«Quiero volver con X».	«Puedo ver que extrañas mucho a X. ¿Quieres…?», (ofrécele crianza).
«Sé que me odias y me alegro».	«Me pregunto qué debes de sentir al pensar que podría odiarte. Debe de ser realmente aterrador».

Estrategias útiles para la independencia excesiva

- Cuando el niño se niega a pedir ayuda y puedes ver que está en apuros, usa la presencia de los padres. Siéntate cerca de él y dile: «Puedo ver que estás en apuros. Si quieres que te ayude en cualquier momento, dímelo». Puede que tengas que sentarte cerca y permanecer a su lado en silencio durante un largo rato.
- Si tu hijo se las arregla para pedir ayuda, no le des mucha importancia. Reconoce de manera discreta que has notado que ha sido muy valiente al pedir ayuda y luego completa la tarea por él. Cuanto más importancia le des, menos probable es que el niño vuelva a pedir ayuda.

- Cuando las cosas han salido mal porque el niño no ha podido pedir ayuda, pregúntate en voz alta cómo podrían haber terminado las cosas de manera diferente si te hubiera pedido ayuda.
- Puedes leer *Sophie Spikey has a Very Big Problem* (Naish y Jefferies, 2016) para ayudar con los problemas de independencia excesiva, y *Rosie Rudey and the Very Annoying Parent* (Naish y Jefferies, 2016) para abordar el rechazo y las groserías.

RECREO (véase *Transiciones, parte 1, capítulo 7*)

RISA MANÍACA (véase *Reacción exagerada*)

RIVALIDAD ENTRE HERMANOS (véanse también *Discusión, Competitividad, Comportamiento de control, Comportamiento taimado*)

Qué puedes esperar
- Los niños discuten entre ellos casi constantemente.
- Los hermanos se agreden en serio, y a veces se hieren.
- Los niños compiten para «ser los mejores» o ganar.
- Los niños compiten a un nivel violento por la atención de un adulto.
- Los niños compiten y luchan por espacios como el lugar en el coche, las sillas en la mesa.
- Los niños cogen las posesiones del otro.
- Los niños «bloquean» o atrapan a otros (*véase* Comportamiento de control).
- Los niños perciben que obtienen menos que otros hermanos y que los padres son «injustos».

Por qué puede suceder esto
- Lucha por la supervivencia, recreando los patrones de la primera infancia, especialmente donde hubo maltrato/negligencia.

- Miedo a la invisibilidad, en particular la necesidad de que otros se fijen en el niño por encima de los demás niños, especialmente cuando los otros niños pueden estar recibiendo atención por conductas positivas o negativas.
- Uno o más niños necesitan sentirse poderosos y que tienen el control.
- Recompensa al niño con una reacción: El padre responde a la rivalidad, por ejemplo, mediante el arbitraje.
- Recrea un ambiente familiar, por ejemplo, niños mayores que se comportan como padres.
- Un niño siente la necesidad de «proteger» a los padres de las necesidades de los otros niños.
- Cambio en el orden de los hermanos por la ubicación; por ejemplo, un niño que antes era el mayor es ubicado en una familia con un niño mayor que él.

Verificación de la realidad

La rivalidad entre hermanos entre los niños que tienen un trauma del desarrollo no se parece en nada a la rivalidad «normal» entre hermanos. Pocas afirmaciones son más irritantes para un padre terapéutico, luchando con la rivalidad entre hermanos, que «todos los niños hacen eso», o algo similar. La rivalidad que vemos entre nuestros hijos es, literalmente, una lucha por la supervivencia. A menudo es un comportamiento temprano, aprendido con bases sólidas en el miedo y en los celos viscerales reales. Se diferencia de la rivalidad entre hermanos estándar con los niños con buenos vínculos de apego en su intensidad, implacabilidad y duración. Por esta razón, los hermanos suelen estar separados porque se considera que la mayoría de los padres no pueden manejar los diversos comportamientos, la competitividad y la rivalidad. Tras haber criado a mis cinco hijos adoptados, todos ellos hermanos, opino que casi siempre es mejor mantener a los niños juntos, pero el nivel correcto de experiencia, descansos cerebrales (respiros) y atención individual deben ser parte del paquete de apoyo.

Estrategias preventivas

- Impón límites irrebatibles que disminuyan la ansiedad de los niños y les asegure un estado de igualdad; por ejemplo, cada niño tiene un «turno» en sus actividades favoritas y eso no se cambia.
- Asegúrate de que los lugares están protegidos. Asegúrate de que cada niño tenga un lugar designado a la mesa, en el automóvil e incluso en el salón.
- Si es necesario estructura las comidas, y que cada uno tenga un turno asignado para hablar *(véase* Competitividad).
- Pon en marcha un «momento especial» para cada niño. Pueden ser diez minutos a solas con el padre cada día a una hora determinada, o una tarde a la semana o al mes. Esto puede ser difícil con grupos grandes de cuatro o más hermanos, pero si le pides ayuda a otra persona, la tarea se comparte fácilmente.
- Asegúrate de que cada niño pueda proteger fácilmente su propiedad de los demás o que pueda escapar si es necesario. Nosotros instalamos cerraduras en las puertas de los dormitorios para que los niños pudieran entrar y encerrarse, evitando que otros entraran (naturalmente, siempre teníamos una llave de repuesto).
- ¡Evita comparar a los niños entre sí, incluso de manera positiva!
- Recuérdales a los niños cualquier declaración previa que hayas hecho sobre la imparcialidad *(véase* Estrategias posteriores).
- Minimiza o elimina las barreras físicas que impiden la supervisión. En nuestro caso, las discusiones y las peleas entre nuestros hijos se intensificaban cuando los padres abandonábamos la sala para preparar la cena. Esto no es una coincidencia. Derribamos la pared entre la cocina y el salón.

Estrategias durante el problema

- La rivalidad entre hermanos puede ser un tema constante, en lugar de un incidente específico. Si éste es el caso en tu casa, selecciona el problema principal con el que deseas lidiar primero y céntrate en él.

- Evita caer en la tentación de arbitrar. Piensa en lo que pasaría si no intervinieras. A menudo el comportamiento intenta provocar que los padres mediemos en el conflicto. Cuanto más lo hagamos, peor se pondrá la cosa. Hacer afirmaciones como «Estoy seguro de que podéis resolver esto vosotros mismos», puede ser empoderador para los niños y puede recordarles que los tienes en mente.

- No te sientas tentado a tener conversaciones largas y lógicas con los niños. Ten en cuenta que la rivalidad puede parecer literalmente como una lucha por la supervivencia, y probablemente los niños no estén lo suficientemente regulados para poder pensar las cosas racionalmente durante el incidente.

- Hazte preguntas en voz alta para que el niño sepa que has visto lo que está sucediendo y para ayudar a explorar resultados alternativos: «Me pregunto si os estáis presionando mutuamente porque queréis mi atención».

- Indica lo que sabes de manera práctica, para hacerles saber lo que está sucediendo. Esto también es efectivo cuando tienes un «niño granada de mano» (véase Comportamiento taimado) que está causando problemas: por ejemplo, «Puedo ver que acabas de cogerle el libro a tu hermana y lo has escondido, y por eso te ha dado un puñetazo».

- También puedes usar comentarios empáticos cuando se dicen o hacen cosas hirientes para tratar de derivar la ira en tristeza. La ira suele ser tristeza no expresada, y los sentimientos tristes de nuestros hijos son mucho más fáciles de resolver para nosotros: «Debe de ser muy triste sentir que odias a tu hermano, cuando ambos habéis pasado por un momento tan difícil».

- Haz comentarios empáticos para llamar la atención sobre el efecto de las acciones del niño en sus hermanos. Por ejemplo, cuando ha habido violencia, «Mira la cara de tu hermana. ¿Puedes ver las lágrimas en sus ojos? Llora porque está herida y asustadas».

- Diles a los niños que si continúan haciendo X entonces la consecuencia será Z. Si no puedes pensar en la consecuencia natural o de vida en ese momento, afirma que habrá una consecuencia que les harás saber más adelante. *William Wobbly and the Mysterious Holey Jumper* (Naish y Jefferies, 2017) puede ayudarte al respecto.

- Si es seguro hacerlo, simplemente aléjate. Eliminar a la audiencia puede ser una táctica muy poderosa. Puedes explicar que tus oídos están llenos de todo ese ruido y que volverás cuando se hayan recuperado. Si es posible, sal al jardín y concéntrate en un sonido y en una vista diferentes para liberar tu mente. Es sorprendente lo sencilla que puede ser esta estrategia para ayudarnos a replantear nuestra respuesta.

Estrategias posteriores

- Revisa cualquier incidente particularmente negativo una vez que los niños estén tranquilos. Ahora es el momento de hablar sobre cómo se sintieron todos. De vez en cuando obtendrás un gran avance. Por lo general, verás una escalada y más acusaciones, ¡así que ten cuidado de elegir el momento y el incidente adecuados!
- Cuando sientas agotamiento por discutir constantemente, en lugar de gastar tu energía siempre informando y arbitrando, sal de casa para que puedas tener una pausa mental. Es posible que no puedas detener las discusiones y las peleas durante mucho tiempo, por lo que es importante que acumules tiempo de recuperación.
- Trata de «mostrar perdón» para ayudar a los niños a arreglar las cosas.
- Piensa en lo que ha llevado a cualquier incidente particularmente malo y considera cambiar la visibilidad, la estructura o la rutina para evitar que vuelva a ocurrir.
- Cuando hay un incidente con un niño que dice: «¡No es justo! X siempre obtiene más que yo», haz una lista para comparar lo que tiene cada hermano. Asegúrate de que la lista del reclamante sea la más larga. Luego, más tarde, muéstrasela al reclamante y dile: «Estaba pensando en lo que dijiste, así que decidí anotar lo

que recordaba». Luego, puedes usarlo como estrategia preventiva la próxima vez recordándole al niño la lista.

Nota: Solía poner en práctica un tiempo de espera estructurado para todos, incluida yo misma. Ahora, antes de que todos vosotros os quedéis horrorizados y sin aliento y digáis «La paternidad terapéutica no usa el tiempo de espera», ¡en aquellos momentos no era posible que cinco niños que estaban discutiendo se concentraran en un tiempo inclusivo! Así que, todos nos íbamos a nuestras habitaciones o a un lugar seguro para tratar de tranquilizarnos y luego nos reuníamos en un lugar neutral para «reflexionar». Disfrutaba de aquellos momentos de tiempo de descanso para mí, y debo admitir que, incluso si la discusión comenzaba de nuevo, yo había conseguido un breve descanso para mi cerebro.

ROBAR (véase también *Problemas alimentarios, por robo de alimentos*)

Qué puedes esperar
- El niño roba dinero.
- El niño coge elementos sentimentales y puede destruirlos u ocultarlos.
- El niño coge artículos que pertenecen a otros y los esconde.
- El niño planea deliberadamente robar artículos/dinero que no le pertenecen.
- El niño rompe puertas, ventanas, etc., para poder acceder a las cosas de los demás.

Por qué puede suceder esto
- Necesidad abrumadora de sentirse amado/importante, buscando crianza, especialmente en relación con implicar al cuidador principal.
- Necesidad de sentir que tiene el control y es poderoso, particularmente en relación con el dinero.

- Falta de razonamiento de causa y efecto: el niño no puede pensar en las consecuencias de las acciones.
- Desregulación: Actúa al calor del momento.
- Los celos, específicamente con respecto al robo de artículos pertenecientes a hermanos u otros niños de la familia que son vistos como más «amados».
- Recrea un entorno familiar: Acapara automáticamente elementos útiles como una estrategia de supervivencia aprendida.
- Compulsión inconsciente de romper una formación de vínculo (con los padres), particularmente en relación con robar elementos de valor sentimental.
- Atracción por las actividades del grupo de iguales, particularmente en relación con el robo de dinero o de artículos valiosos y el uso de éstos para ganar amistades.
- Sentimientos de hostilidad u odio momentáneo hacia los padres.
- Miedo a la invisibilidad/a ser olvidado: Busca una reacción.
- Falta de empatía: Incapacidad de pensar en los efectos de su comportamiento en los demás.
- Falta de remordimiento: Incapacidad de sentir pena por lo que ha hecho (evita la vergüenza).
- Miedo a los padres/cuidadores y a otros adultos.
- Ansiedad por separación, especialmente si roba artículos que son reconfortantes para él.
- Disociación: El niño puede no ser consciente del «robo automático».
- Aburrimiento.
- Se siente cómodo estando equivocado/autosabotaje, especialmente si esto es un desencadenante para el padre/cuidador.
- Edad emocional: El niño puede comportarse de una manera emocional apropiada para la etapa.

Verificación de la realidad

La paternidad terapéutica no implica dejar que el niño se salga con la suya. Algunos padres luchan contra el robo porque sienten que las estrategias terapéuticas de crianza son una opción demasiado suave. No es el caso. Necesitamos dejarles muy claro a nuestros hijos que sabemos lo que ha sucedido y que habrá consecuencias (naturales). Evitar las trampas de crianza estándar no significa que no haya respuesta, sólo significa que incorporamos el razonamiento de causa y efecto y la crianza en nuestra respuesta.

Estrategias preventivas

- ¡No dejes artículos de alto riesgo (ni tampoco tentadores) por ahí! Esto suena sencillo, pero recuerda que nuestros hijos son hipervigilantes y detectarán las cosas más pequeñas. No está bien dejar dinero en lugares obvios para «probarlos». ¡No dejaríamos a un niño pequeño al lado de un fuego encendido para ver si puede resistir la tentación y aprender una lección!

- Utiliza siempre un bolso pequeño o similar y pon dentro todos los elementos esenciales como las llaves, el teléfono, el dinero efectivo y las tarjetas de crédito. Así evitas la preocupación de tratar de tener controlados tus artículos personales importantes que estén por la casa. Tiene la ventaja adicional de garantizar que puedes salir de casa rápidamente, en caso de que surja una emergencia.

- Bloquear los pomos exteriores de las puertas o ponerles cerraduras puede evitar el robo ocasional, especialmente cuando es oportunista y entre niños. Es una buena opción porque el niño no puede quedarse encerrado y, sin embargo, puede proteger sus pertenencias de los demás fácilmente.

- ¡Estate atento! Cuando manejes un artículo de alto riesgo, di en voz alta: «Pongo este billete de 20 euros en mi bolso». Esto te ayuda a recordar más tarde dónde pones las cosas si te sientes inseguro.

- Crea una «área segura». Instala una caja fuerte si es necesario. Pon un candado en la puerta de tu habitación si debes asegurarte de que hay una habitación donde puedas mantener las cosas a salvo.

- Cuando entren a tu casa diles a las visitas que deben poner sus artículos de alto riesgo, como bolsos y carteras, en tu área segura. Esto puede parecer un poco embarazoso, pero evita que después se desarrolle una situación mucho más vergonzosa y traumática.

- Cuando creas que el niño podría estar robando cosas «automáticamente» debido a las estrategias de supervivencia de su vida temprana, puedes hacer que se dé cuenta diciéndole que vas a ayudarle a controlar el robo automático. Dile que dejarás algunas cosas por la casa para ver si puede detectar lo que has omitido deliberadamente. Curiosamente, el robo parece reducirse cuando los padres hacen esto. Mis hijos me dijeron que era porque si iban a robar, justo cuando estaban a punto de hacerlo, pensarían: «¡Ah, no! Es una prueba. ¡No me va a engañar!». ¡Al final tuve que decirles que en realidad no había dejado nada por ahí! Durante este período, también tuve niños que se me acercaron y me entregaron pequeñas monedas y otros artículos, informándome que habían encontrado una de las cosas que había dejado para que las encontraran. Naturalmente, mostré una reacción positiva ante esto.

- Trata de tener tantos espacios abiertos como sea posible. Esto es bueno para una serie de problemas, y no sólo para ayudar a tu hijo a permanecer regulado y conectado contigo. Nuestros niños necesitan un alto nivel de supervisión y la planificación abierta ayuda a lograrlo, al tiempo que reduce las oportunidades de robo.

- Utiliza el tiempo inclusivo si ha habido una oleada de robos, dile a tu hijo que te preocupa que no pueda detenerse y que debes mantenerlo cerca para asegurarte de que pueda manejar todas las cosas tentadoras que existen actualmente.

Estrategias durante el problema

- Cuando nuestros hijos roban dinero o posesiones personales, se sienten frustrados, pero las reacciones habituales, como hacer que se disculpen o llamar a la policía, tienen poco impacto a largo plazo e incluso pueden empeorar la situación. Cuando los padres y cuidadores llaman a la policía, el mensaje abrumador para el niño es: «No podemos controlarlo, no está a salvo con nosotros». Algunos padres intentan usar a la policía como una amenaza, pero esto puede ser espectacular. *Véase* Falsas acusaciones.

- Cuando intentas mantener el control de tu reacción emocional, es útil recordar que no te lo están haciendo a ti. Sólo lo están haciendo. Es muy difícil entenderlo cuando un niño apunta a una posesión personal con un gran valor sentimental. En esos momentos, recuerda que la acción es para obtener una reacción. Por lo tanto, ajusta tu respuesta en consecuencia si es posible.

- Si eso es un desencadenante para ti, entonces, si es posible, reasigna el problema a otro adulto para que lo resuelva.

- Ten mucho cuidado de no castigar en exceso debido a tus sentimientos personales sobre lo que ha sucedido. Si estás demasiado enojado para pensar con claridad, dile al niño que habrá una consecuencia para su comportamiento y que se le harás saber cuál es más adelante. Esto te da tiempo para calmarte y asegurarte de que estás aplicando consecuencias naturales y significativas, en lugar de castigos demasiado entusiastas que dañarán al niño y vuestra relación, y ciertamente no disminuirán el robo.

- ¡Sigue tu instinto! Si tu instinto te dice que el niño ha robado el artículo, asúmelo así. Si muestras dudas acerca de si un niño ha robado un artículo, esto puede llevar a una escalada de la situación. Un buen plan de seis puntos para responder es éste:

1. Indícale que sabes que el niño ha robado el artículo.
2. No entres en ninguna negociación, ni te dejes convencer por argumentos y acusaciones.
3. Indícale la consecuencia: «Bueno, sé que has cogido X. Por lo tanto, tendrás que pagar uno nuevo».
4. Demuéstrale empatía o pregúntate en voz alta: «Me pregunto si has cogido X porque me echabas de menos».

5. Dile: «Me disculparé más tarde si descubrimos que no has cogido X». Esto te permite desconectar y seguir adelante. Algunos padres luchan con la idea de acusar a un niño y no estar completamente seguros. Es importante actuar con decisión y certeza. En 17 años, sólo hubo una ocasión en la que tuve que disculparme después de descubrir que uno de mis hijos no había cogido el artículo. Si les hubiera dado el beneficio de la duda en los muchos cientos de otras situaciones, habría aumentado los sentimientos de inseguridad de mis hijos.

6. Desconéctate del problema lo antes posible. Esto evitará que castigues al niño en exceso, especialmente cuando éste sea tu punto desencadenante.

Estrategias posteriores

- «Nombrar la necesidad» es una herramienta muy poderosa para usar con el robo. A menudo, nuestros hijos no saben lo que están haciendo, por qué y qué significa. Puedes leer con él *Charley Chatty and the Disappearing Pennies* (Naish y Jefferies, 2017) para iniciar un diálogo sobre las causas de este comportamiento.

- Sólo explícale cómo te ha hecho sentir el robo si realmente crees que tu hijo puede tenerlo en cuenta y responder de manera apropiada. Demasiados padres comparten sus sentimientos con el niño, sólo para recordarles que el niño se encuentra en una etapa en la que no parece sentir empatía ni remordimiento alguno, lo que aumenta la sensación de frustración y falta de poder del cuidador.

- Asegúrate de continuar con las consecuencias. Es importante pensar cuidadosamente sobre las consecuencias del robo, ya que deben estar relacionadas con el evento y ser significativas para el niño. Si el niño ha robado 10 euros y tú has decidido que los devolverá de su paga semanal, sólo debes hacerlo si sabes que el niño se preocupará por eso y vinculará causa y efecto, es decir, si el niño piensa: «He robado 10 euros, por lo tanto, esta semana tendré menos dinero. Estoy triste por eso, desearía no haber cogido los 10 euros». Es posible que tu hijo no tenga un pensamiento tan sofisticado y que no le importe en absoluto devolver el dinero. La acción importante para él ha sido conseguir el artículo o el dinero en primer lugar. Es difícil que entienda las consecuencias si ha experimentado una subida de adrenalina al robar.

- Hazle saber a tu hijo que sabes que le resulta difícil dejar de robar cosas que no le pertenecen. Explícale que esto puede sucederle a los niños que se sienten inestables, pero que todos deben aprender a no coger cosas que no les pertenecen. Pregúntale cómo cree que puedes ayudarle con esto. Es posible que sus sugerencias te sorprendan.

Nota: Cuando mi hijo me robaba mucho dinero en su época de adolescente, llegué a un punto en el que pensé que probablemente pasaría por encima mi cadáver para conseguir un billete de 10 euros. Vi claro que la causa principal era la pérdida de la crianza temprana y el intento de reemplazarla. Llegué a esa conclusión cuando me di cuenta de que robaba en mi dormitorio y en el dormitorio de la madre de un amigo. Sólo lo hacía cuando yo salía de casa. «Nombré la necesidad» para abordar esto con él revisando la historia de su vida temprana, en la que había pasado largos períodos de tiempo en soledad, descuidado y extrañando a su madre. Vinculé esto con sus sentimientos solitarios cuando me pregunté si el «niño pequeño que tenía dentro» todavía estaba estrechamente vinculado a los sentimientos de aquel niño pequeño que fue abandonado por la figura materna. Mi hijo reaccionó fuertemente a esto y me di cuenta de que habíamos dado en el clavo. Dejé de cerrar las puertas, desconecté las cámaras y le dije que si me extrañaba podía ir a mi habitación siempre que quisiera. Dejó de robar de la noche a la mañana. Naturalmente, yo tenía una caja fuerte, así que no dejaba dinero por ahí. Eso lo habría inducido a fallar.

ROBAR COMIDA *(véanse Almacenamiento compulsivo, Hambre, Comer en exceso)*

ROMPER COSAS (véanse *Dañar, Sabotear*)

ROPA SUCIA (véanse también *Masticar, Dañar, Habitación sucia, Sabotear*)

Qué puedes esperar
- El niño a menudo parece desordenado o sucio, con un aspecto desaliñado.
- El niño no pone sus prendas en el cesto de la ropa sucia y puede ocultarlas.
- El niño quiere ponerse la misma ropa todo el tiempo.

Por qué puede suceder esto
- Se siente cómodo en un estado desordenado o sucio: El modelo de trabajo interno del niño es tal que se ve a sí mismo como alguien que no se merece nada, malo y desordenado.
- Recrea un ambiente familiar: El niño está familiarizado con el uso de ropa sucia o desaliñada o ha sido testigo de un desprecio por la propiedad y la apariencia personal.
- Falta de razonamiento de causa y efecto: No puede vincular el hecho de que dibujar en una camisa significa que la camisa se vuelve inservible. El niño tampoco puede pensar que si no deja sus prendas en el cesto de la ropa sucia no se lavarán.
- Desregulación: Actúa al calor del momento, particularmente cuando hay ira que da como resultado ropa dañada.
- Vergüenza: relacionada con sentimientos de no merecimiento. Esto también puede ser evidente si acumula una gran cantidad de ropa sucia.
- Necesidad de tratar de predecir el entorno: El niño trata de mantener la ropa igual y, a menudo, usa la misma ropa, incluso si está sucia o ya es demasiado pequeña para él.

- Miedo a los cambios/transiciones: Con respecto a los cambios de ropa. El niño no quiere «dejar ir la ropa» para poder lavarla.
- Miedo a llamar la atención sobre uno mismo, especialmente en relación con la apariencia positiva. El niño está preocupado de que otros puedan fijarse en él y comentarlo.
- Disociación: Puede no darse cuenta de que estropea o ensucia la ropa.
- Problemas sensoriales: No es consciente de su «torpeza», puede dañar la ropa debido a dicha torpeza.
- Edad emocional: El niño puede comportarse como un niño mucho más pequeño, especialmente en relación con el hecho de recordar poner las cosas para lavar.
- Lealtad a los padres biológicos/excuidadores: Se resistir al apego hacia los nuevos cuidadores/padres rechazando la ropa nueva, los olores nuevos del detergente, etc.

Verificación de la realidad

Cuando el niño se autosabotea en cuestiones de higiene, cuando la ropa sucia es un tema constante, a menudo es un reflejo de cómo se siente el niño sobre sí mismo. Es difícil para los padres y cuidadores ver al niño irse con un uniforme escolar impoluto, sólo para regresar después de la escuela con agujeros, manchas y un aspecto general de negligencia. Esto puede ser un desencadenante, ya que se siente como una reflexión sobre los padres, así como un recordatorio no deseado de la vida temprana de algunos niños.

Trata de tener en cuenta que esto casi nunca es un acto deliberado por parte del niño. Tiene mucho más que ver con la desorganización, la torpeza, la disociación y la baja autoestima. Es mejor si respondemos en consecuencia, aunque no siempre es fácil hacerlo.

Estrategias preventivas

- Sé consciente del desarrollo del niño (edad emocional). ¿Se parece este comportamiento al de un niño más pequeño? ¿Podríamos esperar que un niño de tres años sea capaz de ordenar sus prendas y recordar ponerlas en la canasta de la ropa sucia, por ejemplo? ¿Un niño de dos años podría mantenerse limpio?

- Utiliza gráficos visibles con resaltados que muestren los días de colada. Es útil asignarle al niño un día a la semana como su propio día de colada. Esto también evita que el niño ponga inmediatamente sus prendas limpias en el cesto de la ropa sucia si no puede lavarlas. Esto crea una consecuencia natural de que las prendas de vestir favoritas no estén disponibles durante una semana si esto ocurre. También es mucho más fácil administrar un hogar de esta manera y evita discusiones sobre la ropa perdida.

- Haz del día de la colada una parte absoluta de la rutina, con tiempo asignado para que cada niño contribuya a la tarea.

- Compra tres juegos de uniformes escolares: uno nuevo, dos de segunda mano. Comienza con un plan por el que se lave el uniforme todas las noches, para que al menos puedas sentirte feliz de que el niño comienza el día escolar limpio y ordenado.

- Incorpora el lavado de los uniformes de la escuela en la rutina diaria. Yo solía darles la merienda justo después de la escuela. Los niños tenían su merienda una vez que me habían dado su uniforme escolar (o lo habían metido en la lavadora, dependiendo de la edad).

- Dile a la escuela, por escrito, por qué el niño tiene dificultades con la ropa y por qué a veces parece descuidado. Esto ayudará a reducir tu ansiedad.

- ¡Deja de preocuparte por hacer coincidir los calcetines! Nosotros los comprábamos de un solo color liso para cada niño. Un color diferente para cada uno. Además, nadie se moría si salían de casa con calcetines sin emparejar.

Estrategias durante el problema

- Aunque es muy frustrante cuando nuestros hijos entran por la puerta con la ropa sucia, evita preguntar por qué o expresarte con exasperación por la ropa echada a perder. En su lugar, di algo como: «¡Vaya, parece que has tenido un día interesante!».

Esto es muy difícil de hacer y es posible que primero tengas que alejarte y respirar profundamente antes de poder responder de esa manera.

- Cuando veas que, una vez más, el niño no ha podido dejar sus prendas ropa en el cesto de la ropa sucia, intenta decir algo como: «Me he fijado en que todavía no has puesto tu ropa en el cesto. ¿Necesitas que te ayude con eso?».

- Si el niño se niega a meter sus prendas en el cesto de la ropa sucia, dile que esperas que ordene bien su habitación para asegurarse de que no falte su ropa en la colada de esa semana. Prográmalo para que ocurra todas las semanas a la misma hora. Deja suficiente tiempo para que suceda. No funcionará si el niño sabe que está esperando para ir a una cita urgente. Ponte cómodo y di: «Si necesitas descansar un rato antes de hacerlo no pasa nada. Si necesitas ayuda, dímelo». Déjale claro que el próximo evento no sucederá hasta que complete esta tarea.

Estrategias posteriores

- Cuando aparezcan manchas extrañas, revísalas con el niño y especula sobre qué pudo haberlas causado. Esto ayuda al niño a vincular causa y efecto.

- «Nombra la necesidad» para ayudar al niño a desarrollar conciencia sobre por qué se siente cómodo con una apariencia sucia o desordenada. Esto debe ser manejado con sensibilidad. Trata de decirle: «A veces, si los niños no se han acostumbrado a tener ropa limpia, más tarde no se dan cuenta de que las cosas se ensucian o huelen mal, porque su nariz se olvida de decírselo a su cerebro. Puedo ser tu nariz hasta que se resuelva el problema».

- A medida que el niño crezca, enséñale a usar la lavadora. De esta manera, el niño aprende a crear conciencia. (Ten en cuenta que tendrás que apoyar al niño durante más tiempo del que puedas pensar para lograrlo).

- Si crees que los desperfectos en la ropa o su aspecto desaliñado son deliberados, ayuda al niño a «mostrarse arrepentido» a través de la consecuencia natural de ayudar a clasificar la colada o de lavar la prenda. No importa si la colada no sale tan bien como debería. Es la acción de ayudar a corregir las cosas lo que ayuda al niño a relacionar causa y efecto. Es extremadamente importante que, si decides actuar así, se realice de una manera adecuadamente de crianza, tal vez utilizando el tiempo inclusivo y haciéndolo juntos. No está bien inducir vergüenza tóxica y obligar al niño a lavar la ropa a mano como «castigo». Esto no vinculará causa y efecto y es probable que haga que el niño esté más determinado a evitar la vergüenza en el futuro. ¡El problema se hace más grande!

- Cuando un niño ha permitido que ocurra una situación en la que hay una gran cantidad de ropa sucia escondida y literalmente se ha quedado sin ropa, tienes que intervenir, de lo contrario podrías estar recreando una versión alternativa de un ambiente negligente. Puedes usar consecuencias naturales para que el niño te devuelva el tiempo que has tardado en buscar en su habitación y retirar toda la ropa *(véase* parte 1, capítulo 5).

- Una consecuencia natural útil es la pérdida repentina, misteriosa pero temporal, de una prenda favorita. Si le has pedido al niño varias veces que meta la ropa sucia en el cesto, le has ofrecido ayuda, y el niño aún no lo ha hecho, entonces hazlo tú, pero retírale su prenda favorita una vez que la hayas lavado. Yo solía decir que «todavía debe de estar entre la colada». O le decía que había tenido que «lavar tanto que le perdido la pista a tu camiseta naranja. Espero que aparezca la próxima semana». También podía «olvidarme» de revisar el cesto de la ropa si tenía prisa.

S

SABOTEAR (véase también *Cumpleaños, Navidad y otras celebraciones, Dañar, Vacaciones, Ingratitud*)

Qué puedes esperar

- La familia tiene un buen día y el comportamiento del niño se tuerce y «lo estropea todo».
- El niño se desregula y se vuelve más desafiante ante los obsequios, las celebraciones y los días especiales como la Navidad.
- El niño interrumpe las celebraciones o los eventos *(véase también* Cumpleaños, Navidad y otras celebraciones*)*.
- El comportamiento del niño empeora a medida que se acerca el obsequio prometido: el padre siente que debe quitárselo como sanción.
- El niño destruye un buen trabajo por el que ha recibido elogios.
- El niño destruye sus propias pertenencias, incluso las más preciadas *(véase también* Obsesiones*)*.
- El niño a menudo parece desordenado o sucio y con un aspecto desaliñado *(véase también* Ropa sucia*)*.

Por qué puede suceder esto

- Se siente cómodo comportándose mal: El modelo de trabajo interno del niño lo convence de que no merece las cosas buenas. Esto crea conflicto interior en el niño.
- Confianza bloqueada: El niño no confía en la honestidad o en la motivación de la persona que le ofrece los elogios, los regalos o los eventos positivos.
- Recrea un ambiente familiar: El niño no está familiarizado con recibir cosas agradables o especiales o ha sido testigo de un desprecio por la propiedad y la apariencia personal.

- Decepción: El niño puede creer que el regalo, el evento o el día especial lo hará sentir de manera diferente, pero luego descubre que sigue sintiendo lo mismo, por ejemplo, sigue sufriendo un trauma.
- Falta de razonamiento de causa y efecto: No es capaz de recordar que si algo se rompe permanece roto.
- Desregulación: Actúa al calor del momento.
- Vergüenza relacionada con sentimientos de no merecimiento.
- Compulsión inconsciente de romper la formación de un vínculo (con los padres), especialmente después de un tiempo de unión positiva.
- Sentimientos de hostilidad u odio de manera momentánea hacia los padres.
- Necesidad de tratar de predecir el entorno: El niño intenta mantenerlo todo igual, evitar las sorpresas, etc.
- Miedo a los cambios/transiciones.
- Ansiedad por separación: Si el tratamiento aleja al niño del padre.
- Miedo a llamar la atención sobre uno mismo, especialmente en relación con el elogio positivo.
- Disociación: El niño puede no darse cuenta de que daña el artículo, especialmente en relación con dañar su propia ropa.
- Problemas sensoriales: Desconocimiento de su «torpeza». Puede ser torpe
- Edad emocional: El niño puede responder como lo haría un niño más pequeño.
- Lealtad a los padres biológicos/excuidadores: Se resiste al apego hacia los nuevos cuidadores/padres.

Verificación de la realidad
Recuerda que cuando un niño sabotea un día o un evento emocionante o destruye un regalo precioso, su acción no proviene de un plan bien pensado para arruinarlo todo. Es espontáneo e impulsado por una necesidad insatisfecha temprana.

Cuando nuestros hijos rompen los regalos que les hemos dado, arruinan los días que pensamos que estaban esperando, o generalmente sabotean cualquier cosa positiva que intentemos hacer por ellos, es extremadamente difícil no mostrar una reacción emocional o desencadenante. Podemos retener perfectamente un sentido de la comprensión acerca de por qué nuestros hijos se comportan así. Incluso podemos apreciar el conflicto creado en su interior cuando se presenta una visión alternativa positiva de la vida, pero la sensación de fracaso como padre puede ser abrumadora y la frustración y la ira nos desbordan. Sentimos como si lo que hacemos no fuera suficiente, o que nuestros hijos nunca cambiarán. Cuando se produce el sabotaje, es como una linterna que se enciende en el mundo interior del niño, que a menudo nos hace sentir impotentes. Por eso siempre debemos estar preparados y disminuir nuestras expectativas. Me costó mucho aprender a no esperar demasiado de mis hijos. Una vez que bajé mis expectativas, a menudo me sorprendían agradablemente.

Una imagen mental que resultó muy útil fue un tipo de gráfico (*véase* el siguiente gráfico). Aprendí que el nivel de sabotaje (o rechazo) parecía tener una relación directa inversamente proporcional a:

- Mis expectativas.
- Las expectativas del niño.
- La cantidad de conflicto creado por el evento positivo.

En otras palabras, cuanto más agradable sea el tiempo que planeamos y esperamos, ¡peor será!

¡Pero no siempre será así! Sin embargo, será así hasta que nuestros hijos puedan creer que merecen lo que les damos.

Estrategias preventivas
- La principal estrategia preventiva es mantener bajas tus propias expectativas. ¡Un resultado positivo es un extra!

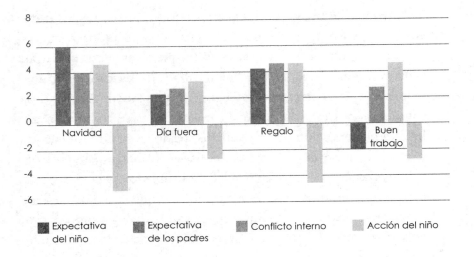

■ Expectativa del niño	■ Expectativa de los padres	■ Conflicto interno	■ Acción del niño

- No sucumbas a la tentación de exagerar la próxima experiencia o regalo. Una postura casual es más fácil para que el niño integre sus propias expectativas y sentido de sí mismo.

- ¡Evita las sorpresas! Ni siquiera uses la palabra «sorpresa» a menos que tu hijo esté bien establecido contigo y se sienta seguro.

- Ten cuidado al embarcarte en días de celebración y en eventos que incorporen respuestas que induzcan el trauma. Algunos ejemplos de esto podrían ser personas con disfraces (especialmente cuando se oculta la cara) y pantomimas o espectáculos de marionetas (en las haya un «malhechor» que pueda parecer amenazador).

- Cuando planifiques un regalo, intenta separar tus procesos de pensamiento y repetir incidentes anteriores. ¿Cómo responde el niño una vez que recibe el regalo? ¿Se trata de a) en realidad tener el artículo e invertir en él a largo plazo, o b) lograr sólo la propiedad? Si concluyes que es b, entonces sabes qué esperar.

- Evita utilizar amenazas y sobornos para hacer que el niño se comporte durante el próximo evento. Esto sólo le indicará al niño que tú sientes ansiedad y aumentará sus niveles de ansiedad. Es mejor advertir a los demás en caso de que necesites tomarte un descanso si tu hijo se desregula, y hacer un plan en caso de que las cosas salgan mal.

Estrategias durante el problema

- Hazte preguntas en voz alta reforzando tu opinión acerca de por qué el niño merece el regalo. Esto funciona especialmente bien cuando sospechas que la escalada en el comportamiento es un intento directo de sabotear un regalo futuro. Por ejemplo, «Me pregunto si has hecho X porque sientes que no mereces tener Z. Bueno, creo que tienes un buen corazón y mereces tener Z, así que no importa qué suceda, tendrás Z; sin embargo, habrá otras consecuencias para tus comportamientos».

- ¡Cuando un niño ha hecho un trabajo, es más probable que silenciar los elogios aseguren que el trabajo sobreviva! No sientas la tentación de decirle lo maravilloso que es el trabajo y lo inteligente que es el niño. Por lo general, el niño no puede creerlo, por lo que de repente tú te vuelves a sus ojos deshonesto y poco fiable. Entonces, por ejemplo, si tu hijo ha hecho un dibujo, podrías decirle: «Ésa es una imagen interesante. ¿Quién es ése de ahí?».

- Está bien mostrar tu decepción cuando el niño arruina algo, pero en ese caso debes relacionarlo con el niño, no contigo. En lugar de decir, «¡No puedo creer que hayas hecho eso! ¡Me gasté 100 euros en eso para ti!, di: «¡Qué vergüenza, rompiste tu nuevo teléfono! No tendrás ningún otro durante mucho tiempo. Espero que te sientas un poco triste por eso».

Estrategias posteriores

- «Nombrar la necesidad» es muy efectivo cuando hay sabotaje. Debes comprender que el niño puede sentir que no merece cosas buenas, por lo que debe recordarte que no es «bueno». Por lo tanto, di frases como «Sé que tienes buen corazón» y demuestra los aspectos positivos que has visto en él. Es muy importante que no demos sólo ejemplos vagos.

- No reemplaces un artículo dañado. Aunque el niño normalmente haya actuado al calor del momento y puede sentirse incómodo con el conflicto creado por su modelo de trabajo interno, reemplazar el elemento no hará que el niño se sienta mejor de repente. Es más útil continuar trabajando en su autoestima y ayudarlo a trabajar para lograr un reemplazo parcial a un nivel que pueda aceptar.

- Si bien los hábitos del niño se acrecientan en vistas a un próximo regalo o evento, es una buena idea mantener las consecuencias naturales, pero hacer que el regalo o el evento que se avecina quede fuera de las consecuencias. Aunque es tentador decir: «Bien, ¡ahora no vas a la fiesta de cumpleaños!», recuerda que ésta es una consecuencia no relacionada que simplemente refuerza la visión negativa del niño sobre sí mismo.

Nota: cuando mi hija, Katie Careful, tenía 15 años, planeamos su siguiente cumpleaños. Katie y yo pasaríamos juntas un día especial. A medida que se acercaba el cumpleaños, su comportamiento se intensificó. Demostró mayor hostilidad, rudeza y nivel de agresión. El problema llegó a su punto más álgido cuando intentó saltar de un coche en marcha. Le dije que entendía que con su comportamiento trataba de hacer que cancelara el día especial, pero que había decidido que ese día especial valía la pena y que no importaba que hiciera lo que hiciera. Al mismo tiempo, por supuesto, no podríamos sacarla en el coche durante una semana porque temíamos por su seguridad. Esto causó muchos inconvenientes, pero los comportamientos conflictivos comenzaron a disminuir de inmediato, y tuvimos nuestro día libre. Durante aquel día, ella se puso físicamente enferma varias veces, lo que me demostró el nivel de conflicto que aquello había creado en su interior.

SALTARSE EL TURNO (véase *Competitividad*)

SEPARACIÓN (véase *Triangulación*)

SEGUIRTE A TODOS LADOS (véanse *Hablar sin sentido, Ansiedad por separación*)

T

TABACO (véase también *Drogas y alcohol*)

Qué puedes esperar
- El niño o joven fuma abiertamente.
- El cuidador o padre sospecha que el niño o joven fuma.
- El niño o joven fuma en secreto en su habitación o en otro lugar de la casa.

Por qué puede suceder esto
- Adicción a la nicotina.
- Reemplazo temprano de la crianza perdida.
- Comportamiento de búsqueda sensorial.
- Necesidad de sentir que tiene el control; en particular, ésta es una actividad que es muy difícil de controlar por adultos con buenas intenciones.
- Desregulación: Fumar puede ayudarlo a autorregularse.
- Falta de razonamiento de causa y efecto e impulsividad: El niño o joven no puede relacionarse o aceptar riesgos de salud a largo plazo, o incluso problemas de salud o físicos más inmediatos, y es empujado por necesidades e impulsos inmediatos.
- Compulsión inconsciente de romper una formación de vínculo (con los padres).
- Miedo o anticipación temerosa de una respuesta negativa de los padres.
- Atracción por las actividades del grupo de iguales.
- Respuesta al miedo: Fumar puede ayudar al niño o joven a sentirse más tranquilo.
- Sentimientos de hostilidad u odio de manera momentánea hacia los padres.

- Miedo a la invisibilidad/a ser olvidado, especialmente si fumar provoca una respuesta del padre/cuidador.
- Recrea un ambiente familiar: El olor a tabaco puede ser un olor familiar o incluso tranquilizador.
- Miedo a los cambios/transiciones: Puede haber un aumento en el hábito de fumar o una mayor atracción por el tabaco en los momentos de transición.
- Temor a llamar la atención sobre uno mismo en relación con las actividades de los grupos de iguales y no desear ser el «extraño» si otros fuman. Además, el niño puede ganar favores y popularidad temporal al comprar cigarrillos para otros.

Verificación de la realidad

Éste es uno de los problemas en los que los padres terapéuticos a veces pueden perderse y centrase en cambio en los problemas de control (¡lo sé porque me ha pasado!). Imponer consecuencias no relacionadas y castigos no resolverá este problema. Más bien, necesitamos mantener la comunicación abierta y trabajar en asociación con la persona joven.

Estrategias útiles

- Evita vilipendiar al niño; en su lugar, háblale acerca de cómo está seguro de que juntos podréis resolver el problema. Puedes hacer referencia a su fuerza de personalidad y al hecho de que ha superado dificultades mayores en su vida pasada como prueba de ello.
- La mejor estrategia para reducir o acabar con el hábito de fumar es controlar de cerca el dinero disponible para el niño o joven. Los cigarrillos son caros y la limitación de fondos restringe automáticamente el acceso a los cigarrillos a través de canales legítimos. Eso no significa que no los reciban de los demás. Si tú o alguien más de la casa fumáis, debes asegurarte de que el tabaco y los cigarrillos estén bien guardados.
- Pon límites sobre fumar en el hogar. Proporcionarle un cenicero y colocarlo junto a la puerta trasera, dejando en claro que sólo se

permite fumar afuera, hace que este hábito sea menos atractivo. A nuestros niños no les gusta que los excluyan y, por lo general, quieren saber qué está pasando en casa.

- Es razonable insistir en que el niño o joven no fume en la casa, y esto incluye su dormitorio. Se deben instalar detectores de humo a prueba de manipulaciones en los dormitorios y en el baño para mantener a todos seguros. Algunos padres terapéuticos tienen un área designada para fumar a cierta distancia de la casa, en una parte poco atractiva del jardín o de la calle. ¡A menudo eso hace que fumen menos!

- «Nombra la necesidad» y haz comentarios empáticos para vincular la necesidad de fumar del niño con los posibles factores de estrés y cualquier crianza temprana perdida. Por ejemplo, «Algunos niños y jóvenes fuman porque necesitan algo que hacer con la boca. Esto sucede especialmente si se perdieron algunas cosas cuando eran bebés».

- Proporciónale piruletas como alternativa.

- Con frecuencia, nuestros niños no pueden relacionar los riesgos de salud a largo plazo con el acto inmediato de fumar, por lo que, aunque podemos darles información y consejos, no te sorprendas si no los tienen en cuenta. Esto puede ser especialmente duro si habéis tenido una larga conversación que has creído que tendría resultados positivos, y luego el niño o joven se pone a fumar de nuevo. ¡Recuerda que nuestros hijos nos estudian con atención y con frecuencia dicen lo que creen que queremos que digan!

- Permitir que el niño o joven conozca los riesgos más inmediatos que afectan de manera más directa a su salud puede resultar efectivo. Puedes hablarle de que el tabaco reseca la piel y hace que salgan manchas, que los dientes se manchan y se pudren si no se los cuida bien (las imágenes de los dientes podridos pueden ayudar).

- Dale juguetes al niño para que juegue y se distraiga, especialmente si está ansioso y necesita un cigarrillo.

- Si el niño disfruta de un determinado deporte o actividad, hazle saber que fumar tendrá un impacto directo en su rendimiento. También puedes ofrecerle una recompensa si reduce los cigarrillos. Una de mis hijas quería asistir a clases de canto, pero obviamente no íbamos a matricularla hasta que dejara de fumar. Eso creó el deseo de dejar de fumar, así que fue mucho más fácil lidiar con ello.

- Imponer una prohibición directa podría conducir a altos niveles de ansiedad y a que el niño sufriera los síntomas de la abstinencia de la nicotina. Si el niño o joven ha expresado su deseo de dejar de fumar o ha pedido ayuda para no comenzar, debemos dar pasos pequeños y alcanzables para ayudarlos. Para que esta estrategia tenga posibilidades de éxito, debes ayudarlo a que negocie y lleguéis a un acuerdo sobre los objetivos establecidos, como limitar la cantidad de cigarrillos al día o acordar cuándo puede fumarse un cigarrillo.

- Dale al niño ánimo y elogios positivos por lo que está logrando, pero asegúrate de no exagerar demasiado; por ejemplo, «Puedo ver que no fumarte un cigarrillo es muy difícil para ti, pero hoy has manejado muy bien tus sentimientos de enfado».

- Los parches de reemplazo, la goma de mascar de nicotina, los *vapers* o cualquier otra forma de productos de reemplazo de la nicotina son útiles cuando el niño o joven es adicto y desea dejar de fumar, pero se debe buscar asesoramiento médico en relación con su uso. Algunos padres terapéuticos han tenido cierto éxito al reemplazar los cigarrillos por *vapers* más «sabrosos» sin nicotina.

TABLAS DE RECOMPENSA (véase *parte 1, capítulo 6*)

TARDANZA *(hace las cosas lentamente, se queda atrás, se queda en la cama)* (véanse también *Comportamiento de control, Desafiar*)

Qué puedes esperar

- El niño se niega a levantarse de la cama.
- El niño se queda atrás, aumentando gradualmente la distancia (*véanse* las estrategias en Salir corriendo).
- El niño se mueve despacio deliberadamente (*véase* Problemas con la comida, comer lentamente).
- El niño suele llegar tarde a la escuela, a los autobuses, etc., a pesar de que sale con tiempo suficiente.
- El niño frecuentemente regresa tarde a casa sin darse cuenta del tiempo.

Por qué puede suceder esto

- Incapacidad de manejar las transiciones: El niño puede no estar dispuesto a ir al siguiente lugar.
- Problemas de memoria y desorganización en general, que contribuyen a tener dificultades para controlar del tiempo.
- Falta de conciencia del tiempo.
- Recompensa al niño con una reacción, si esto es un desencadenante para el padre.
- Falta de razonamiento de causa y efecto, especialmente en relación con la incapacidad de visualizar los resultados: El niño no se preocupa por las consecuencias de «llegar tarde».
- Confianza bloqueada: retrasa la salida para prolongar el *statu quo* actual. El niño no está seguro de a dónde se lo están llevando.
- Necesidad de sentir que tiene el control y es poderoso.
- Miedo o anticipación temerosa de una respuesta negativa de los padres con respecto a llegar tarde a casa.
- Atracción por las actividades del grupo de iguales, especialmente al llegar tarde a casa.
- Respuesta al miedo: Miedo a la «próxima cosa».
- Sentimientos de hostilidad u odio de manera momentánea hacia los padres.
- Miedo a la invisibilidad/a ser olvidado: busca una reacción.
- Necesidad abrumadora de sentirse amado/importante.

- Se siente cómodo portándose mal/autosabotaje.
- Edad emocional: El niño está funcionando a una edad más temprana, especialmente en relación con la gestión del tiempo y el significado y la importancia de la puntualidad.

Estrategias preventivas

- ¡Debes prepararte! Si sabes que tienes un niño que se mueve lentamente y le gusta encontrar muchas distracciones de último minuto para retrasar la salida, empezad a moveros antes. Puedes decidir que tiene que estar en la escuela a las 8.30 a.m. Indícale que ése es el tiempo que necesita para estar allí. Se puede eliminar una gran cantidad de presión si sabes que tienes un margen de 15 minutos en tus manos.
- Si el retraso por las mañanas es un problema particular, haz todos los preparativos (llenar la mochila, disponer la ropa limpia, el equipo de educación física, etc.) la noche anterior y mételo todo en el maletero del coche o en otra área inaccesible. Esto evita el sabotaje y las «pérdidas» de última hora.
- Piensa en qué momento del desarrollo está tu hijo. A veces esperamos que nuestros hijos funcionen en su edad cronológica en lugar de en su edad emocional o de desarrollo. ¿Tu hijo se retrasa porque no puede vestirse físicamente u organizarse en su edad cronológica? *(véanse* Problemas de memoria y Desorganización).
- Recuerda, lo que percibes como que el niño es deliberadamente lento para llegar tarde a la realidad puede ser temor al cambio *(véase* Transiciones). Vuelve a evaluar si tu perspectiva corresponde y responde a esos sentimientos ocultos.
- Evita decir cosas como: «¡Harás que lleguemos tarde!», porque tu hijo puede entenderlo eso como: «Ahora eres tú quien tienes el control completo de nuestro día».
- Cuando se dé un tema recurrente, por ejemplo, todas las mañanas, el niño presenta obstáculos para evitar salir a tiempo, solicita la ayuda de un amigo o un compañero de apoyo. De esta

manera, puedes seguir avanzando y salir de casa a tiempo sin preocuparte por que los demás lleguen tarde o por dejar solo al niño «tardón» en casa. El amigo o compañero que lo apoya simplemente se presenta de repente justo a la hora habitual de salir de casa, lo que te da libertad para salir a tiempo y te da una buena idea de cómo podría responder el niño. Eso también puede eliminar efectivamente un desencadenante cambiando la dinámica de esta interacción en particular.

- Piensa en los desencadenantes para el niño. Cuando nos apresuramos a llegar a algún lugar a tiempo, a menudo nos distraemos y nos preocupamos. Esto significa que nuestras expresiones faciales cambian y podemos parecer estresados. Esto solo, por sí mismo, puede resultar en un desencadenar para el niño. Piensa a dónde intenta llegar y qué ha precedido inmediatamente a las tácticas de demora.

- Cuando tu hijo llega tarde a casa, no esperes que vigile el tiempo y recuerde que debe irse a su hora. ¡Cuando no estás a la vista, puedes dejar de existir por unas horas! Los mensajes de texto oportunos pueden ayudar a un niño a mantenerse en el camino.

- Si tu hijo tarda mucho en levantarse de la mañana, enciende todas las luces de la casa y una lámpara en la habitación del niño cuarenta y cinco minutos antes de la hora de levantarse.

- Planifica la rutina para que el niño se ponga en movimiento de inmediato (en caso de que tenga niveles altos de cortisol) y que la cosa mejor suceda una vez que haya terminado todo lo aburrido. Descubrí que diciembre era un mes muy bueno ya que les daba a los niños su calendario de adviento con chocolatinas justo antes de que nos fuéramos. Un simple trozo de chocolate puede hacer maravillas y también puede ayudar a regular al niño.

- Una música suave y alegre puesta a una hora determinada, antes de que realmente sea hora de levantarse, es menos desencadenante que un adulto que dice: «¡Ya es hora de levantarse!».

Estrategias durante el problema

- Sigue avanzando. Muchos de estos comportamientos se basan en ver si el niño es quien está a cargo y puede obtener una respuesta. Si parece despreocupado y simplemente continúa, esto puede resolver muchos de estos problemas. Por ejemplo, si todavía lleva puesto el pijama, o aún no se han puesto los zapatos, simplemente di: «Está bien, siempre puedes cambiarte en la escuela. Te pondré la ropa/los zapatos en una bolsa y te la llevas». La mayoría de los niños no querrán llegar a la escuela con un aspecto diferente, por lo que se apresuran o se visten rápidamente en el automóvil.

- Para mantener al niño en el buen camino, pregunta: «¿Qué deberías estar haciendo en este momento?».

- Elimina la audiencia. Di: «De acuerdo, dime cuándo estás listo, ahora tengo que hacer…».

- Haz comentarios empáticos para explicar lo que está experimentando el niño: «Puedo ver que te sientes un poco inseguro, por eso estás fingiendo haber perdido los zapatos, para perder tiempo y retrasar la salida hacia la escuela».

- Poner música alegre y alta en la sintonía del despertador también puede promover la alegría. A veces yo solía bailar en la habitación de los niños haciendo payasadas para que se echaran a reír. Eso puede ayudar a establecer el tono correcto.

- Pregúntate en voz alta para explorar las emociones detrás de los comportamientos: «Me pregunto si tratas de llegar tarde porque te enfadas cuando no estás con mamá».

- Permite que se desarrolle la situación. Algunos padres han descubierto que ésta es la estrategia más efectiva de todas. Es bastante desconcertante para un niño que está utilizando la tardanza como un comportamiento controlador encontrar al padre despreocupado y que parece relajado, ¡tal vez incluso aprovechando el inesperado «tiempo de relajación»!

- Utiliza «la estrategia del teléfono» (*véase* la parte 1, capítulo 5).

- Cuando la televisión y los dispositivos contribuyen a la tardanza, elimina su acceso a través de los controles de la wifi, etc. Yo descubrí que mis hijos se movían muy rápido por la mañana si luego había diez minutos de televisión antes de irse.

Estrategias posteriores

- Si tienes un hijo que llega tarde a casa, puedes utilizar las consecuencias naturales para que te «reembolse» el tiempo perdido. Si tu hijo llega diez minutos tarde a casa una noche, puedes hacer que al día siguiente regrese diez minutos antes. Eso es efectivo sólo si el niño realmente reconoce y se vincula a ello. No es apropiado usarlo si te está catapultando a una espiral descendente de control. En este caso, retira el tiempo de una manera diferente: «Como anoche llegaste a casa una hora tarde, yo estuve levantada una hora más y ahora estoy demasiado cansada para…».
- Si tienes un hijo que se queda en la cama y se niega a levantarse, normalmente puedes utilizar las consecuencias naturales. En la medida de lo posible, sigue avanzando y no muestres molestia. Si sucede una segunda o tercera vez (o mil veces), planifica una sorpresa que sepas que realmente le gustaría al dormilón. Siempre y cuando hayas solicitado la ayuda de otro adulto, puedes continuar y anunciar en el último momento que es una pena que no esté listo, ya que se marcha ahora a (lugar favorito). No sucumbas a la tentación de detenerte y esperar, porque de hacerlo la próxima vez no habrá causa y efecto vinculados. Es una consecuencia natural de quedarse en la cama. Se pierden cosas.
- Piensa en cómo se puede alterar la rutina de la casa. Eso es relevante en relación con los relojes corporales de los adolescentes y con los aparatos electrónicos que causan cansancio.

TERAPIA (véase *Triangulación, parte 1, capítulo 3*)

TERRORES NOCTURNOS/PESADILLAS (véase *Problemas para dormir*)

TOMA DE DECISIONES (véase *Dificultades para elegir*)

TOMARSE LAS COSAS LITERALMENTE (véase *Bromas y burlas, parte 1, capítulo 1*)

TRANSICIONES (véanse también *Vacaciones, Problemas escolares, parte 1, capítulo 1*)

Qué puedes esperar

- El comportamiento del niño aumenta o cambia drásticamente cuando se acerca un cambio o después de un cambio. Esto podría ser un cambio de actividad, contacto con otras personas importantes, el comienzo y el final del día escolar, irse de vacaciones, descansos cerebrales (respiros), cualquier cambio en la rutina, cambio de persona, mudanza o cualquier otro tipo de cambio.
- El niño usa tácticas dilatorias para prolongar su *statu quo* actual.
- El niño se esconde (o se queda en blanco) cuando se produce un cambio de cuidador.

Por qué puede suceder esto

- Miedo al cambio: El niño se siente inseguro y trabaja arduamente para evitar que ocurra el cambio.
- Edad emocional: El niño puede ser incapaz de manejar las transiciones de manera similar al funcionamiento y la comprensión de un niño mucho más pequeño. Es incapaz de comprender la idea de permanencia.
- Miedo a los adultos, especialmente en relación con los horarios de recogida de la guardería o de la escuela.
- Necesidad de sentir que tiene el control y puede detener los cambios que ocurren, o provocarlos, al escalar los comportamientos para forzar el final de la ubicación.
- Falta de razonamiento de causa y efecto: El niño no puede visualizar lo que podría significar el cambio. Esto es especialmente relevante cuando hay un desencadenante vinculado.

- Compulsión inconsciente de romper una formación de apego (con los padres/cuidador, particularmente en las transiciones de contacto).
- Respuesta al miedo, especialmente en relación con los momentos en que hay un cambio de cuidador. El cuidador nuevo es una persona a la que debe conocer desde cero y el niño no sabe si volverá, ¡no importa lo que diga!
- Necesidad de intentar predecir el entorno.
- Ansiedad por separación.
- Necesidad abrumadora de mantener a los padres cerca.
- Problemas sensoriales: El niño puede sentirse abrumado por la información sensorial sobre los cambios conflictivos.

Verificación de la realidad

¿Qué es una transición? Para nosotros puede significar algo grande, como trasladarnos de casa o comenzar un nuevo trabajo. Para nuestros niños, puede ser tan pequeño como cambiar de jugar con un juguete a hacerlo con otro, o que haya un cambio de actividad en la rutina de acostarse. Nuestros niños tienen niveles muy altos de ansiedad en torno al cambio, ya que en el pasado esto a menudo tenía un significado negativo para ellos. Quizá nosotros estemos pensando en ir en coche a algún lugar agradable. Pero eso mismo podría ser un desencadenante para el niño, ya que puede haber sido llevado en coche desde o hacia un evento traumático. Las experiencias cotidianas pueden ser aterradoras y debemos ser conscientes de ello en todo momento.

Si todo parece ir realmente bien y luego el comportamiento de tu hijo cambia de la normalidad a peor, debes tratar de ver cuáles son los posibles factores desencadenantes. A veces no podemos identificarlos. A veces son obvios. Cuando la vida temprana del niño fue traumática, su cerebro está programado para el miedo. Generalmente ve a los adultos como inseguros. Debido a esto, si hay un cambio en un límite por tu parte o por la de otro adulto, la respuesta de miedo/supervivencia se recupera y se hace cargo de la situación. El niño vuelve instantáneamente a viejos patrones de comportamiento negativo.

Lo menos útil que podemos hacer en esta situación es culpar al niño o preguntarle por qué está hace lo que hace. El niño es inconsciente, se despreocupa o por el contrario está profundamente preocupado y perplejo por su propio comportamiento. Depende de nosotros, como padres terapéuticos, averiguar qué le sucede y cómo solucionarlo. Una respuesta empática a los nuevos (viejos) comportamientos es nuestro mejor punto de partida.

Estrategias preventivas

- Ten en cuenta los factores desencadenantes que puede haber para tu hijo. A veces no son obvios y sólo podemos identificarlos por las reacciones del niño a un cambio específico.
- Avisa con anticipación de los cambios en la actividad, incluso si es algo que sucede a la misma hora todos los días. ¡A mi hijo siempre le sorprendía que fuera la hora de la ducha «de repente»!
- Utiliza temporizadores, como los relojes de arena, en los que el niño puede ver cuánto tiempo le queda. También puedes usar una alerta de cuenta atrás en ordenadores, tabletas y teléfonos móviles.
- Establece alarmas. Éstas pueden ser canciones divertidas o alegres, relevantes para la actividad. ¡Es menos desencadenante que un niño tenga una alarma que le informe que es hora de un cambio de actividad que lo que le dicen sus padres!
- Como parte del cuidado personal, los padres terapéuticos necesitan tomarse descansos para recuperarse. Esto debe ser manejado con sensibilidad. La mejor manera de minimizar la interrupción de todo es que los cuidadores de relevo reciban capacitación en crianza terapéutica y vengan a cuidar al niño en su propio hogar. Esto también puede ser tranquilizador para el niño, y obtienen un pequeño descanso del arduo trabajo de vincularse a sus nuevos padres.

- Haz una pausa y reflexiona cada vez que notes que vas a tener una reacción. Piensa en lo que acaba de suceder, o lo que está a punto de suceder. Esto puede ayudarte a evitar o a minimizar reacciones en el futuro.
- Piensa en la elección del momento oportuno para contarle a tu hijo cualquier evento importante, como nuevos contactos, vacaciones y traslados de casa. ¡Casi todos los padres terapéuticos encuentran que darle al niño mucha información sobre un cambio no es necesariamente útil! Esto sólo da más tiempo para que la ansiedad crezca en el niño.
- Cuando hay una reunión de contacto con otras personas importantes en la vida del niño, es probable que le provoque ansiedad, estrés, culpa y sentimientos de pérdida y dolor. Como padres y cuidadores, podemos ver la ira y el rechazo. Es importante mantener un diario de las reacciones y respuestas de tu hijo y cualquier deterioro en los comportamientos, como enuresis y agresión. Esto puede ayudar a determinar más adelante cómo el contacto está afectando psicológicamente al niño. Si llegas a la conclusión de que el contacto no es beneficioso y tienes evidencias de deterioro en la conducta y en el bienestar emocional del niño, esto debe compartirse de manera práctica y basada en hechos.
- Sé proactivo con los preparativos cuando vaya a haber un contacto nuevo. Si esperas que tu hijo viaje durante horas en un automóvil para ir de visita a casa de unos adultos y se comporte como un angelito, entonces te llevarás una decepción. Trata de asegurarte de que la transición sea lo más corta posible y sin interrupciones para el niño, especialmente en lo que respecta a viajar hacia y desde el contacto.
- Tener un planificador en la pared con rutinas normales y pequeños eventos puede ayudar al niño a tener una perspectiva y sentirse seguro con lo que está sucediendo (*véase* Vacaciones).
- Utiliza las tablas de *Ahora, Después y Más tarde (véase más adelante)* o un planificador diario que el niño pueda llevar consigo.

Puede ser muy tranquilizador para nuestros hijos tener visibilidad sobre cuál es la secuencia de eventos.

Aquí hay un ejemplo de un planificador:

QUÉ HAGO DESPUÉS DE LA ESCUELA

| Vacío la mochila escolar | Guardo los zapatos | Me como la merienda | Juego con el Lego |

- Usa un objeto de transición: podría ser algo con un aroma familiar que el niño pueda mantener cerca, como un pañuelo o un juguete favorito.
- ¡Evita las sorpresas! No sucumbas a la tentación de usar la palabra «sorpresa» a menos que tu hijo esté ya bien establecido contigo y se sienta seguro.

Estrategias durante el problema

- Si tu hijo se esconde (o se queda en blanco emocionalmente) a la hora de recogerlo, ten en cuenta que ésta es una estrategia de supervivencia basada en el miedo y que el niño no lo hace a propósito para molestarte. Es posible que el niño no esté seguro todavía de que está a salvo, de que tú no estás enojado o de que no has cambiado de ninguna manera. Esto puede ser particularmente frecuente cuando el niño ha estado expuesto a un padre que no le dio al niño respuesta fiables. Simplemente continúa con normalidad, si es posible habla con otro adulto, y quizá te preguntes en voz alta dónde podría estar el niño, sin mostrar enojo. Si no hay otros adultos a tu alrededor, puedes usar la «estrategia del teléfono» y hablar con un amigo imaginario, haciendo comentarios empáticos para disminuir la respuesta de miedo del niño.

- Asegúrale al niño que tú estarás con él durante la transición, o nómbrale a la persona que lo estará.

- Hazte preguntas en voz alta para mantener una narrativa, explicando lo que crees que le está pasando al niño: «Me pregunto si te estás escondiendo debajo de la cama porque te preocupa lo que sucederá cuando salgamos de casa. ¿Cómo puedo ayudarte a sentirte más seguro?».

- Háblale de que volverá de nuevo al mismo lugar. A veces nuestros hijos no pueden visualizarlo: «Una vez que entremos en el automóvil, conduciré hasta el pueblo y aparcaré en el estacionamiento de la tienda. Luego nos dirigiremos al supermercado y compraremos la cena. Después de eso nos subiremos al coche y volveremos a casa».

- Hazle saber al niño cuándo puede regresar a la actividad que estuviera haciendo o a su día a día cotidiano.

- Si un niño demuestra comportamientos de sabotaje cuando se acerca a un contacto significativo, antes de nada, trata de decírselo al niño cuando estéis lo más cerca posible de la reunión. Explícale al niño que sabes lo que está pasando: «Me doy cuenta de que estás muy confuso en este momento. Esto podría ser porque mañana debes ver a X. Lo que sucederá es…». Dale información detallada sobre a dónde irá, quién estará allí, cuánto tiempo durará la reunión y a dónde irá el niño a continuación. Es esencial que el niño coja un objeto de transición para «devolverlo a casa».

Estrategias posteriores

- Si las transiciones en torno al contacto son demasiado difíciles de manejar para el niño, entonces deberás seguir tu instinto. Con demasiada frecuencia, el contacto se establece con adultos que han sido la causa del trauma del niño, a fin de satisfacer las necesidades del adulto, ¡no del niño! A veces es difícil para el niño hacernos saber que el contacto es demasiado difícil o atemorizante para él, por lo que nos lo dice a través de sus comportamientos.

- Después del contacto, nuestros hijos a menudo tienen lealtades conflictivas y sentimientos confusos. Evita planificar actividades emocionantes o que distraigan y permítele un tiempo de inactividad para la reflexión y la reintegración.
- «Nombra la necesidad» y la reflexión empática para ayudar al niño a explorar sus sentimientos en torno al contacto u otra transición. «Creo que podrías estar muy enfadado conmigo porque hoy has visto a tu papá y lo echas de menos. Eso debe de hacer que te sientas muy triste».

TRAUMA VICARIO (véanse *Fatiga de compasión, parte 1, capítulo 7*)

TRIANGULACIÓN (véanse también *Encanto, Falsas acusaciones, Mentir, Reacción exagerada*)

Qué puedes esperar
- El niño engaña a un profesional de apoyo, a un amigo, a un miembro de la familia o a otro adulto, o éstos malinterpretan un evento o acción después de una interacción con el niño.
- El niño cuenta dos (o más) versiones diferentes de un evento a diferentes personas.
- El niño explota una comunicación deficiente entre los padres y otros adultos para obtener simpatía, empatía y crianza adicional o para evitar una consecuencia.

Por qué puede suceder esto
- Miedo a la invisibilidad/a ser olvidado: Busca atención/apego.
- El niño necesita sentirse seguro y que tiene el control, especialmente en relación con la búsqueda de la «cara simpática».
- El otro adulto con el que el niño está interactuando no entiende la crianza terapéutica o los efectos del trauma.
- El niño cree diferentes versiones del mismo evento, especialmente cuando ha sufrido maltrato. El niño no puede colocar el

evento en el tiempo y espacio correctos. Esto ocurre a veces cuando el niño tiene un temor real de que el evento pueda ocurrir de nuevo y es incapaz de distinguir entre el pensamiento y la realidad.

- Falta de razonamiento de causa y efecto: El niño no piensa en lo que podría suceder como resultado de lo que está diciendo.
- Desregulación: Si está desregulado, es posible que el niño no esté pensando claramente y se centrará principalmente en mantenerse a salvo.
- Vergüenza, especialmente cuando el niño puede haberse metido «en problemas», por ejemplo, por llegar tarde a la escuela: el niño desvía la vergüenza al involucrar al adulto en una versión alternativa de la realidad.
- Miedo o anticipación temerosa de una respuesta negativa del adulto con el que está interactuando.
- Sentimientos de hostilidad o de odio momentáneo hacia los padres o cuidadores principales.
- Necesidad de tratar de acercar a otro adulto (*véase* la explicación de la «cara simpática» en parte 1, capítulo 6).
- Miedo a los cambios/transiciones.
- Disociación, lo que lleva a una falta de claridad sobre un evento.
- Deseo de evitar una actividad o un evento; por ejemplo, un niño afirma que el padre ha perdido su equipación de gimnasia para evitar hacer la clase.
- Problemas sensoriales: El niño puede malinterpretar un contacto o un sentimiento, como deseo.
- Necesidad abrumadora de sentirse amado/importante.
- Evitación, especialmente en terapia, cuando el niño no desea participar con el terapeuta.

¿Qué es la triangulación?

Observa este ejemplo: tu hija está en el cine, has dispuesto que la recogerás después. Ella sale quince minutos antes. Vas de camino. Mientras espera, un profesional de apoyo pasa a su lado. Desafortunadamente, el profesional de apoyo no es muy hábil. La niña ve su «cara simpática» y se ve impulsada a obtener crianza. La conversación podría ser así:

Profesional de apoyo: ¿Qué estás haciendo aquí sola?
Niña: Mamá no ha venido a recogerme. ¡Llevo esperando horas!
PA: ¿Cómo vas a llegar a casa?
Niña: No lo sé. ¡No tengo dinero! (cara triste)
PA: Bueno, bueno, yo tengo algo de dinero. Ya me lo devolverá mamá cuando la vea.
Feliz, la niña se va y se gasta el dinero, luego regresa rápidamente al lugar del encuentro. El profesional de apoyo la está esperando y le pregunta dónde estaba. La niña le dice que ha ido al baño. Más tarde, ese día, el profesional de apoyo se pone en contacto con la cuidadora para compartir su consternación ante el hecho de que la niña estuviera en la ciudad sin medios para llegar a su casa.

Verificación de la realidad

Si el niño logra obtener una respuesta de crianza adicional de otro adulto, es importante, en primer lugar, separar la situación real (dónde estaba, el precursor, lo que dijo/hizo) de su necesidad (supervivencia) y tu sentimiento al respecto (¡Mintió! ¡Se salió con la suya, manipuló a la otra persona! ¡Me hizo quedar mal!). En el ejemplo anterior, podría verse así:

Situación: La niña se encuentra inesperadamente sola, desencadenando un trauma temprano y el miedo al abandono.
Necesidad: La necesidad que guía al niño, es decir, «Tengo al profesional de apoyo para que me preste atención y crianza. Es poderoso, así que necesito asegurarme de que estoy a salvo».
El padre se siente: Socavado, criticado, enojado con el niño por mentir, enojado con el profesional de apoyo por no haber comprobado la historia.

Estrategias preventivas

- El acuerdo sobre los límites es clave, especialmente para garantizar que los adultos significativos en la vida de tu hijo conozcan las estrategias terapéuticas de crianza de los hijos y los efectos del trauma infantil, lo que incluye qué hace más probable la triangulación y la importancia de asegurar los límites del grupo.

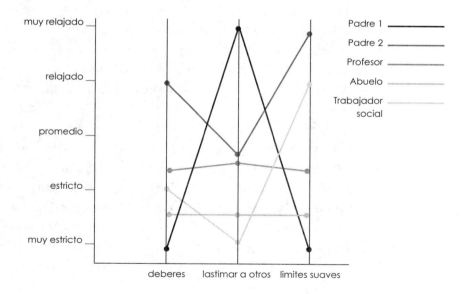

En la figura anterior hay muchas oportunidades para que ocurra la triangulación. Claramente, la comunicación es deficiente entre los adultos en el equipo que rodea al niño. Diferentes límites conducen a la inseguridad y la triangulación. Aquí, por ejemplo, el niño probablemente podría identificar qué adulto sería más probable que le permitiera ciertos comportamientos, creando conflicto y desconfianza entre los adultos.

- Si hay un incidente, un cambio en el límite o un problema en particular que surja (no importa lo insignificante que parezca), dale la información directamente al próximo adulto con el que el niño pasa el tiempo. Esto debe hacerse fuera del alcance del oído del niño.

- Es bueno educar a aquellos que interactúan con tu hijo sobre «la cara simpática» y cómo tu hijo puede estar programado para reconocer esto y reaccionar de cualquier manera que pueda para alinearse con los demás y mantenerse a salvo de una amenaza percibida.

- Cuando el niño recibe terapia, he descubierto que eliminar la posibilidad de triangulación es, con mucho, el mejor mecanismo de prevención. Esto significa encontrar terapeutas que estén capacitados en psicoterapia del desarrollo diádica, terapeutas del apego o filiales, o profesionales que utilicen Theraplay®. Todas estas terapias utilizan la relación con el cuidador principal como enfoque primordial y el padre casi siempre está presente durante la terapia. Esto también ayuda al niño a distinguir entre hechos y ficción o recuerdos confusos.

- Tú conoces mejor a tu hijo. Si se aproxima un evento que sabes que el niño desea evitar, hazle saber que estás preparado y que has preparado a otros para evitar la triangulación. Podrías decirle algo como: «Sé que no te gusta la educación física, así que le recordé a tu maestra que puedes sentirte un poco inestable cuando sea el momento de hacerla».

Estrategias durante el problema

- Si descubres un problema menor en el que el niño ha logrado socavarte, romper un límite o evitar una consecuencia, debido a la triangulación, a veces es útil fingir que lo sabías todo al respecto. Podrías decirle: «Ah, sí, ya hablé con el señor Smith sobre eso». Tú decides lo importante que es el problema, pero para triangulaciones menores, esto puede salvar una cierta confrontación. Sólo asegúrate de que no pueda volver a ocurrir y habla con la otra parte involucrada.

- Normalmente, un padre terapéutico le haría saber al niño que sabía lo que había sucedido. Si descubría que mi hijo había obtenido un almuerzo adicional de sus abuelos, solía decirle: «Supongo que querías comprobar que la abuela te daría de comer, así que la engañaste un poco para conseguir que te diera un almuerzo adicional. Hablaré con la abuela para que ella pueda ayudarte a consultar conmigo la próxima vez».

Estrategias posteriores

- Puedes «nombrar la necesidad» para ayudar a la conexión entre la causa y el efecto en el niño. «Creo que cuando estabas esperando fuera del cine, una pequeña parte de ti estaba un poco preocupada por estar sola, así que cuando llegó X, tuviste que asegurarte de que se ocupaba de ti».

- Hazle saber que sabes lo que ha sucedido y el efecto de sus acciones sin culparlo. «Sé que la semana pasada le dijiste a tu maestra que yo había perdido tu equipación de educación física. Le he dado una muda de repuesto a la maestra por si acaso, ya que sé que no querrías que el profesor pensara que no me importabas».

- ¡No reveles tus fuentes! Cuando descubras que ha habido triangulación, no permitas que el niño conozca la fuente de tu información ni se sienta tentado a culpar al otro adulto. Como la base segura e incuestionable que eres, tu hijo debe tener claro que «lo sabes todo» y que hablas con «mucha gente» para al final «descubrir siempre lo que está pasando».

- Permite que ocurran consecuencias naturales tanto para el niño como para el adulto que ha sido manipulado. A veces, la otra persona se resistirá a creer que ha sido engañada.

Nota: En el ejemplo del profesional de apoyo y el cine, el profesional exigió que la cuidadora le devolviera el dinero que le había dado a la niña. La cuidadora le explicó que no podía hacer esto porque el profesional no había verificado los hechos antes de actuar. La cuidadora le hizo saber al niño que sabía lo que había sucedido y «ayudó» al niño a pagarle al profesional de apoyo con su dinero semanal.

TRISTEZA (véase *parte 1, capítulo 1*)

V

VACACIONES (véase también *Problemas escolares, Transiciones*)

Qué puedes esperar

- El comportamiento del niño es más desafiante o se deteriora durante las vacaciones escolares.
- El comportamiento del niño se vuelve más desafiante cuando se va de vacaciones familiares.
- El niño está más ansioso y temeroso de las próximas vacaciones.
- Las vacaciones son tiempos muy difíciles, con una escalada en los comportamientos conducidos por la ansiedad.

Por qué puede suceder esto

- Miedo a los cambios/transiciones y lo que significa la fiesta.
- Resistencia a la cercanía emocional durante unas vacaciones.
- Miedo a los padres/cuidadores y a otros adultos: Habrá una gran proximidad durante las vacaciones.
- Necesidad de sentir que tiene el control durante el cambio.
- Desregulación: Actúa al calor del momento.
- Necesidad de intentar predecir el entorno.
- Ansiedad por separación: ¿Qué está dejando atrás el niño?
- Problemas sensoriales, especialmente cuando hay mucha estimulación.
- Se siente cómodo portándose mal/autosabotaje, siente que no se merece pasarlo bien.
- Desencadenantes relacionados con vacaciones pasadas.

Verificación de la realidad

Es muy importante que cambiemos por completo nuestra idea sobre lo que realmente significa «vacaciones». En el pasado, «vacaciones» puede haber significado descanso, relajación y un respiro de la rutina. Cuando cuidamos a los niños que han sufrido un trauma, no puede haber una ruptura real en la rutina y, a menudo, los comportamientos y los desafíos a los que nos enfrentamos en casa se magnifican cuando estamos de vacaciones. No digo esto para preocuparte, ya que puedes tener suerte y pasar unas vacaciones realmente excelentes, pero es importante ser realista y pensar con pragmatismo en aquello a lo que tu hijo se va a enfrentar, en lugar de lo que le gustaría hacer. Aléjate de cualquier idea de que tu hijo te estará agradecido por proporcionarle unas vacaciones muy agradables. En realidad, ¡sólo pueden apreciar las vacaciones en retrospectiva y en vídeo!

Estrategias preventivas

- Minimiza la exposición de tu hijo al estrés del final del trimestre, como ceremonias de final de curso, conciertos, etc. *(véase Problemas escolares)*.
- ¡La planificación es clave! Si se acercan las largas vacaciones escolares, invierte en un panel planificador. Puede ser mensual o semanal. Coloca el planificador en un área visible. Usa diferentes colores para cada niño. El planificador no tiene que estar lleno de actividades complejas y costosas, lo importante aquí es asegurarse de que cada niño tenga algo escrito para cada día, mañana y tarde.
- Tanto si os quedáis en casa como si salís, establece una «rutina de vacaciones». Naturalmente, habrá menos presión de tiempo que en los días escolares, pero tus hijos podrán relajarse mucho más si pueden seguir prediciendo su entorno y los límites permanecen en su lugar.
- Si estás planeando ir fuera de vacaciones, no compartas información al respecto demasiado pronto. Cuanto más tiempo tenga tu hijo para pensar en los días festivos, más tiempo tendrá para sentirse ansioso o aumentar su comportamiento para recordarte que no merece esas recompensas.

		PLANIFICADOR DE LAS VACACIONES ESCOLARES					

SEMANA 1

	Lunes	Martes	Miércoles	Jueves	Viernes	Sábado	Domingo
M A Ñ A N A	Jugar con la tableta. Lavar el coche	Visitar a los abuelos. Juegos de mesa	Ir a la compra	Manua-lidades. Ir a la piscina	Jugar con un amigo	Ir al polide-portivo	Salir al campo
M E D I O D Í A	Viene a comer un amigo	Hacer pizzas	Hacer maca-rrones	Viene a comer la abuela	Ayudar a papá a cocinar	Picnic en el jardín	Día del postre especial
T A R D E	Ir al parque	Ir a judo	Ver la serie favorita con un amigo	Ir a buscar un libro a la biblioteca	Ver un vídeo en familia	Paseo en bicicleta	Ir al cine

Nota: Si llueve haremos el picnic dentro de casa.

- No muestres entusiasmo por marcharos de vacaciones. ¡Yo solía mostrarme un poco decepcionada de que tuviera que irme de vacaciones!
- Si vais a coger un avión, si es posible visitad el aeropuerto un día antes de partir. En ese momento eso no necesita estar conectado verbalmente a las vacaciones.
- El autoservicio puede ser la mejor opción para comer, porque puedes mantener la rutina familiar y los niños pueden tener su propio espacio (¡y tú puedes tener el tuyo!)
- Es posible que resulte más fácil ir al mismo destino de vacaciones durante los primeros años. Esto crea resiliencia en los niños mientras aprenden a relajarse en un ambiente diferente.
- Cuando viajéis, asegúrate de que un adulto sea la persona «a cargo». Esta persona tendrá los billetes y será la que se ocupe de

todos los arreglos. Si muestras dudas, es probable que tu hijo salte al vacío y se sienta obligado a ser el responsable. Tu hijo te estará observando atentamente cuando te encuentres en cualquier estado de transición.

- Recuerda que es probable que no sientas las vacaciones como tales. Planea un descanso para el cerebro (respiro) y un tiempo de recuperación para ti, tanto durante las vacaciones escolares como después. Si vives en pareja, planificad con anticipación el tiempo de descanso para cada uno.
- Si planeas conducir de noche con la esperanza de que el niño duerma, ten en cuenta que tu hijo puede mostrarse hipervigilante o estar sobreexcitado y le resulte imposible dormir. Esto puede contribuir a un comienzo muy tenso de las vacaciones.
- Si viajáis en automóvil, recuerda asegurarte de que cada niño tenga su propio lugar específico y que no haya cambiado. Empaqueta una bolsa con un «regalo» por hora para cada niño. No tienen que ser caros, pero pueden ser pequeños artículos novedosos.
- Haz que use poco sus equipos electrónicos en los días previos a un largo viaje. De esta manera, el niño puede tener juegos y aplicaciones con las que quiera ponerse al día.

Estrategias durante el problema

- Durante las vacaciones escolares, ten en cuenta que nuestros hijos a menudo sufren de sobrecarga sensorial, así que evita realizar demasiadas actividades emocionantes juntas.
- Infórmate sobre los «campamentos diurnos» para ver si puedes inscribir a tu hijo, incluso si duran sólo unos pocos medios días durante las vacaciones. Si puede manejarlo, lo ayudarás a ponerse en contacto con las personas a las que conoce de la escuela.
- Las actividades de bajo perfil, como los picnics en una tienda de campaña en el jardín y las piscinas para niños, pueden ser tranquilizadoras y fáciles de manejar para todos.

- Si has planeado un día fuera, no sucumbas a la tentación de compartirlo con los niños con anticipación. Puede ocurrir algo que haga que sea imposible ir, y eso deriva en una falta de confianza. Planifica en tu cabeza que iréis de viaje un cierto día, luego comparte esa información con los niños la mañana del mismo día del viaje. Si bien esto puede parecer espontáneo, en realidad lo has planeado y, por supuesto, no te referirás al evento como una a «sorpresa».

- Asegúrate de haber hecho planes recíprocos con otros padres terapéuticos. Esto significa que tus hijos podrán tener períodos fuera del hogar en un entorno donde se comprenda su comportamiento y tú no te sentirás culpable o juzgado.

- Cuando os marchéis, haz un buen uso de los objetos de transición. Uno de los más efectivos es llevarte la almohada de la cama de tu hijo. Si esto no es posible, entonces coge la funda de almohada. No utilices una recién lavada. ¡Coge la que tenga olores familiares!

- Mantén una estructura fuerte y una rutina que incluya refrigerios regulares. Esto ayuda a puntualizar el día y a mantener al niño regulado y orientado.

- Haz comentarios empáticos para expresar lo que crees que está sintiendo tu hijo. Cuando hay una escalada en el comportamiento iracundo o desafiante, no tengas miedo de relacionar el comportamiento con estar de vacaciones. Por ejemplo, «Debe de ser muy difícil sentirte tan molesto por no ver a tus amigos en la escuela. Sé que en el pasado dijiste adiós a personas que ya no volviste a ver. Podría ser que te preocupe que tampoco veas a tu maestro otra vez».

- Al planificar el tiempo de recuperación para ti durante las vacaciones escolares, no compartas con los niños el verdadero propósito de ese tiempo. Cuanto más aburrido y menos interesante puedas hacer que parezca, menos probable es que los niños insistan en acompañarte o en tratar de evitar que te vayas.

Estrategias posteriores

- A medida que se acerque el final de las vacaciones escolares, es probable que haya una escalada de ansiedad en torno al regreso a la escuela. Es una buena idea abstenerse de mencionar cuánto tiempo falta hasta el regreso a la escuela, a menos que esté muy cerca.

- Haz una revisión de las vacaciones. Escribe lo que funcionó bien y lo que necesitáis evitar. Es asombroso lo rápido que nos olvidamos. Utiliza esto como base para la planificación y preparación de las próximas vacaciones.

- Dependiendo de la edad cronológica y de la edad emocional de tus hijos, infórmate sobre grupos de jóvenes como *Boy scouts*, clubes y asociaciones de jóvenes y similares. Si tu hijo puede manejar el tiempo estructurado, entonces, al unirse a uno de estos grupos, es probable que se le incluya en un campamento de fin de semana. Los campamentos estivales a menudo revelan que los niños con antecedentes de trauma se desempeñan muy bien en este entorno estructurado.

VERGÜENZA (véase *parte 1, capítulo 1*)

VIAJES EN COCHE (véase *Control de conductas, Vacaciones, Rivalidad entre hermanos*)

VIOLENCIA (véase *Agredir*)

VOZ DE BEBÉ (véase *Inmadurez*)

XENOFOBIA (ver también *Grosería*)

Qué puedes esperar
- El niño demuestra rechazo por las culturas diferentes.
- El niño a menudo demuestra una actitud defensiva y es grosero con personas de otras culturas.
- El niño hace afirmaciones radicales a menudo utilizando insultos relacionados con otras culturas.
- El niño utiliza un lenguaje racista, homofóbico u otro lenguaje discriminatorio.

Por qué puede suceder esto
- Miedo a lo desconocido: Es probable que las culturas diferentes que no son familiares para el niño le provoquen una respuesta hostil basada en el miedo. El niño puede sentirse obligado a rechazar a las personas de otras culturas y trabajar duro para mantenerlos a una distancia segura.
- Miedo a la ropa diferente, a la vestimenta, especialmente si la cara está oculta.
- Confianza bloqueada: El niño naturalmente sospecha de cualquier cosa fuera de su límite inmediato de conocimiento y experiencia.
- Desregulación: Actúa al calor del momento.
- Compulsión inconsciente de romper una formación de vínculo (con los padres).
- Atracción por las actividades del grupo de iguales: Imitar acciones y reacciones de iguales.
- Respuesta al miedo.
- Sentimientos de hostilidad hacia una cultura particular.

- Miedo a la invisibilidad/a ser olvidado: Buscar una respuesta a través de comentarios xenófobos o racistas.

- Recrea un ambiente familiar: El niño puede reproducir los patrones aprendidos de la xenofobia. Puede no ser consciente de las implicaciones de su comportamiento.

- Falta de empatía: El niño es incapaz de empatizar con la forma en que sus acciones pueden afectar a los demás, así como falta de empatía por el yo futuro.

- Falta de remordimiento.

- Necesidad de tratar de predecir el entorno: Esto es más difícil cuando las costumbres y la vestimenta son diferentes.

- Miedo a los cambios/transiciones: La xenofobia puede manifestarse como una reacción a irse de vacaciones.

- Cómodo de estar equivocado: El modelo de trabajo interno del niño le dicta que no es digno de recibir cosas buenas, por lo que convierte la mala educación en una coraza protectora.

- Edad emocional: El niño puede estar funcionando a una edad más temprana y decir cosas inapropiadas.

- Lealtad a los padres biológicos/excuidadores: Se resiste al vínculo con los nuevos cuidadores/padres, especialmente cuando existen diferentes culturas dentro del grupo de cuidadores/padres.

Estrategias preventivas

- Prepara a tu hijo para las vacaciones, especialmente cuando en el lugar de destino haya diferencias obvias de idioma y cultura.

- Asegura su exposición a diferentes idiomas, culturas y religiones en un entorno no amenazador y de una manera práctica, a través de películas e historias.

- ¡No te predispongas a fallar! Si revelas tu miedo al niño te llevarás un chasco. Una vez dije: «En Estados Unidos la gente habla inglés, pero tienen acentos diferentes, así que no quiero ningún comentario grosero». Ni siquiera habíamos salido aún del aeropuerto cuando empezaron a exclamar en voz alta que nadie de allí era capaz de hablar un «inglés adecuado».

- Distrae y prepara al niño con detalles interesantes; por ejemplo, «La señora que va a ser nuestra guía es una señora india, y lleva un sari que es realmente hermoso. Es mucho más brillante que nuestra ropa».

Estrategias durante el problema

- Sé consciente de tus desencadenantes. Si sientes que el niño está haciendo comentarios ofensivos para obtener una respuesta emocional y negativa por tu parte, déjale claro al niño que su actitud y comentarios son ofensivos, sin mostrar que estás personalmente ofendido o molesto por el comportamiento. «Eso que has dicho es ofensivo. Las personas que no te entienden también pueden tener un problema cuando hablas así».
- Si el niño hace un comentario racista, considera si realmente entiende lo que está diciendo. ¿Cuál sería tu respuesta si un niño mucho más pequeño dijera lo mismo?
- Evita el lenguaje punitivo y de confrontación o las largas discusiones sobre remordimientos y significados, lecciones de historia, etc. En su lugar, dale una respuesta empática para explorar los sentimientos detrás de las afirmaciones inapropiadas. Por ejemplo, el niño dice: «¡Odio a los blancos…!». Tu respuesta debe ser algo así como: «¡Vaya! Eso es mucha gente a la que odiar. Debe de darte miedo tener tanto odio dentro de ti».
- Permítele un segundo intento (sin plantarte e insistir en que se disculpe): «¿Probamos de nuevo? Porque no creo que haya salido como querías. ¿Cuál podría ser una mejor manera de decir eso?».
- Entiende deliberadamente mal lo que ha dicho el niño. Míralo confundida y espera.

Estrategias posteriores

- Implicar las consecuencias naturales funciona bien; por ejemplo, si uno de mis hijos había dicho «Odio a los musulmanes», yo decidía que el tema de la cena de esa noche sería «la religión musulmana». A nadie se le permitía hablar a menos que tuviera algo que agregar de manera informativa a esa conversación. Les proporcionaba hojas con información. ¡Esto funciona especialmente bien con los niños a quienes les gusta ser el centro de atención y no les gusta tener que permanecer callados por mucho tiempo!

- Expresa tristeza por los sentimientos hirientes que el niño debe de tener para que pueda mostrar esos puntos de vista. Debes hacerlo un poco después del evento, reservando algún tiempo para la reflexión. Dile algo así como: «Me doy cuenta de que tiene algunas preguntas sobre las personas que viven en el país donde iremos de vacaciones, pero creo que antes te sentías preocupado por ir de vacaciones y te han salido mal las palabras».

- «Nombra la necesidad» para ver de dónde provienen esas palabras: «A veces, cuando a los niños les pasan cosas espantosas, se preocupan mucho cuando ven a personas que tienen un aspecto distinto y actúan de manera diferente a ellos. Veamos algunas de las diferencias».

Bibliografía, lecturas adicionales y sitios web

Bibliografía

BAYLIN, J. y HUGHES, D.: *The Neurobiology of Attachment-Focused Therapy: Enhancing Connection and Trust in the Treatment of Children and Adolescents* (Norton Series en Interpersonal Neurobiology). W. W. Norton & Company, Nueva York, 2016.

BOMBER, L.: *What About Me? Inclusive Strategies to Support Pupils with Attachment Difficulties*. Worth Publishing.

BROWN, B.: TED Talk, 2012: «Listening to Shame». 16 de marzo. Disponible en: www.ted.com/talks/brene_brown_listening_to_shame, último acceso el 5 de diciembre de 2017.

COLLEY, D.: *Attachment and Emotional Development in the Classroom*, Jessica Kingsley Publishers, Londres, 2017.

GOLDING, K.: *Everyday Parenting with Security and Love*, Jessica Kingsley Publishers, Londres, 2017.

HARRIS, R.: *Let's Talk About Sex* Walker Books, Londres, 2010.

HUGHES, D.: *Parenting a Child Who Has Experienced Trauma*, CoramBAAF, Londres, 2016.

HUGHES, D. y BAYLIN, J.: *Brain-Based Parenting: The Neuroscience of Caregiving for Healthy Attachment*, Nueva York, 2012, W.W. Norton & Company.

HUGHES, D. y GOLDING, K.: *Creating Loving Attachments: Parenting with PACE to Nurture Confidence and Security in the Troubled Child*, Jessica Kingsley Publishers, Londres, 2012.

KARST, P.: *The Invisible String*. DeVorss & Co, Camarillo, 2000.

NAISH, S.: *Therapeutic Parenting in a Nutshell: Positives and Pitfalls*. Amazon, CreateSpace, 2016.

NAISH, S. y JEFFERIES, R.: *Rosie Rudey and the Very Annoying Parent*. Jessica Kingsley Publishers, Londres, 2016.

—: *William Wobbly and the Very Bad Day*. Jessica Kingsley Publishers, Londres, 2016.

—: *Charley Chatty and the Wiggly Worry Worm*. Jessica Kingsley Publishers, Londres, 2016.

—: *Sophie Spikey has a Very Big Problem*. Jessica Kingsley Publishers, Londres, 2016.

—: *Rosie Rudey and the Enormous Chocolate Mountain*. Jessica Kingsley Publishers, Londres, 2017.

—: *William Wobbly and the Mysterious Holey Jumper*. Jessica Kingsley Publishers, Londres, 2017.

—: *Callum Kindly and the Very Weird Child*. Jessica Kingsley Publishers, Londres, 2017.

—: *Katie Careful and the Very Sad Smile*, Londres, 2017, Jessica Kingsley Publishers.

—: *Charley Chatty and the Disappearing Pennies*, Londres, 2017, Jessica Kingsley Publishers.

OAKWATER, H.: *Bubble Wrapped Children: How Social Networking is Transforming the Face of 21st Century Adoption*, Londres, 2012, MX Publishing.

OTTOWAY, H. y SELWYN, J.: *No One Told Us It Would Be Like This: Compassion Fatigue and Foster Care*, Bristol, 2016, The Hadley Centre, Universidad de Bristol.

RODWELL, H. y NORRIS, V.: *Parenting with Theraplay®*. Jessica Kingsley Publishers, Londres, 2017.

ROWELL, K.: *Love Me, Feed Me: The Adoptive Parent's Guide to Ending the Worry About Weight, Picky Eating, Power Struggles and More*. 2012, Family Feeding Dynamics.

SMITH, J.: *The Parent's Guide to Self-Harm*. Lion Books, Oxford, 2012.

Van der Kolk, B.: *The Body Keeps the Score: Mind, Brain and Body in the Transformation of Trauma.* Penguin Books Ltd., Nueva York, 2015.

Wilson, G.: *Your Brain on Porn: Internet Pornography and the Emerging Science of Addiction.* Commonwealth Publishing.

Lecturas adicionales

Flores, P. J.: *Addiction as an Attachment Disorder.* Jason Aronson Inc., Nueva York, 2011.

Heegaard, M.: *When a Family is in Trouble.* Woodland Press, Mineapolis, 1993.

O'Connor, D.: *I Can Be Me: A Helping Book for Children of Alcoholic Parents*, AuthorHouse, Bloomington, 2009.

Seigal, D. J.: *Brainstorm: The Power and Purpose of the Teenage Brain.* Nueva York, 2014, Tarcher.

Shawe, B. F.: *Addiction and Recovery for Dummies.* John Wiley and Sons, Nueva York, 2005.

Spinney, C. J.: *Heroin Addiction: The Addiction Guide for the Amateur*, Amazon CreateSpace, 2016.

Sitios web

Dr. Bruce Perry http://childtrauma.org

Dr. Bessel van der Kolk: http://besselvanderkolk.net/index.html

ERIC – Organización benéfica que apoya a los padres que lidian con problemas intestinales y vesicales: www.eric.org.uk

Family Lives – Información sobre drogas y alcohol en adolescentes, incluye charlas con adolescentes sobre drogas: www.familylives.org.uk

Frank – Para que los jóvenes accedan a información y apoyo: www.talktofrank.com

Functional Neurological Disorder (episodios no-epilépticos) – Grupo de apoyo e información: www.fndaction.org.uk

National Association of Therapeutic Parents (NATP): www.naotp.org.uk

National Society for the Prevention of Cruelty to Children (NSPCC): www.nspcc.org.uk/preventing-abuse

Parents Protect – Para obtener información actualizada y los mejores consejos para mantener a tus hijos seguros on-line: www.parents-protect.org

Recovery.org.uk – Rehabilitación de drogas y alcohol y otras ayudas relacionadas: www.recovery.org.uk

Stop it Now! – Para hablar sobre sus preocupaciones sobre el comportamiento sexualizado en niños: www.stopitnow.org.uk/concerned_about_a_childs_behaviour.htm

XXXAware – Este sitio proporciona instrucciones paso a paso sobre cómo configurar los controles parentales en una variedad de proveedores de Internet y productos de tecnología y es muy fácil de usar. Es una tienda de control parental: www.xxxaware.co.uk

Índice